世界经济通史

〔德〕马克斯·韦伯 —— 著　　杨一 —— 译

General Economic History

民主与建设出版社
·北京·

© 民主与建设出版社，2023

图书在版编目（CIP）数据

世界经济通史 /（德）马克斯·韦伯著；杨一译
. -- 北京：民主与建设出版社，2024.1

ISBN 978-7-5139-4402-1

Ⅰ.①世… Ⅱ.①马… ②杨… Ⅲ.①世界经济—经
济史 Ⅳ.①F119

中国国家版本馆 CIP 数据核字（2023）第 202918 号

世界经济通史
SHIJIE JINGJI TONGSHI

著　　者	〔德〕马克斯·韦伯	
译　　者	杨　一	
责任编辑	宁莲佳	
封面设计	YooRich Studio	
出版发行	民主与建设出版社有限责任公司	
电　　话	（010）59417747　59419778	
社　　址	北京市海淀区西三环中路 10 号望海楼 E 座 7 层	
邮　　编	100142	
印　　刷	天宇万达印刷有限公司	
版　　次	2024 年 1 月第 1 版	
印　　次	2024 年 1 月第 1 次印刷	
开　　本	880mm × 1230mm　1/32	
印　　张	10.5	
字　　数	256 千字	
书　　号	ISBN 978-7-5139-4402-1	
定　　价	56.00 元	

注：如有印、装质量问题，请与出版社联系。

目录
Contents

i

第二部分 | 资本主义发展以前的工矿业

第三部分 | 前资本主义时期的商贸和交换

第四部分 | 现代资本主义的起源

编辑说明

本书是德国经济学家、社会学家、政治学家马克斯·韦伯的代表作之一，是韦伯自 1919 年起在慕尼黑大学所作一系列讲演的笔记汇编。后来，他的遗孀玛丽安妮·韦伯邀请著名学者将其整理成书，即《世界经济通史》(另译为《经济通史》《世界经济简史》《世界经济史纲》等)。

马克斯·韦伯生于 1864 年 4 月 21 日。1889 年，以一篇名为《中世纪商业组织的历史》的论文，他获得了博士学位。1891 年，马克斯·韦伯获取了教授资格，成了大学教授。

1904 年，马克斯·韦伯发表了《新教伦理与资本主义精神》，这是他最重要的著作，也是唯一一部他在世时出版成书的作品。

马克斯·韦伯对于当时德国的政界影响极大，曾前往凡尔赛会议代表德国进行谈判，并且参与了魏玛共和国宪法的起草设计。

1920 年 6 月 14 日，马克斯·韦伯逝世，享年 56 岁。

韦伯的主要著作围绕于社会学的宗教和政治研究领域上，但他也对经济学领域做出极大的贡献。理想的行政组织体系理论是他最早提出的，在管理思想发展史上，他被称为 "组织理论之父"，他的名字经常和德国人卡尔·马克思以及法国人埃米尔·涂尔干联系在一起，被奉为现代社会学的三大奠基人。

在《世界经济通史》一书中，马克斯·韦伯考察了前资本主义的农业、工矿业、商业及现代资本主义兴起的经济和文化根源，探讨典型的德国日耳曼定居制度的演变及其内容，对整个世界经济演变特别是对资本主义起源做出了全局性思考和宏观解释。

本书可以说是马克斯·韦伯在经济史方面的盛名之作，西方知识学界一直将它与马克思的《资本论》相提并论。两人分别从不同的角度，深刻谱写了资本主义的精神实质。

全书内容翔实，史料丰富，体现出马克斯·韦伯对于西方古典经济学和社会学所做出的杰出贡献。但本书写于一百年前，距今较为久远，因此书中的一些概念并不完全等同于我们今天所理解的概念。

在马克斯·韦伯生活的时代，世界经济的发展显然没有达到鼎盛阶段。所以，本书具有一定的时代局限性。同时，值得注意的是，韦伯在本书中的看法并非完全中立客观，他出身于富裕阶层，又远在西方的德国，他对东方国家尤其是古代中国的认知会存在一定的误解。

本书在现代社会科学诸领域皆有深远影响，引用率极高，曾被译成多种文字，风行各国。此次出版，译者依据多弗尔出版社 2003 年版本为底本，精心参校其他版本，对原文一一进行了查核与校订。译文力求信、达、雅，以精准的译文和详细的注释，帮助广大读者认识世界经济和文化发展的关系。

英文版序

马克斯·韦伯可能是德国社会思想界自施穆勒后最闪耀的名字，最近的调查也发现，他是德国作品被引用得最多的社会学家（参见《美国社会学杂志》，1926年11月，第464页）。当英语学界，尤其是美国学界，把经济思想的主要关注点从一般性的演绎主义转移到了方法论三角上的另外两个角上，即心理和历史解读与统计研究，我们有充分的理由来将韦伯生涯的最后一部作品，也就是《世界经济通史》翻译出来，供英语读者参阅。虽然，正如这一作品的德国编辑所指出的，韦伯在这一领域并非专家，但他为经济通史这门课程的教授做了大量的准备工作，这为他提供了一个特殊的机会，它让韦伯能够将那些解释经济生活和经济变化的主要思想串联在一起，并在适度的范围内予以呈现，而韦伯也早已因为这些思想在国内外享有盛名。

在准备这一英文版时，是想为社会科学的学生和普通读者服务，因此已经尽力避免了任何对文本的改动，但鉴于实际情况，有些地方还是与德语版本存在一些差异。我们删除了德语版编辑所写的那篇名为《概念绪论》的高度专业性序言。在某些地方，尤其是第一章，有些内容从脚注转为了正文。另外一些脚注要么被删除，要么被简化了。那些延伸性的参考书籍，只留下了英文参考书目和马克斯·韦伯的其他作品，以及一些一般性的德语和法语著作。[1]

对那些严苛的读者，可能还是需要说一句，翻译一部包含着如此广博知识和如此多学识却又如此简洁的著作，必定会出现很多问题。在某些地方，尤其是在涉及中世纪建制相关问题的章节，如果没有更庞大的论述，无论如何都不可能满足内容的历史精确性，遑论原文中很多表述的引申义和内涵并不完全清晰。另外，许多史实与英国历史并无对照性，许多术语在英语中也没有相近的表达，尤其是，因为这本书的重要性在于其对现象的阐释而不在于细节的准确，所以很明显，更好的做法是，使用能够表达大致意思的词汇并且不强加额外的解释或者对照，以免文句冗长。在某一些用语上，曾经教授我经济史的老师——A.P. 厄舍教授，友善地回答了我的问题并给予了极具价值的建议。最后，再给予一条便于某些读者的提示：不论是材料内在具有的价值，还是作者所做论述的重要性，都随着本书的进程而逐渐增加，直至最后一章，它总结了韦伯关于宗教与资本主义文化史关系的著名论断。

弗兰克·奈特

---

[1] 本书已将各该脚注分散注在每页下方。

德文版编者序

这里呈现的是马克斯·韦伯教授于1919—1920年冬季学期所做的课程，题目为"社会和经济史纲要"。此举完全是应学生们的强烈请求，因为他的兴趣完全集中在他早已在着手进行的伟大的社会学研究领域。但既然已经答应了学生，他便毫无保留地将自己的全部精力和时间奉献给这份工作。这是他所完成的最后一门课程，因为在1920年夏季学期教授另一门课程，即"国家政治与一般理论"期间，他就与世长辞了。

即使韦伯能够活得久一些，他也不会将他的《世界经济通史》公之于众，至少不会以现在这种形式。他的言论证明，他认为这份作品只是具有太多缺陷的即兴作品，这也逼迫着他成了自己作品最尖锐的批评者，就像每一个大学者一样。因此，问题抛给了韦伯夫人和由她选定的编辑们，是否允许出版的问题也由他们经历了多次犹疑后最终给出了肯定的答复。他们坚信，科学需要马克斯·韦伯的这部著作。这部著作的意义不在于详细的内容（马克斯·韦伯并非专家，而且专家们会在这部作品中找到足够多无法认同的地方），而在于该著作中适用的概念（根据这个概念，经济生活分析方案可适用于现代资本主义的准备和发展概述）和作者的精湛技巧（作者通过这些技巧将调查结果用于为这一理念服务)。

上述情形为编辑们设置了任务，而且这项任务颇具难度。韦伯本人并未留下手稿或是成条理的大纲。编辑只在他的文稿中发现了一大摞草稿纸，上面写着类似提示的笔记，而笔迹之潦草使熟悉它的人也极难辨认。因此，本书的文本只能借用学生的笔记加以恢复，而他们也愿意将他们的笔记本借出几个月。对于有可能在世上留下一份署名为马克斯·韦伯的经济史这件事，应该首要向学生致谢。编辑想要通过这种方式来恢复论证的过程，不幸的是，这种有说服力的、激动人心的表达方式几乎已经全部遗失了，因为在笔记中它只能以未完成的、不清晰的形式出现，所以所有试图恢复的努力都失败了。既然在成书过程中进行干预不可避免，那么编辑们认为需要将不同部分组织和连接成段落，并添加副标题，这将有助于阅读和理解该作品。他们的工作也仅止于此了，对作者提供的任何材料采取任何立场，参加争论或试图事先消除肯定会对他的论点产生的怀疑的论点，这些都不是编辑们的任务。然而，在某些地方，编辑们对文章的明显错误进行了纠正，以完善作者的表述，不过，这只是偶尔的行为。

S. 黑尔曼、M. 帕伊

写于慕尼黑和柏林

1923 年 4 月

General Economic History

第一部分

家庭、氏族、村落和庄园（农业组织形式）

第一章　农业组织形式及有关农业共产主义的问题 [1]

在对古代德国经济组织进行研究之后，G. 汉森（G.Hanssen）和冯·毛勒（von Maurer）[2]的研究得出了"处于所有经济发展进程开端的是原始农业共产主义"这一理论。这也是这一理论第一次被提出。之

---

[1] 一般参考文献：迈岑（A.Meitzen）《东日耳曼人、西日耳曼人、凯尔特人、罗马人、芬兰人和斯拉夫人的定居地和农业制度》，共四卷，柏林,1896年版；克纳普（G.F.Knapp）《论迈岑所说的定居地和农业制度》，见所著《庄园和骑士封地》，第101页及以下各页（对迈岑的批判）；马克斯·韦伯撰写的《古代农业史》于《国家科学大辞典》刊载，耶拿，1909年第3版，第1卷，第52页。——原注，后文如无特殊说明，皆为原注。

[2] 参见汉森（G.Hanssen）《关于古代农业的看法》，载于《新公民杂志》第3卷（1835年）和第6卷（1837年）——重载于他的《农业史论文集》，共两卷，莱比锡，1880—1884年版；另参见冯·毛勒（G.von Maurer）《马尔克、庄园、村落和城市等制度导论》，慕尼黑，1854年版；德·拉夫勒（F.de Laveleye）《论财产及其原始形态》，巴黎，1874年版（英译本，《原始财产》，伦敦，1878年版）。关于争论的起源和经过，参见《经济史问题》，蒂宾根，1920年版所载冯·贝洛（G.von Below）《一个瞬息即逝的脍炙人口的学说》；另参见马克斯·韦伯《关于古代日耳曼社会制度的性质的争论》，载于《国民经济和统计年鉴》，第83卷（1904年版）。

后，他们开创了古代德国农业共产主义的理论，这已成为学界的共同财富。其他地区也具有和古代德国乡村组织类似的形态，正是这一类似，最终使得以拉夫勒（F.de Laveleye）为代表的学者们得出了以下理论：所有经济发展模式的最初阶段都是一致的——农业共产主义。俄国、亚洲，尤其是印度，都能够印证上文提到的这种相似性。然而最近，人们越来越倾向于另一种理论。该理论认为，不论是在德国还是在其他经济体系中，土地私有制和庄园经济的发展模式，在我们所能了解到的最古老的历史时期就已经存在了。

如果我们首先把德国农业组织形式置于十八世纪的时代背景下，接着由此开始回溯，一直回溯到极度缺乏资料记载的更古老的时期，那么我们就必须规范我们的研究，将研究的起点限制于最初条顿人的定居区。据此，我们排除以下三个区域：一、易北河和萨尔河以东，之前斯拉夫人定居的区域；二、原罗马人定居的区域，也就是莱茵地区、黑森地区，以及这条线——粗略连接黑森区边界和雷根斯堡附近——以南的德国南部；三、最初凯尔特人定居的区域，也就是威悉河左岸。

据此划出的原日耳曼人定居的区域，其形态是村落式的，而非孤立的农庄。村落与村落之间最初根本没有相互连通的道路，因为每一个村落在经济上都是独立的，因此也就不具有和相邻村落联系的必要。甚至在此之后，道路也不是被系统地修建而成的，而是出于交通的需要：被交通破坏的土地久而久之形成了道路，过后道路消失，又还原成土地。如此年复一年。一直经过了几个世纪，维护道路的义务才逐渐确立起来，而这一义务由持有土地的个人来承担。因此，在今天看来，这个

地区的全图就像是一张不规则的网，而网上的这些结点，就是一个个的
村落。

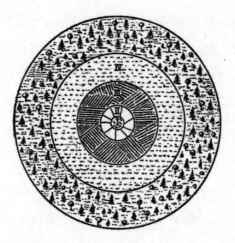

古日耳曼人定居点土地使用示意图

在这个概略图中，第一个区域，也就是最里层的区域，包含着不规
则地排布着的宅地。第二个区域包含着被篱笆围住的园地，它的数量与
原本村落中的宅地数量相等。第三个区域是耕地（见下文），第四个区
域是牧场。每一个家庭都有权在牧场区域放牧同等数量的家畜。然而牧
场并不是公有的，而是被分为固定的份额。同样的还有林区（第五个区
域）：它也不是村落所共有，村民们在此也同样平等地享有伐木、收集
厩舍的垫草、摘取作为饲料的果实的权利。房屋、宅地和个人享有的园
地、耕地、牧场和林地的份额，共同构成了——"海德"。

耕地被划分成许多部分，称为大块，这些大块又被划分成长条地，
长条地的宽度并不完全相同，而且通常都特别狭窄。村落里的每一个农

民在每一个大块里都拥有这样的一块长条地，因此每个人拥有的原始耕地份额的面积都是相等的。这样分配的原则在于，力求公社成员能够平等地拥有不同位置、不同质量的土地。如此形成的拥有混杂土地的情形带来了更深层的好处，那就是它让所有的村民都平等地受到冰雹等自然灾害的影响，这样，个人所遭受的风险也就降低了。

与罗马人主要把土地划分成方形的习俗不同，长条地的划分方式与日耳曼人的耕犁的独特性相关联。最开始，耕犁普遍都是一个锄头状的工具，或是手持使用，或者由动物拖拽，它仅仅能划过土地，在土地表面挖沟。凡是被困于这一锄头状耕犁的性能的民族，为了松土，都要被迫去反复耕地。也是出于这个目的，方形成了最合适的土地划分方式。正如我们所看到的恺撒时代以后的意大利，也正如坎帕尼亚沿海平原的全图和在个人份地外围边界的标记至今所显示的情况，这些都印证了上述方形的划分方式。相反，根据我们现在所能了解到的，日耳曼人的耕犁是由一个能垂直挖土的犁刀、一个能水平挖土的犁头和一片位于右侧的能够翻转的犁板组成。这样的耕犁不需要纵横交错的耕犁方式，并且为了契合它的使用，把土地划分成长条地是最为适宜的方式。每一个长条地的大小通常取决于一头牛一天在不精疲力竭的情况下能够犁地的数量。因此，德语中存在"Morgen"（意为早上，但同时也相当于英亩）或者"Tagwerk"（意为一天的工作）这些词汇。随着时间的流逝，这些长条地会变得混乱不堪。因为用这种右边带着犁板的耕犁耕地，在犁地时会出现向左偏移的倾向，因此犁沟就不平行了。并且因为当时在单独的长条地中并没有阻隔——至少在最初时期是这样——只有边界的犁沟被划了出来，所以人们经常会犁到属于其他人的长条地。于是，最初的地界会被"田地审查员"用杆子，或者之后用被称为弹簧尺的物品重新恢复。

由于每个单独的份地之间没有通路，耕作只能通过共同的计划、让所有人在同一时间一起完成。耕作通常是依据"三圃制"执行的。"三圃制"在德国最普遍，但它绝不是德国最古老的农业管理方式。它的出现至少不晚于八世纪，因为在大约770年莱茵洛尔施（Lorsch）的修道院的文件中，就已经把它视为理所应当的了。

"三圃制"的管理方式如下：整个耕地区域首先被划分为三大地带。任何时候，第一部分种植冬季谷物，第二部分种植夏季谷物，第三部分留下来休耕、施肥，这在历史上曾经发生过。每一年，土地的用法都会进行循环。这样，这一年种植冬季谷物的区域，在第二年就要种植夏季谷物，并且在第三年休耕；其他地带的土地也进行了相应的调整。冬季，牲畜饲养在棚子里；夏季，在牧场上放牧。在这一管理体系下，对于任何个人来说，想用和公社中其他人不同的方式去劳作都是不可能的。他的所有行动都和团体绑定在了一起。村落的长官规定播种和收割的时间，并且整理那些已经完成了播种的耕地部分，用栅栏使之与休耕的地隔离开来。一旦收割完成，栅栏就会被拆下。凡是在共同的收割日还未完成收割的人就必须预料到，被赶到残梗地的牛一定会践踏他的庄稼。

海德份地是属于个人的，同时也是世袭的[①]。它有很多不同的大小，并且几乎在每一个村落它的大小都不一样。通常，作为一种规范，40英亩被视为能够支撑起一个典型家庭的必需的土地面积。一部分的持有土地由宅地和园地组成，被归给个人自由使用。狭义上的家庭——父母和孩子、通常还包括成年了的儿子——同住一个屋檐下。耕地的份额也是分配给个人的，然而剩下的被清理过的土地就属于海德农或份地持有农的公社。海德农或份地持有农也就是村落里有正式身份的人或自由人。这些人仅仅包括那些在三圃的每一圃耕地中都有权持有一些土地的人。那些没有土地或者没有对三圃的每一圃耕地都持有土地的人，则不被算作一个海德农。

比村落大的团体就是公共的马尔克（Mark），它包含了林地和荒地，并且应该与牧场区别开。这一较大的团体由少许几个村落组成。马尔克联合（Markgenossenschaft）的开端和原始的形式现在已经不得而知了。不管怎样它肯定可以追溯到加洛林王朝把土地划分成政治区域之前，并且它和"百户村"又不相同。在公共的马尔克中，存在一个马尔克的"社长"，连带一块特定的可继承的农场——这是一个官职，一般被国王或者封建领主抢先担任；另加一个"森林法庭"，还有一个由海德农的代表们组成的集会，这些人都来自此马尔克所属的村落。

---

① 海德组织最近成了一个与原始共产主义理论密切相关的争论主题。之前的观点认为它是公社田地制度的结果和表现，但后来的学者主张它是庄园的起源。鲁贝尔（Rübel）则坚持认为，它是由萨利安法兰克人（the Salian Franks）最初所特有的机构，并由法兰克王国传播到整个德意志。

理论上，最初这个经济组织中的成员之间享有严格的平等。但是这种平等因为成员孩子数量的不同被打破。继承物被分给孩子们，由此产生了半海德农和四分之一海德农。另外，海德农不是村落里唯一的居民，还有其他的人口组成部分。首先是那些没有继承份地的稍年幼的儿子们。他们被允许去往份地的郊区区域，在那些还未被开垦的土地上定居，并获得在该区域放牧的权利。但不论是耕种还是放牧，都需要缴纳捐税。做父亲的也能分给这些儿子们自己的园地，让他们在此建房子。还有一些外来的手艺人和其他邻近居民，他们也并不在联合起来的海德农组成的组织之内。因此在农民和另一阶层的村落居住者之间形成了一个区分，在德国南部称这些人为佣工或小屋农，在北部称之为草泽人或贫农。这些人仅仅是在他们拥有村落内的房屋的意义上属于村落，但他们并不持有耕地。然而，如果在村子首领或者封建领主（最初是氏族）的许可下，有一些农民卖给了他们自己耕地的一部分，或者，村落将一块公有地租给了他们，那么他们也可以获得一份耕地。这些小块的土地被称为"流动份地"。这些人既不承担海德农的特殊义务，也不受制于庄园法庭的司法权，并且其土地可以被自由转让。此外，这些人也并不享有海德农的权利。这些具有较低法律地位的人的数量不在少数，有时，村落把耕地面积的一半都转变成了这种流动份地的情况也是存在的。

因此，从土地所有权来看，农民可以被划分为两个阶层：一类是不同阶层的海德农；另一类则是不属于海德组织的人。但是，在海德农之上还存在一个特殊的经济阶层，他们，包括他们的份地，都处于主要的村落组织之外。在日耳曼农业体系形成初期，只要还存在没有被占领的土地，一个人就能够开垦这块土地并且把它围起来；只要他耕作了这块地，这块被称作"圈围地"的地就属于他了；否则这块地又会重新归给公共的马尔克。能获得这种"圈围地"的人必须持有大量的牲畜和奴隶，因此通常这些人也只能是国王、王公和封建领主。除开这一方式，国王还可以授予他人本来归马尔克所有的那些土地，这是他自己本来就拥有的最高权力。但是唯独在对海德土地进行分配的过程中，这种授予方式不被采用。在这种情况下，土地分配通过明确的边界规定了森林区域，这种土地首先必须成为可耕种的，接着使这块土地通过免于敞地的义务而处于更加有利的法律关系之中。为了测量这些授予土地，一个特定的单位被使用，它被称为王室海德，为40或50公顷（1公顷大致等于2½英亩）的矩形土地。

这一古老的日耳曼人定居形式连带着海德制度，传播到了易北河和威悉河之间的区域之外。按照这套制度执行土地制度的地区还包括：第一，斯堪的纳维亚，远及挪威的卑尔根、瑞典的达尔河、丹麦诸岛和日德兰半岛；第二，盎格鲁－撒克逊人和丹麦人入侵之后的英格兰（敞地制度）；第三，几乎整个的法国北部和比利时的大部分区域（最远到达了布拉班特省，而比利时的北部、佛兰德斯与荷兰的一部分则属于采用不同定居形式的萨利安法兰克人）；第四，德国南部，也就是在多瑙河、伊勒河和莱希河之间的区域，包括巴登和符腾堡的部分地区，还有上巴伐利亚或慕尼黑周围地区，尤其是艾布灵附近的区域。随着日耳曼人对殖民地的开拓，这一古老的日耳曼人定居形式也传播到了易北河以东，但是是以某种合理化的形式。这是因为，为了使这些地区吸纳的殖民者数量达到最大化，建立起了有着合适的财产制度和有着最大限度的经济生活自由的"街道村落"。住宅区不是以不规则的群组进行排列，而是沿着村庄街道分布在左右两侧，每个人的住宅都位于他自己的份地或海德上，份地则呈长条状地互相毗邻；但是在这里，把土地划分为大块和强制性共同耕种的方式则被保留了下来。

随着日耳曼人的定居制度扩张到了它的发源地之外，显著的区别开始产生。尤其是在威斯特伐利亚地区，这一地区被威悉河分隔成了不同区域，每一个区域的定居模式都有着极大差别。在威悉河，日耳曼式的定居模式戛然而止，在河的左岸地区开始出现孤立农庄式的定居区。在这里，没有村落或公有地，混合的持有地也十分有限。相互独立的农场从原初未被开垦的公共的马尔克的土地中分割出来。通过开垦，新的耕地出现，并被分配给被称为世袭地持有农（Erbexen）的公社成员。另外，通过这一分配过程，其他的移民者也被马尔克所承认，他们或多或少都相当于更东边一些的贫民（Koss·ten）——手艺人、小农和劳工，这些人与世袭地持有农保持着租佃的关系，或者作为工资劳工依靠着世袭地持有农。这样的定居模式使得威斯特伐利亚的世袭地持有农平均拥有 200 英亩的土地，并且比持有混合份地的农民拥有大得多的独立性。这种个体农庄制度遍布于从威悉河到荷兰海岸的区域，因此也就是占据了萨利安法兰克人的主要领土。

日耳曼人定居区域的东南部紧邻阿尔卑斯山的农业区和南斯拉夫人的领地。阿尔卑斯山的农业完全建立在牲畜养殖和放牧的基础上，并且公共牧场具有显著的重要性。所有的经济规章因此也就源自"分份"的必要性，也就是要控制拥有放牧权的人共享牧场的机会。"分份"包括把牧场划分为许多"斯特莱克"，一个斯特莱克就是养活一头牲畜一年所需要的牧场的大小。

历史上，位于塞尔维亚、巴纳特和克罗地亚的南斯拉夫人的经济单位不是村落，而是家庭共同体或者叫作札德鲁加（Zadruga），虽然关于这个经济单位到底存在多长时间是有争议的。札德鲁加是一个大家庭，大家共同生活在一个男性家长的领导下，其中包括他所有的子孙后代，通常连同结了婚的夫妇在内人数可达 40 ~ 80 人，过着以共产主义为基础的经济生活。他们并不真的住在一个屋檐下，但是在从事生产和消费时，他们就像一个家庭一样使用共同的资源。

与西南部的日耳曼人的农村组织有关联的，是罗马划分土地方式的残余，按照罗马的划分方式，领主的地产会在众多的非独立的农民的小块田地之间。在下巴伐利亚、巴登、符腾堡，上述两种制度已有很大程度的混合，尤其是在高地和山区，日耳曼式的制度已经趋于消失。这里有混合份地，但是，也可能出现村落里的垦地合为统一的一整块田地的情况，在其中，个人拥有的土地虽然彼此分隔开来，但并不是基于平等共享的原则或者任何可被发现的原则来进行划分的。这种迈岑（Meitzen）所称的"村落分配"（hamlet distribution）的起源是不确定的；它可能起源于把土地赏赐给非自由人的情况。

这种特殊的日耳曼式的农业制度的起源并不清楚。它在加洛林王朝时期就已经存在，但是把敞地划分成相等的条形地的做法，因为过于系统而不可能是原始的。迈岑指出，在这种制度之前还存在着另一种制度，它把土地划分为被称为"地亩"的单元。地亩表明了土地的数量，这个数量是根据土壤的质量、田地的地形、与居住区的距离等因素综合判定的，它也就是一个农民可以用一对同轭公牛在一上午耕地的数量。地亩据此形成了敞地或者大块的基础，在更古老的划分方式还留存的地方，它通常表现为不规则的形状，这与后来被划分出来的几何形状（也就是那些划出的相同大小的条形地的形状）正相反。

这个观点反驳了里彻尔（Rietschel），他近来试图证明日耳曼人的土地和耕种制度有着军事的起源。根据他的理论，日耳曼人的土地耕种制度是从"百户村"组织发展而来。按照这个理论，百户村同时也是一个战术单位和一个大约由一百个海德农组成的政治团体，这些海德农持有的土地肯定至少四倍于后来的公社海德。组织的中心人物应该随时可以为军事服务，因为他们依靠奴隶们的劳动获取生活来源，并且可以从公社中抽身。因此，海德就像日后盎格鲁－撒克逊人的户口田一样，是一个理想的单位，适合承担起支撑一位全副武装的骑兵的重担。这一理论还认为，通过合理化的进程，通过把大海德农持有的土地一分为四、八或十份，就从这一类的海德组织中发展出了公社海德。然而，存在着反对上述理论的一个确定无疑的事实，那就是日耳曼人的海德组织的田地划分并不来源于任何的合理化进程，而是从地亩发展而来。这一理论还面对着一个困难，在法国北部，海德组织只存在于萨利安法兰克人侵略扩张的领地之上，而在原本就属于他们的领地中并不存在。

原初的日耳曼人定居形式已不复存在。它的瓦解开始得也很早，这并非农民行动的结果，他们也并不处于能导致此种改变的地位；瓦解是由于上层的干涉。农民很早就陷入了需要依附于政治长官或封建领主的境况；作为公社中的一个海德农，他在经济上和军事上相较于王室海德农都处于弱势。在建立起持久的和平之后，贵族们对经济事务越来越感兴趣。正是一部分贵族的管理活动摧毁了农村组织，尤其是在德国南部。例如，肯普滕帝国修道院在十六世纪到十八世纪开展了所谓的"圈地"运动。垦地被重新划分，农民被安置在他的集中的、被圈起来的农场，并且尽可能地被安置在农场中心。在德国北部，国家在十九世纪就废除了旧的土地划分方式，在普鲁士还动用了残暴的武力。为了强制地向交换经济做出转变而颁布的 1821 年公社划分法令，就是自由主义——它反对混合份地、公共的马尔克和牧场——影响下的产物。保有混合份地的公社被强制性的统一所取消，公共的牧场或者公用地也被分配了出去。因此农民被迫进入了一种个体性的经济生活。在德国南部，当局对所谓的公田制的"净化"运动十分满意。一开始，道路网被修建于不同的田区之间。结果，在个人份地之间就产生了很多交换，这又为土地的合并做好了准备。公用地虽然被保留了下来，但是当冬季饲养牲畜的方法被引进之后，公用地又大面积地转变成耕地，成了个体村民补充性收入的来源或是老年人的供给。这种发展模式在巴登尤为典型。在这里，可靠的粮食供给作为目标一直是占主导的，同时它也导致了定居区域的密集分布。这里还为向外移民者提供奖金。最终，这些情况导致了很多地方都试图将新旧定居者分隔开来，同样还试图将那些后来才被承认对特殊的公用地具有共同权力的人安置在村落公社范围内。

很多学者都在日耳曼乡村组织中看到了对所有民族普遍有效的原始农业共产主义的回响，并且也已经开始在别处寻求例证，希望这些例证能够让他们尽可能远地回溯到比日耳曼制度更早的、还没有历史记载的阶段。伴随着这种努力，他们想起要在延续至卡洛登战役（1746 年）的苏格兰农业制度中去寻找"小块土地占有制"——一个和日耳曼农业制度相似的制度，它也许可以提供有关于原始阶段的推论。确实，在苏格兰，耕地被划分为长条地、份地，相互混合交错，也有公共牧场，到此为止确实都和日耳曼农业体制相似。但是这些长条地是以抽签的方式每年或者定期被重新划分的，因此一个不彻底的村落共产主义就此产生。这些都是被排除在日耳曼式的地亩之外的，而地亩恰是我们所能获知的最古老的日耳曼式田地划分方式的基础。伴随着这种管理方式，并且通常作为这种方式的一部分，在盖尔人（Gaelic）和苏格兰人地区出现了"塞瓦尔制"——一种共同耕作的习俗。相当长一段时间内都长满了杂草的土地，需要用被八头牛所牵引的重犁来进行开垦。为了这一目的，耕牛的所有者和重犁的所有者（一般是村落里的铁匠），需要联合起来，作为一个单位进行耕种。其中，一个人操控犁、一个人驾驭牛。庄稼的分配则要么发生在收割之前，要么发生在联合收割之后。

还有一个事实也能反映出苏格兰的农业制度和日耳曼的农业制度的区别，那就是，苏格兰的耕地被划分为了两个次级区域。其中，内部区域会被施肥，并且按照三圃制的轮作方式进行耕作；外部区域则被划分成了五到七个部分，每年只会耕种其中的一个部分，同时其他部分都长满牧草成了牧场。这种"粗放草田"农业制度的特征体现了当时犁耕联合的发展状况；相反，在内部区域，个体的苏格兰人就像日耳曼农民一样独立进行耕种。

苏格兰农业制度对于现在来说并不久远，它揭示的是耕作高度发展了的状态。想要了解原始的凯尔特人的制度，我们则必须去到爱尔兰。在那里，原始的农业完全以畜牧养殖为基础，这是因为，得益于这里的气候状况，牲畜可以一整年都被留在室外。牧场被分配给家庭共同体，并且此公社的头领通常拥有的牲畜数量超过300头。大约在公元600年，爱尔兰的农业衰退，经济组织也经历了一个转变。然而和以前一样，土地的分配不是永恒的，拥有土地的最长期限也只能是一代。晚至十一世纪，土地的重新分配一直都是由族长执行。

因为我们能详尽了解到的最古老的凯尔特人的经济形式只与畜牧养殖有关，所以不论是根据这一形式，还是根据苏格兰的塞瓦尔制，我们都得不出任何关于日耳曼农业制度的原始阶段的结论。如我们所知，典型的日耳曼农业制度必定起源于耕种和畜牧养殖具有大致相等的必要性的时期。可能这种制度是从恺撒时期开始存在，并且在塔西佗所处的时代，粗放草田农业显然又占据了支配地位。然而，想要依赖这两位罗马作家中任何一位的论述来得出结论都是很困难的，其中塔西佗尤其使人怀疑，因为他在写作中大量使用了修辞润色。

与日耳曼土地制度形成鲜明对比的是俄罗斯的米尔制度。它虽然在大俄罗斯占据主流，但也仅仅限于内陆的行政区，相反，在乌克兰和白俄罗斯这种制度却并不存在。俄罗斯米尔的村落是一种街道村落，通常都具有庞大的规模，最多可以容纳三千至五千居民。花园和田地位于居住区后方。新成立的家庭将家安置在一排分配地的末尾。除开耕地，这儿还配备着公共牧场。耕地被划分为大块，而后又被划分为长条地。与日耳曼土地制度相反，俄罗斯的土地不是严格按户进行分配，而是会考虑到一户有多少口人或者一户能够聚集多少劳动力，而后再进行分配。既然长条地要根据这些数量的比例被分配，那么这一分配结果肯定不会是固定不变的，而只能是暂时的。法律原本规定，土地的重新分配每12年进行一次，但实际上它要发生得频繁得多，每1年、3年或6年就会发生一次。土地权属于个人，但与之相关的不是家庭共同体而是村落。这一权利是永久的，即使是一个工厂工人，只要他的祖先在几代以前曾从米尔迁出，那么他就可以回到村落之中并继承这一权利。相反，没有人能够在不经过允许的情况下离开公社。土地权还表现在定期的重新分配的权力之中。然而，村落所有成员之间的平等通常只停留在书面上，因为重新分配所需的多数几乎从未实现过。每一个人口以很大比例增长的家庭都支持重新分配，然而也总有另一些利益团体排着队反对他们。米尔的决议仅仅具有名义上的民主，实际上，它的决定通常都具有资本主义的色彩。为了满足生活需求，单个的家庭通常都在不同程度上负有农村资产阶级或"富农"的债务，而这些农村资产阶级便通过往外借钱的方式掌控了无产阶级群众。当对重新分配进行决议时，他们要么就致力于维持他们债务人的贫困状态，要么就要让他们自己获得更多土地，通过这种方式，他们便控制了村落的决定。

直到米尔这一制度在俄罗斯灭亡，关于它对经济的影响仍存在着两种不同意见。一方认为米尔与个人主义的乡村组织是对立的，因此在这一制度中看到了对经济生活的救助作用。它认为，每个迁徙出去的工人都有权回到村庄，并有权要求自己的一份土地，这就是解决社会问题的方式。这种观点的持有者承认米尔制度阻碍了农艺方法等方面的进步，但是他们认为，土地权又强迫着每一次进步都必须把所有人包括在内。他们的反对者认为米尔是对进步无条件的阻碍，同时也是对反动的沙皇政权的最强有力的支持。

二十世纪伊始，极具威胁性的社会革命力量的增长最终导致了米尔的崩溃。在1906—1907年的土地改革法中，斯托雷平（Stolypin）赋予了农民以下权利：他们可以在特定条件下退出米尔、可以要求他们自己的那一份土地在日后免于重新分配。退出成员的那份土地应该保持统一的形式，必须都是一整块的。因此，与阿尔高圈地运动的原则类似，农民被分散开来，每一个都被安置在自己的持有地的中心，实行独立耕作。因此，谢尔盖·维特（Count Witte）担任财政大臣时曾想要看到的结果——也就是米尔的瓦解——终于到来了。自由党从未敢走到如此之远，或者就像那些立宪民主党人一样，从没敢相信改革米尔制度的可能性。斯托雷平的土地改革立即产生的效果是，它让更多富有的农民——也就是拥有大量资金，或者是按照家庭成员的比例来说拥有大量土地的农民——退出了米尔；同时俄罗斯的农民被分成了两半。一半是富裕的大农场主阶级，他们退出了米尔并且转向了个体农场制；另一半，数量比上一半大得多，被留在了后面，他们本来就已经不再拥有多少土地，现在又发现自己被掠夺了重新分配的权利，只能毫无希望地接受自己农村无产阶级的身份。第二种阶层的人憎恨第一种阶层的人，把他们视为米尔的神圣法律的违背者；第一种阶层的人则成为现存政权的无条件支持者，如果没有世界大战的影响，他们很可能会为沙皇统治提供一种新的支持和"武装保卫"。

俄国的学者在关于米尔起源的问题上存在分歧。然而，根据最被普遍接受的观点看来，米尔并不是一个原始的组织而是租税制度和农奴制度的产物。直到1907年，不仅仅米尔的个人成员拥有村落的土地权，反过来村庄也对成员的劳动力拥有不可置疑的征发权。即使米尔的成员在得到村子首领的许可后已经离开了村落、从事了一个完全不同的职业，村落仍然可以在任何时候叫他回来，并且将共同负担中他的份额强加于他。这些负担尤其会出现在为了解除农奴身份、免除租税而分期交付补偿金的情况下。在收成好的土地上，完成了被分摊到自己身上的收成任务之后，农民可以获得剩下的庄稼，因此城镇劳动力时常会发现，主动回到村庄是符合自己的利益的，在这种情况下，米尔通常也会向让渡土地权的农民支付赔偿金；但是在那些租税太高的地方——这也代表着能在其他地方获得较高的收入，对那些仍然留在米尔的人来说租税负担就更为繁重了，因为它是一个连带责任。在这种情况下，米尔会强迫它的成员回到村中并且重新成为农民。结果，这种连带责任的团结限制了个体成员的行动自由，而且相当于让已经被废除了的农奴制通过米尔的形式存续了下来。农民不再是地主的农奴，而成了米尔的农奴。

俄罗斯的农奴境遇是很凄惨的。农民受尽折磨，监督员每一年都会把适婚年龄的男女配对并将土地配备给他们。对于封建领主来说，只存在可享有的传统权力，而没有需要被强迫遵循的法律，他可以在任何时候解除协议。在农奴制时期，土地的重新分配仍被执行：在收成不好的土地上，分配根据的是单个的农民家庭中劳动力的数量；在收成好的土地上，分配根据的是家庭中的人数。对土地的义务凌驾于对土地的权利之上，然而不论是上述哪种情况，公社都共同承担要上交给封建领主的贡纳。同时俄罗斯的庄园直到今天都还在以下程度上剥削着农民：领主几乎什么都不用提供，只需用农民的资金和马匹就能进行耕种。土地要么就被租给农民，要么就是在地主的执行官的管理下，由农民和他们的牲畜一起进行被迫劳动。

对封建领主的连带责任和农奴制一起，仅仅从十六、十七世纪才开始存在。从中还发展出了重新分配土地的习俗。在乌克兰，在十六、十七世纪还未被纳入莫斯科公国治下的俄罗斯的部分，尤其是其中的西部地区，重新分配土地的习俗并未兴起。在这些地方，土地被永久地分配给了分散的住户。

在荷兰东印度公司的占有地上施行的经济制度，同样遵循着连带责任这一原则。公司让公社为粮食税和烟草税承担连带责任。这一连带责任导致的结果是，公社为了让公社成员帮忙支付捐税，还是不得不强迫他们留在村落中。十九世纪，随着连带责任被取消，带有强制性成员身份的公社也随之减少。

这一经济制度包含着两种栽种稻谷的方式：产量相对低的旱田法，以及水田法。在实施水田法时，田地被堤包围，并且在其中被进一步划分，用以控制被特意储存起来的水的流量。建立了水田的人，对水田都保有世袭的、不可转让的产权。实施旱田法的土地则被用于游牧农业，这种农业与苏格兰农村公社外部区域的粗放草田经济类似。村落共同开垦土地，但是耕种和收割则由个人独自进行。垦地先被种植三到四年，接着必须任其长草，这时村落又向新的地方迁徙并开垦出新的土地。从更古老的情况可以清楚得知：只有荷兰东印度公司冷酷的剥削制度才让土地重新分配的制度得以产生。

由这一公司引入的制度在十九世纪三十年代让位给了另一种耕作制度。在此种制度下，个体耕种的1/5的土地都必须是为了国家，在这些土地上种植的农作物也被规定了。这一制度在十九世纪逐渐消失，被一种更合理的农业模式所取代。

根据中国经典作家的记载，中国曾经也存在过类似的制度①。每一块耕地被划分成了九个方形小块，其中外部的块被分给了不同的农户，内部的块则为皇帝所保有。各户仅仅能使用这片土地，等到户主死去，就要对土地进行重新分配。这一制度的重要性只是一时的，并且仅仅在大河附近那些有可能通过灌溉来耕种水稻的区域才占有主要地位。在这种情况下，农业共产主义组织同样是出于财政考量被规定的，而并非源于原始的条件。相反，在氏族经济之中，我们找到了原始的中国经济组织。现今氏族经济在中国村庄仍然很常见，在那里，氏族拥有自己的小型祠堂和学塾，共同耕作、共同进行经济生活。

最后一个被认为是共产主义农业制度的案例在印度。两种不同的村落组织形式在此相遇。两者的共同之处在于都有公共牧场和花园区

---

① 可与马克斯·韦伯所著《宗教社会学论文集》（蒂宾根，1920年）第1卷第350页及其他所引文献做大致的比较。

域，这个花园区域相当于日耳曼农业制度中工资劳动者和小屋农赖以生存的那一块耕地。在这里居住的有手艺人、寺庙祭司（与婆罗门不同，他们只担任着次要角色）、理发匠、洗衣匠和属于村落的各种各样的劳动者——村落的"居民"。他们坚守着"造物主"的基本原理，就是说，他们不以他们的工作获得任何报酬，而是用他们为公社提供的服务来换取土地或者庄稼的份额①。在土地所有权的问题上，村落之间也有所区别。在实行莱奥特瓦里制的村落，土地的所有权归个人，租税负担也同样由个人承担。村落的首领就是村长。农民对于归国王所有的公共的马尔克不享有任何份额。想要开垦土地的人，则必须为获得这项权益付费。

村落组织形式以"共同体"治下的村落为代表，共同体是由许多特权贵族组成的团体，是一个没有个人头领的、由完全世袭的持有农或海德农组成的村落贵族阶层。这些世袭地持有农把土地租出去，公共的马尔克又属于他们。因此他们的社会地位介于真正的耕作者和国王之间。在这一类别中可以进一步区分出两种村落。一种是实行帕提达里制的村落。在此土地被决定性地加以划分和分配。占有人死后，他的土地份额就传递给他的血亲后代，当这一份土地再次被继承时，则对它进行重新划分。另一种是实行巴雅查拉制的村落。在此土地的分配与劳动力或个人所有者的等级相匹配。最后，还有一种村落，在其中某个人作为税款包收人和领主，拥有完全的控制权。这是实行柴名达里制的村落，同时

① 但是这并非可以用来解释印度情况的稳定性的办法，而是一种种姓制度，就像卡尔·马克思所肯定的那样。如果在中国，则是氏族经济。

帕提达里制的村落也是通过分割封建拥有地发展而来。印度情况的特点在于，许多收租人通过承包租税或把租税分包出去的方式，在君主和农民之间产生影响。通常，经由这种方式会产生出一连串的四到五个收租人。在这个收租人和大农场主组成的团体内，发展出了一种名义上的共产主义。在这里，几个农民经营着共产主义农业，他们划分收成而不是土地，地租则在有权分享的所有者之间进行分配。因此，这种农业共产主义，究其源头只是产生于财政考量。

在德国，同样还有学者想要在摩泽尔河地区被称为"农家公社"的拥有地中，找到原始农业共产主义的残留，直到兰普雷希特（Lamprecht）确认了这些农家公社的真实特性才作罢。直到现在，这些拥有地主要还是由林地组成，但是也包含了牧场和耕地，这些牧场和耕地的划分都是按照公有地的方式，周期性地用抽签的方法进行的。这种管理方式不是原始的，而是脱胎于领主政治。最初，农家公社是一个庄园式的农场或者大地产，由小农——也就是马尔克公社的成员——进行耕种。但是当封建领主成了骑士，不能再亲自指导农事生产时，他们发现，利用农民的自私，以固定的租金把土地租给他们是更优的方案。这里，我们又一次遇到了连带责任的原则。马尔克组织要么就明确地划分利息，要么就周期性地按照抽签的方式重新划分土地。

并不是上述所有的例子都能用来证明拉夫勒的理论，即在社会发展的初期，农业共产主义是存在的。这里的农业共产主义，是共产主义耕种方式意义上的，而不仅仅是土地的共同所有权的意义上的——这两者必须被严格区分开来。事实也并非与上述理论一致，因为实际上，农业的耕作方式并不是从一开始就是集体的。对此不同观点间存在着尖锐的对立。当社会主义者把财产看作是人类由美德向罪恶的堕落之时，自由主义者则希望尽可能地把财产带回假定存在的人类远祖时代。实际上，关于原始人的经济生活，我们并不能做出任何确定的概述性论断。如果我们想要在没有被欧洲人影响的人群中去寻求答案，那么我们能找到的只有最悬殊的不同，而不会有任何一致之处。

在原始农业生活中，所谓耨耕占据着主导地位。耕犁和驮兽都不被利用①，耕种所使用的器具只是一个尖棍，男人用这种工具在田地上四处巡走、打洞，女人则将种子撒进打好的洞里。然而，使用同样的方法，却形成了完全不同的组织形式。在巴西内陆的瓜托人之中运行的是个体经济，并且没有任何理由可以假设之前存在着任何其他组织。每一个家庭都是自给自足的，在家庭与家庭之间没有专门的分工，有的只是在家庭成员之间有限的专门化，还有不同部落之间有限的交换关系。相反的极端案例是在大型中央居住区里的集中工作，就像在易洛魁人的长屋里发生的那样。在这里，女人在一个女性首领的领导下聚集在一起，由这位首领负责给各个家庭分配工作，同样还有产品。男人是战士也是猎人，此外还承担着繁重的任务：他们开垦土地、修建房屋、放牧。放牧在最初被视为值得赞扬的工作，因为驯服牲畜同时需要力量和技巧。后

---

① 欧洲和亚洲地区之间农业经济的主要区别可以追溯到这样一个事实，即中国人和爪哇人都不知道动物奶的利用，而在欧洲的土地上，早在荷马时期挤奶就已经出现了。此外，自中世纪以来，印度就不允许屠宰牛，即使在今天，上层种姓也谴责吃肉的行为。因此，在亚洲的广大地区，供奶的动物和供肉食的动物都不存在。

来，这项工作带给人的尊敬成了传统习俗。我们在世界上的所有地方都发现了相似的情况，尤其在黑人部落里。在所有的这些黑人部落中，田间工作都落在了女人肩上。

第二章　财产制度和社会团体

（A）分配形式

分配形式的种类正如农业耕种形式的种类一样千差万别。世界各地的所有权最初都植根于家庭共同体，但是这些家庭共同体有可能是个体的家庭，就像南斯拉夫的札德鲁加；也有可能是一个规模稍大的联合体，就像易洛魁人的长屋。分配有可能建立在两种不同的基础之上。一种是将劳动的物质条件——尤其是土地——视为工具。在这种情况下，通常会将这些工具归给女人和她的亲族。另一种是将土地视为"矛地"，也就是那些已经被征服并且要由男人保卫的领土，在这种情况下，这些土地就属于男系亲属的氏族或某些其他的男性团体。不论采用哪种基础，单纯的经济情况并不是决定原始分配形式和劳动力分工的唯一因素；相反，军事、宗教、巫术等方面的条件都会对此结果产生影响。

在过去，个体必须调整自己去适应他所属的众多组织。以下是组织的不同类型：

1. 家庭。它的结构多样但毫无例外地都是一个个消费团体。生产的物质条件，尤其是动产，也可能属于家庭团体。在这种情况下，分配可能在团体内部得到进一步细化，比如武器和男性衣着用品属于男人，并伴随着一种特殊的继承模式，装饰物品和女性衣着用品属于女人。

2. 氏族。这一种类的组织同样能以不同程度的所有权持有财物。它可以拥有土地；作为原来被广泛扩大的财产权的残留，无论如何氏族成员都会对家庭共同体的财产保有一些权利，例如售卖时需要取得成员的同意、优先购买的权利等。另外，氏族对个人的安全负责。它负有复仇和实施复仇法的义务。同样，它还有权分有人头税；并且因为属于某个氏族的女性就是被此氏族共同所有，所以它还有权分有新娘出嫁所获的聘金。氏族在组织构成上可以是父系的，也可以是母系的。如果财产和其他权利归属于男性，我们就称之为父系或男系继承，否则就是母系或女系的。

3. 巫术团体。这一种类中最重要的团体就是图腾氏族，它产生于万物有灵论和灵体信仰占据支配地位之时。

4. 村落和马尔克协会。本质上就是经济在这一类组织中具有举足轻重的地位。

5. 政治团体。这一组织保卫着由村落占领的领地，因此对与土地授予相关的事务拥有广泛的权威。另外它还要求个人履行军事和司法服役，并给予他们相应的权利①；它同样也征发封建徭役、征收赋税。

个人还必须在不同条件下考虑到以下这些因素：

1. 土地的领主权，当他耕种的土地不是他自己所有的时候；

2. 人身的领主权，当他并非自由人而是被他人所奴役时。

在过去，每一个个体的日耳曼农民都处于与土地领主和人身领主，还有政治君主的关系之中，这些领主中的一个或几个有权要求个体农民服徭役。依据这些不同的领主是不同的人还是同一个人，农业发展采取了多种多样的形式。在前一种情况下，不同领主之间的竞争有利于农民获得自由，然而后一种情况却趋向于发展出奴役关系。

（B）家庭共同体和氏族

现在，家庭共同体或家庭通常是小家庭，也就是由父母和子女组成的共同体。它基于被预设为具有永久性的合法婚姻关系之上。这种小家庭的经济生活在消费方面是一个整体，并且至少在名义上与生产组织相区别。在家庭内部所有的财产权都属于个人家长，但是对于属于妻子和孩子的特殊所有物，财产权会以各种方式受到限制。父系和母系的亲族关系被认为是同等的，这种关系的重要性实际上仅仅局限在与继承有关的事务上。原有意义上的氏族概念不复存在；只有在旁系亲族的继承权中还能认出它的遗迹，但是甚至在这里，对于这种关系的存续时间和相

---

① 可与至农民战争时期一直存在的佩带武器的权利做比较。可以看出，存在着对应于自由人参与司法团体的义务的权利。

关历史也是存疑的 ①。

社会主义理论从婚姻制度具有不同演化阶段的这种假设出发。根据这一观点，最初的阶段是部落内部自发的性滥交（族内婚），与私有制完全不存在的情况相对应。这一假设的证据被发现于各种据说是原始状况的遗迹之中：在各原始民族具有狂欢性质的宗教习俗中，在充斥着肉、酒精和催眠的狂欢宴会中，对性关系的约束消失了；在多个民族都能发现，不论女人还是男人，都拥有婚前性关系的自由；古代东方的庙妓把自己不加区别地献给任何男人而形成了性混乱；还有，在以色列人之中和很多地方都存在一种叔娶嫂式婚姻习俗，即同宗兄弟拥有一项特权和义务，他必须娶死去兄弟的遗孀，为他传宗接代。在这些情况中可以看到原始的族内婚的残余，而这种婚姻制度则被认为已经逐渐缩小成了特定人物的特权。

根据上述的社会主义理论，第二个演化阶段是群婚。特定的团体（氏族或部落）在与其他团体的关系中形成了一个婚姻单位，这个团体中的任一男性都被认为是另外一个团体中任一女性的丈夫。得出这一论

① 此项研究可追溯到巴霍芬（J.J.Bachofen）所著的《母权论》（斯图加特，1861年版）。巴霍芬所论述的家庭起源的"母权"主张被摩根（L.H.Morgan）（尤其是《古代社会》，纽约，1877年版）和梅因（H.S.Maine）（《古代法》，伦敦，1861年版）采纳，并且成了社会主义理论的基础。可与倍倍尔（Bebel）、恩格斯和库诺夫（Cunow）的作品进行比较。格罗塞（E.Grosse）所著《家庭组织和经济组织》（弗赖堡和莱比锡，1898年版），代表着对片面母权理论的回应。阐述了这一理论的现状并且大体上不带偏见的，是玛丽安妮·韦伯（Marianne Weber）的《权利发展中的妻子和母亲》（蒂宾根，1907年版）。

断的理由是，在印第安人之中，除了父亲和母亲之外不存在任何表示亲属关系的词语；到了特定的年龄，这些词语就被不加区别地使用。另外的证据来自南太平洋岛屿上婚姻团体的个例，在那里，许多男人对一个特定的女人同时或相继地拥有性权利；或者相反，许多女性对一个特定的男性拥有这种性权利。

社会主义理论认为"母权"是一个必要的过渡阶段。根据这一理论，当性行为和生育之间的因果关系还未为人所知时，家庭共同体不是由家庭而是由母亲团体构成；只有母系亲族有礼仪上的或法律上的地位。这个阶段从广泛存在的"舅权"制度推断而来，在这种制度下，母亲的兄弟是女性的保护人，并且女性的孩子是他的继承人。母权制同样被认为是一个发展的阶段。在这一阶段，众多共同体中首领都仅仅由女性担任，同时她也是经济事务，尤其是家庭共同体的经济事务的领导者。根据这一状况可以假设，经由抢婚制度社会才得以过渡到父权。过了一个特定的阶段，乱交的礼制基础被谴责，族外婚取代族内婚成了一般原则，也就是说，性关系的对象被局限为其他团体的成员，通常也包括利用暴力手段从这些团体中掠夺妇女。从这种做法中有可能还发展出了买卖婚姻。为这一发展过程提供论据的是以下事实：即使在很多早已经走向契约婚姻的文明民族中，结婚仪式仍然象征着暴力的绑架。还有，在社会主义思想中，向父权和合法的一夫一妻制的转变，是与私有制的起源以及男性确保合法继承人的努力联系在一起的。从这里开始，人类堕入了罪恶，一夫一妻制的婚姻和卖淫则共存。

以上就是母权论的内容，并且社会主义学说都以它为基础。虽然细节上它并不那么站得住脚，但是总体上来说，它对问题的解决做出了重要的贡献。在这里，一条古老的真理再一次被证明，即一个巧妙的错误对于科学来说比笨拙的精确更有价值。对这一理论的批评首先导向了对卖淫的演化历程的思考，不言而喻，其中并不涉及道德评价。

我们理解的卖淫是为了获得金钱收入，以一个价格屈从于一段性关系，并且把它作为一个常规职业。在这种意义上，卖淫不是一夫一妻制和私有财产制的产物，而是在远古时期就已经存在的。在每一个历史时期、每一个发展阶段，我们都能发现卖淫活动的身影。虽然它不常见于伊斯兰文明，并且在少数几个原始民族中不曾出现，但是这个制度本身、对同性和异性卖淫的惩罚，在被社会主义理论者指出的那些没有私有财产的民族中也能找到。无论何时、无论何地，这一职业总是作为一种社会阶层被隔离，并且通常都被社会所排斥，只有僧侣的卖淫是个例外。在职业卖淫和多种形式的婚姻之间，可能存在着永久性的或临时性的性关系的所有可能的中间形态，这些形态的性关系并不一定会受到伦理谴责或法律惩罚。虽然现今为婚姻之外的性愉悦提供的契约是无效的，正如法律原则所谓"无耻的行径不能成为一种'行为'"，但是在埃及的托勒密王朝，性自由的婚约是存在的，处于此种婚约中的女性可以提供性满足以换取生计、财产权利或者是其他报酬。

然而，卖淫不仅仅具有不合规的性屈从的形式，同时也具有在圣典中举行的礼制性卖淫的合规形式。比如，印度和古代东方的庙妓。这些庙妓是必须在寺庙中服务于宗教仪式的女奴隶，仪式中的一部分就是性狂欢。庙妓还会向公众献身以获取报酬。庙妓的制度可回溯到祭司制，回溯到具有性特征的万物有灵论的巫术，也就是，由于自我逐渐兴奋到狂喜状态，从而陷入了性乱交。

性交作为一种促进土地肥力的巫术形式，广泛流行于农业民族中。性狂欢甚至直接在目标土地上进行，就是希望增加这块土地的生产力。在印度，由于参与这种圣礼，还产生了舞伎这一职业，她们作为自由的高级妓女在印度的文化生活中扮演着重要的角色，就像希腊被如此称呼的女性一样。但是，尽管她们拥有有利的生活条件，她们仍然被列为社会的排斥对象，并且正如印度的舞伎戏剧所表现出来的那样，她们最好的命运是借由奇迹跃升为生活水平大幅下降的已婚妇女阶层。

除开庙妓，在巴比伦和耶路撒冷也可以看到合乎体统的庙妓，她们的主要客户是旅行中的商人。在丧失了圣礼性和狂欢性之后她们维持了这份职业，处在寺庙的物质利益的保护之下。伟大的救赎宗教的先知、牧师、琐罗亚斯德教、婆罗门教和旧约先知，都坚持反对合法的卖淫还有卖淫产生的根源即狂欢。他们的反对部分地是基于伦理和理性的原因；这个战斗，属于那些希望深化人的内心生活、认为屈服于性欲是宗教目的获胜的最大阻碍的那些人。另外，狂热信徒之间的竞争也起了一定作用。古代以色列的神是一个山神，不是像太阳神巴尔（Baal）那样的堕落神，并且在这场争斗中治安权也站在牧师这边，因为国家害怕与狂欢现象相关的激动情绪会引发下层阶级的革命性举动。然而，处于国家怀疑之下的卖淫本身在狂欢集会被中止之后仍然存续了下来，但是不具有合法地位。在中世纪，尽管有教堂律令，它仍被官方承认并且组成了行会。同样，在日本，让茶室女偶尔充当妓女的做法留存到现在，并且不仅仅没有让她们丧失社会地位，反而让她们在婚姻中尤其抢手。

卖淫地位的改变直到十五世纪末才开始，在查理八世入侵那不勒斯的行动中，性病大爆发，改变也随之而来。从这时起，开始了对卖淫的严格隔离；而在这之前，它是被允许存在于一般的集中区的。在新教，尤其是在加尔文教中，禁欲主义趋势的爆发起到了抵制卖淫的作用，就像后来天主教会的更温和、更谨慎的规则所起到的作用一样。这里的结果与穆罕默德和《塔木德》的制定者所取得的结果相似，他们同样与狂欢行为进行了斗争。

要分析婚外性关系，则必须区分卖淫和女性的性自由。男性的性自由总被认为是理所当然的，这首先被三大一神论宗教所谴责，并且实际上在《塔木德》出现之前并不被犹太教所反对。女性平等的性自由最初表现为以下事实：在穆罕默德时期的阿拉伯人中，虽然永久性的婚姻早已经得到认可，但是以换取生活所需为目的的临时婚、试婚也同时存在。试婚同样也存在于埃及和其他地方。上层阶级家庭中的女孩尤其不愿妥协于家长制婚姻中严格的家庭限制，而是紧紧抓住她们的性自由，留在父母家中、与男性缔结符合其喜好的婚约。

除开上述这种个人的性自由的例子，在这里还必须提出氏族利用女性获取利益、出租女性以换取粮食的可能性。所谓的性招待，也必须被看到，就是让妻子和女儿去招待客人的义务。还有，纳妾制度也得到了发展，它与婚姻的区别是基于以下事实：它不能赋予孩子完全的合法性。在阶级内部的内婚制建立起来之后，它总是受到社会阶级差异的限制，又包含着跨越阶级差异障碍的同居。在罗马帝国时期，纳妾完全获得了法律上的承认，尤其是对于被禁止结婚的士兵、对于婚姻机会受到社会阶层因素限制的官员来说。中世纪保留了这一制度，然而1515年的第五次拉特朗大公会议（The Fifth General Lateran Council of 1515）第一次将它完全禁止了。本来从一开始它就被宗教改革中的改革派谴责，但是从这时起，为法律所承认的纳妾制度便从西方世界消失了。

进一步研究社会主义母权理论可以发现，它并不能证明在一般演化序列中存在过它提到的任何一个性生活阶段。如果有能够符合的地方，那也总是伴随着特别特殊的条件。乱交，就算在它存在的地方，也要么就是一种带有狂欢性质的特殊现象，要么就是早期严厉管束性生活之后倒退的产物。在母权理论看来，有一点必须要承认，那就是，万物有灵论的宗教信仰的历史表明了，最初人们并不了解生殖行为和生育行为之间的联系。因此，父亲和孩子之间的血缘联系也并未被承认，就像今天私生子生活在母亲的权利之下一样。然而，孩子仅仅只和母亲生活、父亲缺席的这种纯粹的母系组织根本就不普遍，相反仅仅出现在极特殊的条件之下。

家族内部的族内婚或者是兄弟姐妹之间的通婚是一种贵族制度，其目的在于维持皇室血统的纯正性，就像托勒密皇室那样。

在氏族优先权的影响下，女孩必须在嫁出去之前先被供给本氏族成员，否则就必须花钱买断氏族成员的权利。此项权利可以用财富的分化加以解释，同时它也是对财产消散的防护。弟娶寡嫂的习俗也与原始情况不相符，而是产生于男性血脉有可能由于军事或宗教原因断绝这一事实；绝不能让没有战士的家庭失去后代并且任其家族消亡。

当社会阶层出现以后，阶层内部的内婚制出现了。更深层次的意义上讲，那就是女儿必须被保留给特定的政治或经济团体的成员。希腊民主政治时代大范围地推行了这一制度，就是为了在城市的市民阶层中保有财产，也是想要通过限制生育来为市民阶层获得政治垄断的机会。

族内婚还以与上级阶层的人联姻的形式存在，它发生在社会各阶层之间等级森严的地方，比如实行种姓制度的印度。较高种姓的男性能够按照意愿与低于他种姓的女性发生性关系或结婚，但是对于女性来说这是被禁止的。作为结果，较低种姓的女性有可能会因为金钱被卖掉，而高种姓的女孩则可以用金钱换回一个男性。协议在孩童时期就被定下，男方可以和很多女人结婚并且得到女方父母的赡养，从一家流转到另一家。在印度，英国政府结束了这种情况，强制名义上的丈夫去供养女方。在任何实行族内婚的地方，都可以将之视为一种退步的表现，而非一个进步的阶段。

家族之间的族外婚随处、随时可见，几乎没什么例外。因为想要尽力防止家庭中男性之间的妒忌，也因为认识到一起长大的异性之间很难发展出强烈的性冲动，这一制度得以产生。氏族间的族外婚基本上都与属于图腾制度的万物有灵论的理念相关。虽然在如美国和印度群岛上那些分隔区域里都能发现它的身影，但是要说它遍布于全世界，这仍是未经证实的。抢婚制度通常被受害者亲族认定为不合法，他们认为这会为血亲复仇或勒索人头税提供正当理由，但是同时它也被认为是一场英勇的冒险。

根据宗法制的规则，合法婚姻显著的标志在于：从一个特定的社会团体的观点来看，一个男性只有其特定妻子的子女才拥有完全的合法身份。这一社会团体可能有几个种类：1. 家庭共同体。只有婚生子女才拥有继承权，而旁妻和妾的子女则没有。2. 氏族。只有婚生子女才能在血亲复仇、人头税和继承这些制度中占有一席之地。3. 军事团体。只有婚生子女才有权武装、瓜分战利品或攻陷的领土及在一般情况下分得土地。4. 阶层团体。只有婚生子女才是完全属于这一阶层的成员。5. 宗教团体。只有合法的后代才被认为是有资格举行祭祖仪式的，神灵也只会接受他们供奉的祭品。

除了符合宗法制规定的合法婚姻之外，还可能存在着以下关系：（1）纯粹的母系制社会：被承认为合法的团体首领的父亲并不存在；亲属关系仅仅存在于孩子和母亲，或者是母亲的亲族之间。纯粹的母系制团体尤其与男性社会相关联（见下）。（2）纯粹的父系（男系亲属）团体：父亲的所有子女有着平等的身份，不论孩子是旁妻的、妾的还是女性奴隶的，甚至还包括收养的。孩子和女性都屈服于男性不被限制的权威。符合宗法制规则的合法婚姻也产生于这一情况。[①]（3）以母系血缘确定继承权，尽管这个家庭共同体里父母俱在。孩子属于母亲的氏族，而非父亲的。这种情况与图腾信仰有关，并且是男馆组织的遗留（见下）。

---

① 可与弗雷泽（J.G.Frazer）所著《图腾制和族外婚》（伦敦，1910 年版）进行比较。

（C）在经济因素和非经济因素影响下的家庭演变

要解决这个问题，首先需要对原始经济生活做一个一般性研究。把经济生活一律划分成狩猎经济、畜牧经济和农业经济这三个不同阶段的方式，虽然在科学讨论中很流行，但是是站不住脚的。纯粹的狩猎民族和纯粹的畜牧民族都不是原始的，就算有的话，他们也要依赖于他们彼此之间和他们与农业部落之间的交换。相反，原始的经济生活是建立在耨耕水平上的游牧农业的一种，并且通常与狩猎相结合。耨耕是没有家兽，尤其是没有驮兽的一种农业方式；耕犁代表着向传统农业的过渡。驯化牲口需要很长的时间。它有可能以役畜为开端，之后才有了奶畜，直到今天，在东方仍有一些区域不知道挤奶为何物。吃动物的肉则在上述两者之后出现。作为一个偶然现象，屠宰肯定发生得更早；它发生在以肉食狂欢节为目的的礼制中。在最后，我们才找到为了军事目的的动物驯化。从公元前十六世纪开始，马就被用来在平原上骑乘，而在任何其他地方马都是一种役用动物；从中国、印度到爱尔兰的所有民族也都就此开始了英勇的战车战争时代。

耨耕可以由小型家庭单独开展，也可以由聚集起众多家庭，甚至达到上百人规模的劳动力团体开展。后一种农业模式是技术发展到一定阶段的产物。最初的狩猎必须是共同行动，虽然它的社会化是由环境造成的。牲畜饲养可以并且必须被独立地执行；无论如何，饲养大量牲畜的社会团体的规模不可能很大，因为这项活动需要的土地面积其实很辽阔。最后，粗放农业能够通过各种方式进行，但是开垦土地的活动仍需要公社共同行动。

在这些农业模式的区别之中还有劳动力的性别区分。最开始，耕地和收割的任务主要落在女性肩上。只有那些需要耕犁而非耕锄的重活儿，才需要男性的参与。而以纺织为主的家庭劳动，则由女性单独负责。男性的工作包括狩猎、饲养牛一类的家畜——然而小型动物的饲养还是女性的工作范畴——伐木和金属加工，最后也是最重要的一项，战争。女性是持续的工作者，而男性是间歇的工作者。只是随着工作难度逐渐增加、工作强度不断加大，才使得男性成了连续工作的劳动力。

从这些条件的相互作用中，产生了两种公社化的类型，一种是家庭和田间劳动的，另一种是狩猎和战争的。第一种围绕着女性，以此为基础，女性通常占据着主要的社会职位；还经常握有完全的掌控权。女性的房屋最开始是工房，然而狩猎和战争的社会化使得男性社会得以产生。但是不论家长是男性或像印第安人一样是女性，在家庭中总会有一个传统的束缚和一个相对应的宗法性封建制的地位。相反，狩猎和战争的社会化是基于首领的功劳或魅力的领导下实现的，而首领也正是出于此目的被选出。起决定作用的不是他的亲属关系而是他的骁勇善战或其他的个人品质，他是被自由地选出的首领，拥有自由选出的跟随者。

与进行女性经济活动的家庭共同体相对应的是男馆。在 25 岁到 30 岁这一有限的生命阶段内，男性们住在一个会所里，远离他们的家庭。以此为中心，进行着狩猎、战争、巫术活动，制作武器和其他重要的铁器。年轻的男性通常成群结队地掠夺女性获取妻子，因此这种婚姻有着一妻多夫的特征，或者购买妻子。女性不允许进入男馆，为的是保证房屋隐蔽性。房屋周围全是能激起害怕情绪的东西，以此来保持房屋的神圣性，就像南太平洋岛上居民的杜克－杜克（duc-duc）。当氏族通常都实行族外婚的时候，舅权通常与男馆制度相关，通常但不总是与母系的亲属关系相连。作为规则，男性的团体依其成员的年龄被划分为不同的类别。到了一个特定的年纪，他们从男馆中退出、重新回到村庄和他们的妻子那儿。通常，男馆也需要见习期。在特定年龄，男孩儿被带出家庭、参与巫术程序（割礼通常也被包括在内）、接受成人礼，便开始了他们在男馆的生活。这个地方是一种营房，一种军事机构，在瓦解时产生了多条发展路线，比如，巫术团体或意大利卡莫拉模式的政治秘密会社。斯巴达的会团、希腊的胞族、罗马元老院，都是这种组织的例子。

这种原始的军事组织不是在每个地方都存在，并且在它存在的地方也都很快地消失了。要么是通过非军事化的过程，要么是通过对必须携带重武器、必须对战士进行特殊训练的单独战争有利的军事技术的发展。战车战和骑兵战尤其推动了这个方向的发展。通常导致的后果是，男性回到他们的家庭，和他们的妻子生活在一起，军事保护不是通过男馆的共产主义而是通过一种协定被保证，这种协定赋予个体战士以特殊的土地权利，让他们能够武装自己。同时，血缘联系变得尤其重要，与之相伴的是万物有灵论或精灵信仰这种最原始的神学，它在世界各地通过某些形式出现。

在男馆的组织形式中，很明显能找到图腾崇拜的起源。图腾崇拜建立在万物有灵论的基础之上，虽然之后它又与后者独立了开来。图腾是一个动物、一块石头、一个人工制品或不论一个什么物件，其被认为拥有精神。图腾集体的成员与这个精神拥有万物有灵论上的亲属关系。当图腾是一个动物，它被禁止捕杀，因为它与这一团体有着同样的血脉；从这个禁忌中还发展出了各种各样的禁食习俗。都属于一个图腾的这些人组成了一个文化统一体、一个和平的团体，团体的成员之中绝不能发生打斗。他们实行族外婚，同图腾成员之间的婚姻被认为是乱伦，并且需要通过严厉的惩罚来赎罪。因此，一个图腾对于其他图腾来说就是一个婚姻团体。在这方面，图腾团体作为一个礼制性的概念贯穿于家庭和政治团体之中。虽然存在个别的父亲和他的孩子、妻子生活在家庭团体之中，但是母系的继承其实才是普遍的规则，孩子属于母亲的氏族，并且在礼制上与父亲相异。这就是所谓母权制的事实基础，因此，它与图腾信仰一样是男馆时期的残留。在图腾信仰缺席的地方，我们发现了族长政治，或者是与父系继承相伴的父系统治。

有着越来越强大趋势的族长政治与更古老的母权体系之间的斗争，可能是由已有的土地占有制决定的。要么，就是土地遵照经济原则被分配，也就是，它被看作是女性的工作场所；要么就是按照军事原则，在这种情况下它被看作是征战的成果和对军事保护的顺从。如果耕种的主要责任落在了女性肩上，那么土地会被作为孩子监护人的舅舅继承。如果土地被视为矛地，那么这一权利就归给军事组织；孩子被算作是属于父亲的，还有另一个结果则是，女性被排除在土地权利之外。军事团体想要通过将土地分配持续保有为父系氏族的职能来维持成员提供军事服务的经济基础。从这种努力之中迅速发展出了叔娶嫂式婚姻和与女性继承人相关的法律，也就是，血缘最近的亲属具有与这支血脉最后一位女性后裔结婚的权利和义务。希腊的情况尤其符合这一制度。

另一种可能性是，个人财产关系决定了父系组织和母系组织之间的关系。在经济平等的人之间，更古老的婚姻形式显然是换妻[①]，尤其是在家庭与家庭之间，年轻人会交换他们的姐妹。随着经济身份的分化，女性被视为劳动力，作为有价值的物品、工作动物被买卖。那些买不了妻子的人，就要为妻子服役或者永远住在她的家里。买卖式婚姻和服役式婚姻，一个遵循的是父权制律法，另一个遵循的是母权制律法，可能同时存在，甚至在同一个家庭中存在。因此，哪个都不是普遍的制度。女性总是生活在男性权威之下，或是在她自己的家庭共同体里，或是在购买了她的男性的家庭共同体里。买卖式婚姻，就像服役式婚姻，可能是一妻多夫的，也可能是一夫多妻的。当有钱人随意买妻时，无产阶级，尤其是兄弟，通常会合伙购买一个共同的妻子。

在这些关系的背后，是"群婚制"，它可能从具有巫术重要性的婚姻阻碍中发展而来，比如存在于图腾团体或家庭共同体中的婚姻阻碍。男性一个接着一个或同时接收一个姐妹团，当女性也成了团体的财产从而与他们"结婚"，男性也必须接收大量的此类女性。群婚只是偶然出现的，并且明显不是在婚姻演变过程中的一个普遍阶段。

购买得到的妻子通常屈从于男性完全的父权制权威。这一至上的权力是原始时期的事实。它一直作为原始民族的一种特征表现于原则

---

① 参见《圣经·创世记》，第34章，第8节及以下各节。

之中。

（D）氏族的演进

现在要讲的是氏族的演进。盖尔语的氏族指的是血缘亲属关系，与对应的日耳曼语 Sippe、拉丁语 proles 的意义一致。首先需要区分不同的氏族类型：

（1）氏族成员相互之间在巫术意义上具有亲属关系，有着食物禁忌，相互之间有着特殊礼制行为的规则，等等，这些是图腾氏族。

（2）军事氏族是一类联合体，就像最初设立在男馆里的那样。他们对后代们施加的控制有着极为广泛的重要性。一个没有通过男馆见习期的、向严苛的练习和与之相关的力量测试投降的个人，或者一个没有被接收进祭祀礼仪的个人，在原始民族的术语中就是一个"女人"，并且不享有男性本应该有的政治权利或经济特权。军事氏族在男馆消失很长时间后还维持着它早先的重要性。比如在雅典，就是通过团体，个人才能保有它的市民身份。

（3）氏族作为一个特定范围内的血缘亲属团体。在此，男系氏族是最重要的，下面的讨论也仅仅与之相关。它的功能在于，首先它要履行血亲复仇、对抗外者的义务；其次它要在团体内分配罚金；第三，它是矛地的分配单位，在中国人、以色列人、古日耳曼人的法律中，直至有史时期，男系亲属都拥有在土地能被卖给外族之前必须先获得土地满足的权利。就这一点而言，男系氏族就是一个精选的团体，只有身体和经济的能力都足以武装自己进行战争的男性，才会被承认是氏族人。不能达到这一要求的人，必须将自己"委托"给一个封建领主或保护者，委身于他们的力量之中。因此男系氏族实际上成了财产拥有者的特权集团。

一个氏族可能是有组织的也可能是没有组织的，原始的状况反而是一种中间状态。氏族中通常存在一位族长，虽然在有史时期通常不再如此。原则上他才是唯一的领头羊。他在氏族成员之间争吵时进行仲裁，为他们划分土地，诚然，是依据传统而非肆意，因为氏族成员们要么就拥有平等的权利，要么至少服从于一个确定的有限制的不平等。氏族族长的典型是阿拉伯酋长，他仅仅通过劝诫和良好的示范来控制他的子民，正如在塔西佗时代，日耳曼人更多是通过以身作则而非命令来统治。

氏族的命运多种多样。在西方，它已经完全消失了；在东方，它又被完整保留了下来。在古代，家族和氏族承担着重要的角色。每一个古代城市在最初都是由氏族而非个人构成。个人只是作为氏族、军事组织和分担课税徭役的组织的成员时才属于城市。同样，在印度，氏族的成员身份对上层种姓，尤其是骑士种姓来说是必需的，然而低等的和后建立的种姓的成员则属于迪维克（Devak），也就是一个图腾信仰团体。在这里，氏族的重要性建立在这一事实上：土地制度基于氏族首领赐予的封地。因此我们在这里同样找到了作为土地划分原则的世袭荣誉或个体能力。一个人拥有土地，但不能因此而变得高贵；但是相反，一个人享有土地份额的继承权因为他属于一个高贵的氏族。此外，在西方的封建制度下，土地被封建领主划分，与氏族和亲属关系无关，而封臣的忠诚则是一种个人的约定。在今天的中国，经济制度仍然是半共产主义的、基于氏族的。氏族在他们各自的村庄拥有学校和仓库、维持着田地的耕种、参与有关继承的事务，并对成员的不法行为负责。个人的全部经济生活都依赖于他在氏族中的成员身份，个人的账目通常也是他氏族的账目。

氏族的瓦解是两种作用力的共同结果。第一种是预言的宗教力；先知想要建立起与氏族成员身份无关的他的公社，耶稣所言，"叫我来，并不是叫地上太平，乃是叫地上动刀兵。因为叫我来，是叫人与父亲生疏，叫女儿与母亲生疏"（《马太福音》，第10章，第34—35节）和"到我这里来的任何人，若不恨他自己的父亲、母亲、妻子、儿女、兄弟和姐妹，就不能作为我的门徒"（《路加福音》，第14章，第26节）表达了每一个先知关于将氏族作为一种建制的计划。在中世纪，教会设法取消氏族在继承方面的权利，从而它才有可能保留被遗赠的土地。但是在这方面教会并不是孤军奋战。在犹太人之中，一些力量做了几乎同样的事情。氏族直至流亡仍保留了它的生命力。在流亡之后，的确有很多平民被登记进了之前只有上层阶级家庭才拥有的宗谱之中。但是这种氏族的划分之后又消失了，可能是因为这些最初具有军事特征的氏族在非军事化的犹太国中没有根基，因此保存下来的只是基于血统或者个人忠诚的忏悔集团的成员身份。

第二种推动了氏族解体的力量是官僚阶级。在古代，我们在埃及的新王国时期找到了官僚机构的最大发展。这里没有氏族组织的痕迹残留，因为国家不允许。结果，出现了男性和女性之间的平等和性契约的自由；子女一般来说继承他们母亲的名字。皇室的力量害怕氏族并鼓励了官僚阶级的发展。这一进程的结果与中国的相反，在中国，国家并不足够强大到可以破坏氏族的势力。

（E）家庭共同体的演变

原始的家庭共同体不一定是纯粹的共产主义的。在这里，通常所有权有相当大的发展，这种所有权甚至包含了子女，并且尤其针对铁器和纺织产品。同样还有女性从女性处继承、男性从男性处继承的特殊的权利。我们可以发现，绝对的家长权就是一种普遍情况，或者它可能被其他组织比如图腾集体或母系氏族削弱。家庭共同体几乎总是纯粹的共产主义的，至少在消费方面，即使不是在财产方面。以此作为一个基础，开始了各种各样的发展进程，也达到了各不相同的结果。

小型家庭可能发展成为一个扩大的家庭，这一扩大的家庭的形式，要么是自由公社，要么就是庄宅式家庭，就像拥有大量土地的男爵或亲王他们的奥伊斯科（Oikos）一样。前者通常导致了以经济为发展基础的劳动的集中，然而庄宅式的发展则源于政治因素。

在南斯拉夫，从家庭共同体发展出了札德鲁加，在阿尔卑斯山地区则发展出了公社。这两种情况下，家长通常都是选举产生，并且一般都可以被罢免。最开始的情况是生产中的纯粹共产主义。从团体中退出的人要被没收一切分享公共财产的权利。偶尔在别的地方，比如在西西里和东方，出现了不同的发展进程，公社不是以共产主义的方式组织起来而是建立在份额的基础上，因此个人总是可以要求分配并且拿走他的份额去到任何他想去的地方。

庄园发展的典型形式是家长制。它显著的特征是财产权专属于个人，没有人有权要求检查家长的账目，并且这一专断的位置是继承的、为家长一生所有。这种专制统治的对象涵盖了妻子、子女、奴隶、货物和供给品，罗马法中的家产就表现出了这一种类古代的完备形态。这种所有权是绝对的，它不同于女人面对的夫权或者孩子面对的父权的原则。家庭中父亲的权利可以拓展到处决或售卖妻子、售卖子女或把他们租出去当劳动力，这种时候他们也只受到一些礼制性的限制。根据巴比伦、罗马和古日耳曼的法律，父亲能够收养其他孩子并将之视为己出、让他和自己的孩子处于完全平等的地位。在女奴隶和妻子、妻子和妾、认领的孩子和奴隶之间没有区别。认领的孩子之所以被称为自由人，只是因为他们和奴隶之间存在的唯一区别，即他们有时有机会成为自己家庭的家长。简而言之，这个制度是一个纯粹的男系亲属氏族的制度。它与畜牧经济有关，也与个人作战的骑士构成军事阶层这些情况有关，还与祖先崇拜有关。然而，一定不能把祖先崇拜与对死者的崇拜混淆。后者可以脱离前者存在，就像埃及的情形一样。然而祖先崇拜包含了对所有逝去的氏族成员的崇拜的集合，比如在中国和罗马，建立在这一集合之上的，是父权的不可撼动的地位。

家长制的家庭共同体不再以与它原初一模一样的状况存在。它的崩溃缘于阶层内部婚姻的引入，据此上层阶级的氏族仅仅将自己的女儿嫁给同阶层的人，并且还要求她们的地位要高于女性奴隶。另外，一旦妻子不再拥有基本的劳动力——这也是最开始在上层阶级中出现的——男人便停止将她作为劳动力进行购买。这样，那些希望把女儿嫁出去的氏族，就需要提供嫁妆，让她足以维持她的阶层。阶层原则的实施产生了合法的、一夫一妻制婚姻和家长制权威之间的区别。有嫁妆的婚姻成了普遍的婚姻，女性的氏族约定，她应该要成为正室，并且只有她的孩子可以成为继承人。男性对拥有合法财产继承人的兴趣促进了婚姻制度发展这一社会主义理论并不正确。男性对继承人的渴望可以通过多种途径被保障。起决定作用的，实则是女性确保她的孩子获得男性财产的兴趣。然而这一发展绝不可能一定与一夫一妻制婚姻有关。一般来说，父系的一夫多妻制留存了下来；除了正室，偏房也被保存，她的孩子拥有继承权很有限或一点儿也没有。

就目前所知，作为婚姻唯一形式的一夫一妻制最初兴起于罗马，以罗马祖先崇拜的形式成为礼制上的规定。与希腊一夫一妻制虽然已出现但极具弹性相反，罗马人严格地执行它。之后基督教戒律的宗教力量给予了它支持，犹太人同样按照基督教的示例，建立起了一夫一妻制，但这是加洛林时期才发生的。合法的婚姻包含妾和正式妻子的区分，但是女性氏族为了保护女性的利益也更进了一步。在罗马首次实行了女性经济和人身方面脱离男性的全面解放，建立了所谓的自由婚姻，它可以被任意一方自由解除，并且给予了女性对自己财产完全的控制权，虽然如果婚姻取消，她也将失去对子女的所有权利。即便是查士丁尼也不能取缔这一制度。带嫁妆婚姻与不带嫁妆婚姻中很多法律制度的区别，很长一段时间都能够说明合法婚姻就是从带嫁妆婚姻发展而来的这种演化过程。这一例证就是埃及人和中世纪的犹太人。

第三章　领主所有权的起源

　　小型家庭可能是共产主义家庭发展的起点，但是它也有可能发展成一个大规模的庄园式家庭。以它的经济关系来看，后者主要是农业所有权发展的中级阶段，因此也是封建领主所有制的，是庄园式的且是封建主义的。

　　以这种发展模式为基础的财富的分化有着不同的原因。其中原因之一是首领地位，不论此首领是氏族的还是军事团体的。在氏族成员之间的土地的划分由氏族首领掌控。这一传统的权力通常发展为世袭的领主权力。氏族对这种世袭荣誉的敬意，表现在贡品的进献、耕种和房屋修建的协助中，并且这种服务最开始是一种要求，慢慢发展成了一种义务。战争中的领导者通过内部分化或向氏族外征服来赢得土地所有权。每一个地方，他都在瓜分战利品和划分侵略土地中拥有特权。他的追随者同样也要求在划分土地时有特权待遇。这种领主的土地一般都不用分担普通份地的责任——比方说，就像在古代的日耳曼经济制度中一样——但是相反，普通份地的占有者还要协助耕种这些土地。

　　内部分化因为专业的军人阶层的出现而发展，这来源于军事技术的进步和军事装备质量的改进。对于处于依附性经济地位中的人来说，训练和装备都是不可得的。因此在两种阶级中产生了区分，其中一种阶层的人，他们借由他们的财产，既可以提供军事服务也能装备他们自己；另一种则是不能做到这些因此不能维持完全自由民身份。农业技术的发展向着与军事进步同样的方向发挥作用。结果是，普通的农民越来越被他的经济职责所束缚。进一步的分化产生于以下事实：上层阶级，精于战争、给自己提供装备，通过军事活动在不同程度上积累战利品；然而那些不能做到这些的非军人，只能越来越受制于各种服役和课税。这些服役和课税，要么由直接的武力强加于他们，要么就是用来购买豁免权所产生的费用。

内在分化的另一路径是对一些敌人进行征服和镇压。最初，被征服的敌人被屠杀，在某些情况下还伴有食人肉的狂欢。剥削他们的劳动力并把他们转化为负担重物的奴隶阶层的行为，也只是作为次要问题发展起来的。由此产生了领主阶层，他们通过拥有人力而能够清理和耕种土地，这对于普遍的自由民来说则是不可能的事情。奴隶或仆人可以被公共地使用、被整个团体所有、被用于土地的集体耕种，有点儿像斯巴达农奴的情况；或者，他们可能被个人使用，被分配给单独的领主用来耕种他们个人的保有地。后一种发展模式建立起了征战的贵族阶层。

除了征服和内部分化，还需要看到无防御能力的人对军事首领领主地位的自愿臣服。因为无防御能力的人需要保护，所以他认定一个领主为保护人（在罗马）或者为主人（在墨洛温王朝的法兰克人中间）。这样他开始有权要求在法庭上被代表，就像在法兰克王国一样，有权要求在审判中通过战斗获胜，或者有权要求领主的证词而非族人的无罪担保。作为回报他提供服役或者缴纳费用，然而，这些回报方式的重要性并不在于对依附者进行经济剥削。他只是在需要提供相当于一个自由民的服役，尤其是在需要军事服役时才能被征召。比如，在罗马共和国行将覆灭之际，各种各样的元老院议员家庭就通过这种方式召集了成百上千的委托人和隶农去反抗恺撒。

领主的所有权起源的方式还有通过封建条约下的土地转让。拥有大量人力和耕畜的首领可以开垦的土地范围与普通农民可开垦土地的范围有极大区别。但是垦地原则上应该属于最开始开垦这块土地的人，只要他有能力进行耕种。因此，对人类劳动力掌控程度的分化，在它出现的地方，间接或直接地为领主阶层最终赢取土地发挥了作用。这种利用更优越的经济地位的例子，就是罗马统治阶层对公田占有权的实践。

领主的土地，在它被开垦之后，通常都以租赁的方式加以利用。租约都是面向外乡人——比如当时在国王或首领保护之下的手工业者——或者穷人。在与后者有关的地方，尤其是在游牧民族之中，牲口也一并被租出；除此以外，一般来说定居在领主土地上的人，负担的是缴纳费用和提供服役的义务。这就是所谓的隶农制，在所有的东方土地上都是如此，不论是意大利、高卢还是日耳曼人之中。货币封土和粮食封土，本质上就是借款，通常也是积累奴隶和土地的手段。与隶农和奴隶一起，雇农或雇工也扮演着重要角色，尤其是在古代的经济生活中。

通常，出自氏族关系的依附形式与源于领主权力的依附形式是混合在一起的。对处于领主保护之下且没有土地的人或外乡人而言，氏族的成员身份不再是问题，而且氏族成员、马尔克成员、部落成员之间的区别消失，都处于封建附庸这一个名目之下。领主权力发展的原因还有巫术这一职业。在许多情况下，首领并非来自军事首领，而是出自唤雨巫师。巫师可以对某些物体下咒，这些物体随后就被"禁忌"保护起来，不得对其有任何干扰。巫术贵族因此获得了僧侣的财产，当王族与僧侣联合，僧侣也会利用禁忌来保护他的个人财产，这在南太平洋诸岛中尤其常见。

领主财产发展的原因还可能由贸易提供。对与其他公社进行贸易的限制，一开始完全掌握在首领手中。人们要求首领为了部落的利益而使用这一权力。然而通过征税，首领把这一权力用作一种收入来源。起先，这种税只是外族商人因为被保护而上缴的费用，因为首领给予了他们市场特许权并且保护了市场交易——不用说，这税就相当于是报酬。之后首领经常自己进行交易，通过排除公社——村庄、部落或者氏族——的其他成员建立起垄断。于是他获得了放贷的手段，这也是让他自己部落的成员降级为役农的手段，同样还是积累土地的手段。

首领可以经由两种方式进行贸易：第一种方式，就是对贸易进行管制，因此垄断权就仍然掌握在首领个人手中；要么就是一群首领联合起来组建一个贸易区。这种方式就产生了城镇，还有贸易者贵族阶层，也就是依靠贸易利润进行财富积累来维持社会地位的一个特权阶层。第一种贸易方式正是许多黑人部落的规则，比如喀麦隆海岸地区的那些部落。在古埃及，贸易垄断权典型地掌握在个人手中，法老的帝国权力大部分都建立在他们个人垄断贸易的基础上。在昔兰尼加（Cyrenaica）国王之间，在之后中世纪的部分封建制中，我们都发现了相同的情况。

首领贸易的第二种方式，也就是城镇贵族的发展，在古代和中世纪早期尤为典型。在热那亚、威尼斯的市场交易所，住在一起的贵族家庭才是唯一的完全市民。他们通过各种形式的借贷在财力上支持商人，而他们自己并不参与贸易。结果就是，其他人群，尤其是农民，向市政的贵族阶层背负了债务。通过这种方式，产生了古代的贵族土地所有权，同时还有军事王族的土地所有权。因此古代国家的特征是，沿海城镇聚集、作为大量土地所有者的贵族又对贸易充满兴趣。古代文明一直到希腊时期都保持着沿海的特征。在这一古老的时期，没有一个内陆城镇距离海岸超过一天的路程。相反，乡村则是贵族首领和他们的佃户的所在地。

领主的财产可能还在税收组织和国家官制中有其财政根源。在这一方面又存在着两种可能。一种可能是，出现了一个集权化的王族个人的项目，并且将行政官员与让他们得以行使权力的来源分离开来，这样，除了王族，不再有任何人拥有政治权力；另一种可能是，存在一类行政组织，还有诸侯、税农和官员的事业，其作为附属的、次要的角色，与王族的事业一起起作用。针对后一种情况，王族把土地租给花他们自己的钱支付所有行政费用的下属。根据这两个体系中的哪一个占据支配地位，国家的政治组织和社会组织呈现出完全不同的样貌。经济的考量在很大程度上决定了哪一种形式会胜出，东方和西方在这方面又表现出与以往一样的差异。东方经济——中国、小亚细亚、埃及——以灌溉农业占主导；然而在先开垦土地才能定居的西方，林业成了典型形式。

东方的灌溉文明直接从原始的耨耕文明发展而来，并且也不使用动物。同时，它还用大河——美索不达米亚的底格里斯河和幼发拉底河、埃及的尼罗河——的灌溉发展出了花园文明。灌溉和它的限制意味着一个成体系的、有组织的农业方式，由此又发展出了近东大规模的皇室经济，这尤以底比斯的新王国为典型。亚述和巴比伦国王的由退回至男馆制度的大量家臣执行的军事活动，主要就是为了确保修建灌溉水渠和把大片荒漠变成耕地所需的人力资源而捕获男性的活动[①]。

国王保留着对水资源的控制权，但为了实现这一点又需要一个有组织的官僚机构。埃及和美索不达米亚的农业和灌溉机构，它们的基础必然是经济，是世界上最古老的官方机构。它在它的整个历史中都维持了对国王个人经济事业的附属地位。个人官员是奴隶，或国王的依附者，甚至是战士，并且经常被打上烙印以防逃跑。国王的税收部门以实物缴纳（征实）作为基础，在埃及这些实物被储存在仓库，国王就是用这个仓库来供给他的官员和劳动者。这种供给也就是最古老形式的公职俸禄。

大体上，上述制度的结果是让人民与王族之间建立起了主仆关系。这种关系表现在所有依附者的义务服役和村庄对强加负担的连带责任之中，也表现在托勒密王朝被称为户籍的基本原则之中。在此原则下，个体农民不仅仅束缚于土地之上，同样也与他的村庄捆绑，实际上，如果他不能证明他的户籍，那么他就不具有合法身份。这一制度不仅流行于

---

① 如此则解释了以色列人在埃及的命运。

埃及，同样还流行于美索不达米亚和日本，我们在七到十世纪的日本发现了一种 ku-bun-den 制度（班田制）。在所有这些情形之下，农民的处境都与沙俄米尔成员的处境相似。

从属民的义务服役之中，逐渐产生了以王族为中心的货币经济。这一发展也可能存在不同的路径。一种是生产和贸易都由王族执行的个体经济；或者是，王族利用政治上屈从于他的劳动力去生产不仅为个人所用同时也进入市场的产品，就像埃及和巴比伦的情况那样。贸易和面向市场的生产是大型家庭的辅助生产手段，并不存在家庭机构或工业机构的区分。这就是被洛贝尔图斯（Rodbertus）称为"庄宅经济"的经济组织类型。

庄宅经济再次成为众多发展路径中的起点。其中之一就是埃及的谷物银行制度。法老拥有散布于土地上的谷物仓库，农民向这些仓库上缴的不仅仅是他义务缴纳的实物，还有他的全部产品；对于这些上缴的物品，国王则会开出能够作为货币使用的支票。另一种可能的路径是皇家货币税收的发展，然而，这需要的先决条件是货币的使用已经大量渗透在私人经济关系中以及生产和国内一般市场的大幅发展。所有这些条件在埃及托勒密王朝都得到了满足。鉴于当时国家的行政技术的发展水平，这一制度在制定预算方面遭遇了困难。结果，统治者通常会把计算上的风险转移到他人头上，通过以下三种方式的一种：要么，他将征税这一环节分包给冒险者或者官员；或者，他将之直接指派给战士，战士就从这些收上来的税款中获取自己的俸禄；又或者，他把这一任务交给土地所有者。将征税环节交付到私人手中，是缺乏可靠行政机器的结果，这又可以再一次溯源到政府官员道德的不可靠性。

把征税工作分包给冒险者的举措在印度也同样得到了最大规模的发展[①]。每一个柴明达（Zamindar）都有发展成为土地所有者的趋势。征兵工作也被分派给了被称为贾吉达（Jagirdar）的承包人，他必须提供一定数量的人，不论这些人的具体素质如何；这些承包人也想要尽力成为大地主。这样的土地所有者与对上对下都完全独立的封建贵族类似，与必须完成招募任务的瓦伦斯坦（Wallenstein）所处的地位类似。当统治者将征税工作转交给官员，他通过协议固定一个明确的总额，多出来的部分就归官员所有，而他们也必须向行政员工支付一定数额。这就是中国大陆早期的行政制度，也是古代东方的州长组织制度。随着向现代税收政策的过渡，中国的统计数据显示出人口的突然激增，这是因为大陆官员之前都会有目的地少报。第三个在以王族为中心的货币经济的名目下可能的情况，是将征税工作指派给士兵。这是国家行将破产时的救生手段，并且当王族无力支付给士兵军饷时就会这样做。对这一策略的采用，解释了从十世纪开始土耳其军人统治了哈里发事务的这一转变。士兵发展成了军事贵族，因为中央政府不再对税收有实际上的控制权，并且通过将这一职能转移给军队而使自己脱身。

最初确保货币和募兵安全这一政治功能的个人化的三种形式——将其集中给个人承包人、官员或士兵——成了东方封建制度的基础，这种制度发展的基础是货币经济的瓦解，而这种瓦解又缘于国家对利用自己

① 参见马克斯·韦伯《宗教社会学论义集》，第 2 卷，第 69 页。

的官员管理征税这一技术的缺失。这导致了次一级的、被合理化的农业共产主义，还有农民公社对包税人、官员或军队负有的连带责任、共同耕种和对土地的依附。西方制度明显与东方不同的事实在于，在东方并未产生领主保有地经济，具有支配地位的是强制摊派。另一个特征是，当农民从实物支付向货币支付转变的过程中，即便出现最小的困难，东方的经济制度都很容易退回到物物交换经济。在这种情况下，东方的政治制度便会极度容易从表面上高度发展的文明状况回到原始的物物交换经济的状况。

至于第四种也是最后一种实现皇家收入的方式，我们发现的是王族把职能指派给首领或土地所有者。王族因此避开了行政组织的问题。他将增税，有时还有增兵的任务转移到了已经存在的个人代理的肩上。这就是罗马在帝国时期，文明从海岸扩张到内陆、国家从基本就是一个海洋城镇联合体转变为一个领土帝国时所发生的。内陆仅仅是知道庄园经济，但并不使用货币。增税和增兵的职能现在被强加于它，于是大地主——有产者——成了统治阶级，并一直延续到查士丁尼时期。而他们统治的依附者群体让他们能够纳税，然而帝国的行政制度没有完善到足以匹配帝国自身的成长速度。在行政技术方面，以下事实正是这一情况的特征：与自治城市一同出现的还有封建割据地区，其中的首领是拥有大量土地的贵族，他们负责国家的征税和募兵。西方从这一状况中发展出了隶农，然而在东方，隶农制就像户籍制一样古老。在戴克里先（Diocletian）的统治之下，这一基本原则的施行扩展到了整个帝国。每一个人都被包含进地方纳税单位中并且绝不能离开。当经济和政治生活的重心已经从海岸转移到内地时，这种地区的首领通常就是这一地方的领主。

这一发展阶段的特殊情况是殖民地所有权的出现。最开始对赢取殖民地的兴趣单纯是出于财政原因——殖民地资本主义。实现这一目标——也就是金钱上的剥削——的方式是征服者让臣服的本地人以货币的形式或以上交产品，尤其是食物和香料的形式来纳税。国家大都把对殖民地的剥削行为转交给商业公司完成——比如，英国东印度公司和荷兰东印度公司。自从本地的首领成了连带责任的居间人，他们也就变身成了地区的领主，而最初自由的农民则成了他们的农奴或是被土地束缚的依附者。对土地的依附，连带着封建的义务、公共耕种、对土地重新分配的权利和义务，全都出现了。殖民地所有权发展的另一种形式是由领主执行的对土地的个人分配。西班牙的南美托管地就是这一类型。[①]托管地是一种封建赐地，并伴有可以强制印第安人义务服役、纳赋或劳动的权力。托管地以这种形式一直延续到了十九世纪初期。

东方制度是出于财政因素、与货币经济相关而形成的政治特权的个人化，与之相反的则是西方和日本封建制度下的产品经济，还有通过封地授予制[②]达成的封建所有权的发展。封建制度一般的目的是通过将土地和领主权利赐给那些能够承担封臣服役的人，以此来供养骑兵。依

---

① 参见黑耳普斯（A.Helps）《西班牙在美洲的征服》，共四卷，伦敦，1855—1861年版。托管制的前提条件是农奴分配制，即在人员数量的基础上在领主之间分配印第安人。

② 参见马克斯·韦伯《经济和社会》（载于《社会经济学大纲》，第三部分），蒂宾根，1922年版，第724页。

据所有权的权力是作为封地被赐予还是作为俸禄被赐予，它具有两种形式。

对于以俸禄为形式的封地授予制来说，具有典型性的是土耳其的封建组织。这里并不承认具有永久性的个人所有权，封地只具有终生有效性并且是战时服役的酬报。封地会根据它的收成进行评估，并且与受地人的门第和军事服役内容相称。因为它不是世袭的，所以受地人的后代仅仅在能够提供特殊的军事服役时才能继承它。土耳其政府作为一个最高封建部门，遵循法兰克王室事务管理官的方式规定了所有的细节。

这一制度和最初流行于日本的制度类似。十世纪之后，日本从班田制转向了一个以俸禄原则为基础的制度。幕府将军，也就是天皇的封臣和帝国的总司令，在他的部门的协助下，依据稻米的收成评价土地，并把土地以俸禄的形式赐给他的封臣——大名，大名又把被赐予的土地赐给他们的大臣——武士。之后，封地的继承制被固定下来。然而，原初对幕府将军的依赖仍然以幕府将军控制大名的管理行为的形式保存了下来，大名也相应地监管着他们封臣的行为。

俄国的封建制度与欧洲的更类似。在俄国，在对沙皇履行某些义务服役和承担纳税义务之后，会被赐予封地。受地者必须承担起文武官职，这一规则要到叶卡捷琳娜二世才首次被取消。在彼得大帝治下，税务管理从土地税到人头税的转变导致的结果是，土地所有者要负责缴纳与他持有土地上的人数相符的税款，而人数则是由周期性的调查决定。这一制度对农业组织的影响大体上已经被论述过了（见上文）。

继日本之后，中世纪的西方 ① 是具有最高纯度封建制度的地区。罗马帝国后期的条件为此做出了准备，尤其是在土地租佃方面早已具有了一半的封建特征。日耳曼首领的土地权利融合进了罗马的封建制度。经过土地开垦和征服行动——胜利的军队必须要用土地装备自己——还有大规模的"托庇"行动，土地持有物的面积和重要性都大幅增加了。而那些没有财产，或者不再能武装自己从而提供军事服役的农民，迫于军事技术的进步，只能让自己依附于经济上更具有权势的人。另一个影响是大面积的土地被转移给了教会。然而，决定性的条件是阿拉伯人的入侵和组织起法兰克骑兵去对抗伊斯兰部队的必要性。查理·马特（Charles Martel）大范围地推行了教会财产的世俗化运动，以期从被没收的土地中获取军饷，来建立起一个庞大的、必须把自己武装成重装骑兵的封臣骑士军队。最后，赐予除了土地之外的政治官职和特权也成了封地的一项传统。

---

① 参见《剑桥中古史》第 2 卷第 631 页及以后维诺格拉多夫关于"封建制度的起源"和第 3 卷第 458 页及以后关于"封建制度"的概述。

第四章　庄园

　　领主所有权的内在发展，尤其是西方庄园 [①] 的内在发展，首先被政治和社会阶层关系所制约。领主的权力由三种要素组成：一、土地的持有（领土的权力）；二、人力（奴隶）的持有；三、通过篡夺或封地授予达到的政治权力的占有。最后一个要素尤其适用于司法权，它也是与西方发展相关的最为重要的单个力量。

　　在每一个地方，地主都试图尽力获得"豁免权"来对抗居于他们之上的政治权力。他们禁止王族的官员踏入他们的领土，或者，就算他们允许，官员也必须直接来到地主本人面前代表政治当局执行他的任务，

---

① 参见多普希（A.Dopsch）《加洛林王朝的经济发展》，第 2 版，共两卷，魏玛，1921—1922 年版；另参见维诺格拉多夫（P.Vinogradoff）本书第三章第 5 条注释；塞伊（H.See）《法国的农村阶级和庄园制》，巴黎，1901 年版；西博姆（F.Seebholm）《英国农村公社》，伦敦，1890 年，第 4 版；维诺格拉多夫（P.Vinogradoff）《英格兰的农奴制》，牛津，1892 年版，和《庄园制的成长》，伦敦，1911 年第 2 版；梅特兰（F.W.Maitland）《英格兰土地户口调查册和调查所未及》，剑桥，1897 年版；波洛克和梅特兰（F.Pollock and F.W.Maitland）《爱德华一世以前的英国法律史》，共两卷，剑桥，1898 年第 2 版；科茨克（R.K·tscheke）《经济史》，第 89 页及以后。

比如征收封建税款或进行军事招募。与豁免权消极方面相伴的是它的积极方面。至少因为拥有豁免权者所持有的特权，国家官员被剥夺了一部分立即执行的权力。以这种形式，豁免权不仅仅存在于法兰克帝国，而是在这之前就存在于巴比伦王国、古埃及和罗马帝国。

起决定作用的是司法权的分配问题。各地土地和人力的持有者都在争取这一特权。在穆斯林哈里发辖区他没能成功，一般政府未被任何削弱地保留住了司法权。相反，西方的土地持有者的努力通常都获得了成功。在世界的这个部分，领主最先开始对他的奴隶拥有不受限制的司法权，然而自由民仅仅遵从一般法庭的管辖。对于非自由民来说，官方法庭的刑事诉讼是最后一步，虽然在早期领主的参与确实不可避免。自由民和非自由民的区别在时间的流逝中被抹去，领主对奴隶的权力被削弱同时对自由民的权力却被增强。从十世纪到十三世纪，公共法庭越来越多地干涉着有关奴隶案件的判决；他们的刑事案件通常在公共法院进行审理。尤其是从八世纪到十二世纪，奴隶的地位稳步上升。随着大规模征服行动的中止，奴隶贸易减少，供应奴隶市场变得困难。与此同时，因为要清理森林用地，对奴隶的需求又大幅增加。为了获得并且保留奴隶，领主不得不日益改进他们的生存状况。与拉丁的拥有者相反，领主主要是一个战士而非农民，他发现自己很难监管他的非自由的依附者，因此在这个基础上，他们的境况也算是得到了改善。领主对自由民的权力通过军事技术的改变而被增强，并且导致了领主家庭权威的扩大：最初只局限于家庭，现在则扩大到了他领土范围内的整个区域。

租佃的自由和非自由条件与自由民和非自由民之间存在着对应关系。在这一关联性中我们必须要考虑租佃与封授。租佃是基于文书申请的租赁关系，任一阶层的自由民都可以缔结这一关系。最初它可以按照意愿中止，但是很快发展成了五年一更新，但实际上是终生的，并且通常也是世袭的合约。封授是为了交换服役而赐予封地，最初任何形式的服役都行，或在一些情况下也以贡纳进行交换。之后封授分化为必须提供封建服役的自由封臣的封授，还有必须在领主领土上提供服役的自由民的封授。除了这些形式的租佃还有第三种：定居地租佃。通过这种方式，领主惯常于租佃出土地让对方开垦，以抵扣固定的税额，并且这份土地也会成为租佃者的世袭所有物。这是所谓的免役租佃地，它之后也同样出现于城镇。

与只适用于乡村公社以外土地的这三种租佃形式相对的，是土地依赖于它的庄园地产，查理大帝的《庄园敕令》（*Capitulare de villis*）对此给出了清晰描绘[1]。在庄园内，首先是领主的土地，或私有地，包括由大领主的官员直接管理的国有田产；其次是领主田产，自由农的村庄里的领主持有地；最后是农民的持有地或海德份地。后者又分成需要无限服役的奴役份地和需要有限服役的自由份地，依据的标准是必须要全面提供人工劳动或者团队劳动还是仅仅需要在与耕种和收割有关的活动中提

---

[1] 关于多普希（Dopsch）把乡村法规大全解释作为阿基塔亚尼的一种特殊宗规的尝试，参见拜斯特（G.Baist）《社会史和经济史季刊》第7卷（1914年），第22页；贾德和斯匹泽（J.Jud and L.Spitzer）《词语和事物》第6卷（1914—1915年），第116页。

供劳动。支付的实物和私有地的全部收成（皇家土地上的收成则被称为国库）需要存放在仓库中，在军队和领主家庭需要的时候被使用，而所有盈余则会被出售。

在自由民和非自由民的关系中，决定性的转变缘于建立起了对地主和法官的司法权的区域限制（即农役租佃区或法院司法管辖区）。这一行动的障碍最初是持有地的分散。例如，福尔达修道院就拥有上千块分散的农田。从中世纪早期开始，司法权和所有权的拥有者一直在尽力合并他们的持有地。这一目标部分地被达成，是通过"真正的依赖关系"的发展——领主拒绝租出特定部分的土地，除非这个受地者同时臣服于他的宗主权。因为在司法权和领主的田地之内自由民和非自由民混杂在了一起，庄园法得到了发展，并在十三世纪达到了巅峰。然而最初领主拥有的司法权威仅仅对他家庭的非自由民成员有效，在此之外，领主只能在皇族允许的基础上，在他有"豁免权"的领土上行使司法权威，而在他自己的持有地之上，他则必须面对有义务提供完全相同服役内容的各个阶层的人。在这些条件之下，自由民能够迫使领主加入他的依附者，以组建一个由依附者担任裁判官的庄园法庭。如此一来，领主丧失了肆意控制依附者义务的权力，而这又演变成了传统（这就像在德国革命中士兵委员会试图让他们自己代表士兵、反抗官员所采取的方式）。从十世纪到十二世纪，以下原则得到了发展：仅仅依据土地租佃的事实，受地者就应该在法律上臣服于土地领主的司法权。

这个发展，一方面限制了依附者的自由，另一方面也限制了对依附者的奴役。对依附者自由地位的限制条件是政治上领主对出于经济原因而只能维持非武装状态的自由民的司法权威；对依附者非自由地位的限制则源于大量增长的对农民清理森林土地的需求，在德意志还源于殖民运动的东移。这两个条件都让非自由民得以摆脱领主的权威，并让后者竞相为他们的依附者提供适宜的生活条件。另外，奴隶贸易已经中止，因此新奴隶的供应也已经中止，而对可用的奴隶则必须给予体谅。在提升依附者阶层的方向上同样起作用的还有领主的政治处境。领主不是农民，而是职业军人，并且并不能有效地指导农业生产。他无法在浮动收入的基础上拟定预算，因此倾向于将依附者的贡赋按照传统固定下来，因此也倾向于与依附者们签订一份契约。

这样，中世纪农民在群体内部被强力地分化，又因为领主权力和庄园法聚集在一起。除了依附者阶层，还有处于领主产业的社群圈层之外的自由民，他们在自由保有地上仅仅承担着免役税，因此本质上是一个私人所有者。领主对这类人不具有司法权。这些自由保有者从来没有真正消失过，但是只在少数几个地方才大量存在。其中的一个地点是挪威，在这里封建主义从未发展过，这些自由保有者在此被称为"代尔农"，与依附于他们的、没有土地的非自由阶层相对。另一个这样的地点是北海的沼泽地——弗里西亚（Frisia）和迪特马尔申（Ditmarsh）；同样还有阿尔卑斯山、蒂罗尔和瑞士的部分地区，另外英格兰也是如此。俄国很多地区也有作为个人所有者的"披甲农"，之后那些属于平民士兵阶层、处于小农社会地位的哥萨克骑兵（Cossacks）也加入了其中。

作为封建制度发展的结果，当拥有大量土地的贵族开始征税，他们免除了自己的赋税，同时将赋税责任加于非武装的农民。为了增强领土的军事力量，法国封建法律设立了"没有无领主之土地"的原则，本意是为了增加封地的数量，作为军事力量保证。建立在同一原则之上的，还有日耳曼皇帝对每一块封地的强制再分封。与赋税义务相关的分化形成了王族维持农民保有地这一政策的基础。他们不会同意农民让渡出海德份地，因为这意味着必须缴纳赋税的土地面积会减少。于是，拥有领土的王族便接受了保护农民的制度，同时禁止贵族没收农民的保有地。

同样产生的还有少数几个经济上的结果：

1. 领主的大家庭和农民的小家庭同时存在。最初农民的捐税仅仅用来满足领主的需求，并且很容易被传统所固定。只要没有面向市场，农民并没有兴趣让土地的收成超出自己生活所需和赋税所需的部分。领主的生活模式和农民的几乎没有区别。因此就像卡尔·马克思观察到的，"他的胃口限制了他对农民的剥削"。农民阶层被传统所固定了的捐税被庄园法和共同利益保护着。

2. 因为涉及税收，所以国家致力于维护农民，法学家在此搭了把手，尤其是在法国。罗马法一般来说没有像通常以为的那样在瓦解古代日耳曼农民法，而是被用来支持农民、反对贵族。

3. 农民依附于土地。这在产生了个人效忠之后发生，或者在领主需要负责农民们的赋税之后作为赋税义务的结果紧接着发生；也可以说，贵族通过夺取的手段在越来越大的程度上确立了这一关系。只有当农民放弃他的土地并且找到了另一个人来取代他的位置时，他才可以从公社退出。

4.农民在土地上的权利变得十分多样化。对非自由的佃户,领主通常有权在他们去世之后重新获得他们的保有地。如果他因为没有其他佃户可接受这块土地而宣布放弃行使收回土地的权利,那么他至少要收取特殊捐税、租地继承税等费用。自由的佃户要么持有可在任何时间被终止的租约,或者他就是享有永久权利的公簿持有农。在两种情况中佃户的法律地位都是清晰的,但是国家经常进行干涉,禁止撤佃——所谓的佃户权。在最初作为自由农把自己委托给领主的依附者中,产生了对领主的依附还有领主反过来对他们的依附。领主不能简单地解雇佃农,而是早在"萨克森镜鉴"时期就被迫支付给佃农小笔资金。

5.领主通常自己占有公共马尔克,经常还有公共牧场。最初,首领是马尔克组织的头领。在中世纪发展过程中,从领主的监管权中发展出了对马尔克和村庄的公共牧场的封建所有权。德国十六世纪的农民战争主要就是为了反对这种侵占,而不是为了反对过多的苛捐杂税。农民要求自由的牧场和自由的林地,这是不能被租出的,因为这些土地已经过于稀缺而且会造成不可挽回的森林滥伐,就像西西里岛一样。

6.领主为了自己的利益设立了大量的"定役权"或"专利权",比如强迫部分农民在领主的磨坊磨谷子,使用他的面包房、他的炉子,等等。这些垄断最开始产生时并不具有强制性,因为只有领主有能力修建磨坊或其他设备。后来,领主用压制性的力量强迫农民们使用这些设备。除了这些,领主在打猎和运输货物方面也拥有大量的"专利权"。这些权利产生于对首领、之后转为对司法领主所负有的义务,并且为了经济目的被加以利用。

领主剥削依附农民的方式不是强制他们劳动而是让他们成为纳租者，但是有两个例外。这世上仅有的两个例外会在之后，在"庄园资本主义的发展"部分（第六章）被讨论。采用上述剥削方式的首要根源在于领主的传统主义。他们太缺乏开创性，不会大规模地建立起农民可以充当劳动力的商业企业。另外，只要骑兵还是军队的核心，领主就必须尽到他们作为封臣的义务，所以也无暇顾及农业；同时农民也无暇为战争服务。另外，领主并不拥有属于他自己的流动资本，所以也更愿意把主动运作的风险转移给农民。最后，在欧洲，庄园法对领主存在限制；然而在亚洲，领主如果要转为面向市场进行生产，却没有足够的保护可以依赖，因为在这里没有任何现成的相当于罗马法的法律。因此在亚洲，私有地，或者被领主耕种的内田，根本就没有任何发展。

领主用很多方式确保租金收入：1.封建捐税，自由农用货物付费、奴隶用劳力付费；2.租佃权发生变化时产生的费用，领主将之作为售卖保有地的条件而强制施行；3.与继承和婚姻相关的费用，作为将土地转移给继承人的条件或是农民为了能够获得将女儿嫁去领主司法管辖区以外的权利；4.与林地和牧场相关的费用，为了能够获得森林中的橡树果实；5.间接的租金，通过将运输费还有修路修桥的责任强加给农民来收取。

征收所有这些费用和款项最初是通过"庄司"制度实现的，这个体系代表着南德、西德，还有法国的庄园行政制度类型，并且在每个地方都是为了开发土地的封建组织的最古老形式。这一制度以保有地的分散为先决条件。领主在他每一块广阔分散的保有地上都设立一个庄司或庄头，他们的职责就是从他的邻居，也就是领主依附者处征收捐税，还有监督他们履行他们的义务。

第五章　资本主义前夕西方各国农民的地位 [①]

　　法国。最初，农奴和半自由民同时存在。奴隶可能是人身农奴，他们必须提供无止境的劳役，领主对他们握有除了生死之外绝对的权威；或者他们可能是永业农奴，他们只需提供有限的劳役，并且还拥有撤佃的权利；但是领主有权在佃户去世或迁走后重新处置这块土地。半自由农或隶农有转让他们土地的权利，并且要提供固定的劳役或赋税——这是最初自由身份的标志。这些关系经历了大规模的变化，因为两类条件。首先，奴隶人口的数量因为早至十二、十三世纪的大规模解放运动而显著减少。这与货币经济的出现有关，也与它同时发生。它与领主的自身利益相符，因为它可以让自由民承担起重得多的捐税责任。

　　其次，是农民联合体的初现。村庄公社自己成为一个为领主的地租承担着连带责任的团体，以换取行政管理上的完全自治权，这个自治

----

① 一般参考文献：博纳麦尔（E.Bonnemère）《自中世纪末至今的农民史》，共三卷，巴黎，1886 年第 4 版；达汪奈尔子爵（G.Vicomte d'Avenel）《1200—1800 年财产、工资、商品和一般价格的经济史》，共六卷，巴黎，1886—1920 版；另参阅第六章的参考书。

权同样也受到国王的保护。双方都从这一协定中获得了好处：对于领主来说他可以只和一个债务人打交道，对于农民来说他们的权利大大增加了。这个联合体甚至一度被召集去参加了三级会议。

贵族发现，这个改变越便捷，他们越成了——与当时的普鲁士容克地主相对——宫廷贵族，一个住得远离土地的食利阶层，并且不再代表任何工作组织；于是，在一个革命的夜晚，他们从国家的经济组织中被轻易地除名了。

意大利。通过镇民买下了全部的土地，或者在政治动乱中没收土地所有者的土地，最初的农业组织早就在这种情形下改变了。意大利城镇很早已与人身奴役分道扬镳，它限制了农民的劳役和赋税，开始了分益耕作。它不是最初就带着资本主义的意图而是为了满足所有者的需求。分益佃农必须为统治阶级成员提供食物，其中每一个人都承担着提供不同种类产品的义务。流动资本通常都是由拥有所有权的镇民提供，这些人也不愿意把财富运用在资本主义农业上。这种分益佃农制把意大利和南部法国同其他欧洲国家区分开来。

德国。德国西北部和德国西南部，还有与北部法国相接壤的部分是前一章末尾提到的庄司制组织尤为典型的地区，也拥有分散的保有地。以此作为开端，西南部和西北部以迥异的过程开始了各自的农业组织的发展。在德国西南部，庄司制瓦解了。领主对土地、对私人忠诚和司法的权力，变成了收取地租的简单权力，同时只有极个别的一些与遗产转移相关的强制服役和捐税作为遗存保留了下来。这样，莱茵区或西南部的德国农民实际上就成了自己的主人，能够售卖他的保有地或者将它留给继承人。这种情况之所以能出现，主要是因为庄园法在这里施展了它全部的威力，也是因为保有地太分散了；几个土地保有者经常住在一个村庄里。土地保有权、司法权和君臣关系掌握在不同人手中，所以农民可以利用一个去反对另一个。在德国西部和西南部，土地保有者能够获取的主要收益是公共马尔克分配中的大份土地，还有公共牧场中相对小得多的部分。

在德国西北部，庄司制被土地保有者取消了。只要他们看见了将他们的产品市场化的可能性，他们就会想要增加他们的土地收入，也想获得适合生产市场化产品的土地。因此，在"萨克森镜鉴"时期，甚至更早一点儿，就发生了大规模的农奴解放。于是，如此被释放出来的土地以一定的时间租给了被称为"迈尔"（Meier）的自由租佃人，他们的财产在国家施加的强压之下拥有了世袭的权力，国家也保护他们免遭租金的意外上涨。如果土地保有者想要驱逐佃农，国家便会强迫他找到另一个农民租下这块地，这样税收才不会减少。领主对面积较大的保有地的兴趣导致了单一遗产法的产生，领主强制规定保有地只能由一名继承者继承。地租必须用实物支付，然而货币支付取代了强制性的封建服役。在威斯特伐利亚的某些部分，农奴制被保留下来，但是领主也只是可以在佃农去世后回收他的部分土地。在东南部——巴伐利亚州、上巴拉丁和南符腾堡——农民的财产权通常是没有保障的。世袭的租佃和非世袭的租佃之间、受保护的租约和不受限的租约之间存在着区别。后者仅仅是终身有效并且允许领主在保有者去世之后提高贡赋或者把土地租佃给其他人。领主自己通常都坚持实行强制继承法。贡赋由什一税和佃户变更时所需的费用组成。他们的总和取决于财产是否具有世袭性。徭役并不繁重。人身奴役的模式一直统治到十八世纪，但是除了一份要缴给人身领主的非常小额的、适量的、被多方限制的义务贡赋，这种依附并没有任何意义。这些人身领主常常与土地领主不是同一人。

德国东部的农民直到十六世纪都拥有着最为理想的法律地位。就免役税来说，耕种者根据免役税的规定可以保有土地而不需要提供劳役，并且他们的人身是自由的。相对大面积的土地掌握在一开始就拥有了大面积的海德份地的贵族手中，一个村子里这样的土地通常有三四个，或者更多。司法权和土地保有权在很大程度上是一致的。这一特征使得日后让佃农承担起义务服役、让贵族直接管理的保有地转变为大型农场都变得更容易了。

在**英格兰**，存在着本质上就是农奴的体仆和严格上来说地位稍高的庄园仆役。他们严重依附于土地，但同时是普通法院的成员。庄园法十分有威严，这让领主很难压迫农民或增加他们的义务贡赋。土地保有权和司法权是一致的，并且在诺曼征服时期，统一的地区被分封给了各封臣。但是在土地保有者之上还有强大的国家，英国国王在他们的皇家法庭和训练有素的法理学家面前掌握着权威，这一权威保护着农民免遭封建地主的压迫。

第六章　庄园资本主义的发展

庄园制度产生于与经济相关的强大军事利益的压力下，并且本意是想利用依附者的土地和依附者的劳动力来支撑上层阶级的生活。它显示出朝着资本主义方向发展的强烈倾向。这一倾向性表现在种植园和大地产经济这两种形式中。

（A）种植园

种植园是一个利用强制劳动、特意面向市场生产园艺产品的处所。种植园经济普遍产生于一切因为被征服的区域恰好有进行集约耕种的可能，所以征服者成为领主指导农业生产的地区。它也是殖民地的典型特征。在现代，种植园的产品是甘蔗、烟草、咖啡和棉花；在古代则是酒和油。这一发展通常都历经了一个初级的半种植园制度。在这一阶段，市场是唯一被管制并且被集中于一人之手的环节，相反，生产作为强制性劳动被移交给了奴隶阶层，还附带有公社的连带责任、对土地的依附、对半种植园主的贡赋，这也就是一个殖民团体。这种状况在南美洲一直持续到十九世纪初的革命发生，在新西兰各州则持续到它与母国分离。

种植园散布于世界上大多数地区。这一制度有两次典型的发展。第一次在古迦太基－罗马种植园；第二次，在十九世纪美国南部各州的黑人种植园。种植园利用纪律严明的奴役劳力来运作。在这里我们看到的不是如庄园经济一般的大型地产和农民个人的小型保有地并存的情况，而是奴隶人口被集中在棚屋里。这一项目的主要困难在于征募劳动力。这些劳动者没有家庭，也不生育。因此这类种植园的存续依赖于捕猎奴隶，要么通过战争，要么就是在像非洲这样的大型奴隶狩猎领土上进行周期性的搜捕，都是为了贩运黑人。古代的种植园[①]发展于迦太基，马戈（Mago）对其进行过科学描述，同样的还有拉丁文学中的加图（Cato）、瓦罗（Varro）、科隆麦拉（Columella）。种植园能够存在的前提条件是，不论何时都能在市场上购买到奴隶。罗马种植园的产品是油和酒。在种植园，隶农（自由的小佃农）和农奴（奴隶）同时存在。隶农耕种粮食作物，使用的牲畜和工具由地主提供，因此他们只是劳动力群体而非现代意义上的农民。奴隶没有家庭也没有财产，集中在棚屋、组合宿舍、隔离室和单人小室，被监禁起来以防逃跑。他们在严格的军事进程下工作，以清早听到起床号必须起床为开端，包括上下工时必须在队列中排队齐步走、必须穿仓库发的服

---

① 参见马克斯·韦伯《在国法和私法上具有重大意义的罗马农业史》，斯图加特，1891 年版；《辞典》，第 3 版中韦伯所编"农业史"和罗斯托夫采夫所编"世袭地产"这两个条目（连同众多参考文献）。

装并必须把它返还给仓库。唯一的例外就是庄司或监工，他拥有私产并且还是共同居住者，这意味着他可以娶一个女奴隶并且有权在奴隶主的牧场上饲养一定数量的牲畜。

最大的问题是维持劳动人口数量。既然通过奴隶间男女乱交的关系带来的人口自然增长是不够的，领主便通过允许女奴在生完三个孩子以后获得自由的方式来刺激生育。这一方法被证明是徒劳的，因为被赋予自由的女性除了卖淫之外无路可走。一直居住在镇上的奴隶主想要获得稳定数量的奴隶的困难增加了。因为，随着罗马帝国时期之初大战的停止，奴隶市场的持续供应也变得不可能了，所以奴隶的棚屋也就注定消失了。奴隶市场萎缩的影响和采矿业的失败对现代工业的影响别无二致。罗马种植园特征的改变是因为另外的原因：古代文明的重心转移到了内陆，然而奴隶的棚屋必须安置在沿海地区和有进行商贸活动可能性的地点。随着重心向土地转移，传统的庄园经济占据了主导地位并且获得了相应的条件比如交通，再加上帝国带来的和平，转变到另一种制度就变得很有必要了。因此，在帝国的衰亡期，我们发现只要是从事农业活动的奴隶都拥有了家庭，并居住在奴隶份地上；然而，隶农必须服劳役，不再仅仅支付租金。也就是说，两个阶层境遇趋同了。拥有者阶层控制着帝国的经济和政治政策。货币经济和城镇生活衰退，社会状况向着物物交换经济的阶段靠近。

美利坚合众国南部各州面临着同样的困难。在这里，种植园制度产生于棉花利用领域诞生了伟大发明之时。十八世纪后三十年中，在英国发明了棉纺机（1768—1769）和织布机（1785），在美国发明出了轧花机（1793），用来把纤维从棉籽中分离出来。后者第一次使得有效利用棉花作物成为可能。由此发展出了棉花的批发营销，取代了亚麻布和羊毛的生产。然而，作物处理的机械化在欧洲和美洲产生了截然相反的效果。在欧洲，棉花刺激了自由劳动力组织的产生，首批工厂在英国的兰开夏郡落成，而在美洲，棉花机械生产的结果却是奴隶制。

十六到十七世纪，大规模生产所使用的都是印第安人，但是他们很快就证明了自己是不可用的，因此要想继续从事大规模生产就必须求助于黑人奴隶的进口。但是这些人没有家庭、不会继续繁衍；又因为奴隶贸易被新英格兰各州一个接一个地禁止，所以仅仅过了一代之后就出现了黑奴的大量缺乏——在十八世纪末。穷困的移民者想要通过种植园劳动来支付十分庞大的海洋航行的花销，但是使用他们却被证明是远远不够的。下一个权宜之计就是蓄养黑奴，这一方式在南部许多州成体系地进行，以至于都能区分出蓄奴州和黑奴消耗州。同时，那里爆发了为了使用黑奴劳动力而进行的土地争夺。这一制度需要廉价的土地和持续耕种新土地的可能性。如果劳动力很昂贵那么土地的价格就必须低廉，黑人文明是资源开采型的，因为黑人并未掌握现代工具并且只使用最原始的工具。于是，使用自由劳工和使用非自由劳工的各州之间的斗争开始了。特殊的现象在此出现：补充性的生产要素"奴隶"独自出产出地租，然而土地却根本没有产生任何收益。从政治上来说，这种情况代表着北方资本主义阶层和南方种植园贵族阶层之间的斗争。支持前者那一方的是自由农，支持种植园主的是没有奴隶的南方白人和穷苦的白人；

后者因为阶层声望和经济竞赛的原因而对赋予黑人自由感到惧怕①。

奴隶制只有施行与残暴剥削相关的最严厉的纪律时才是有利可图的。另一个必要条件是奴隶的廉价供应和廉价蓄养与大规模开垦的可能性，而要能大规模开垦又再一次以无限的土地供应为前提。当奴隶变得昂贵并且他们不再维持独身生活时，古代种植园制度和它的奴隶制就覆灭了。基督教在这个事件中发挥的并不是人们通常所归于它的那种影响，反而是斯多葛派的皇帝开始保护家庭并且在奴隶中带去了婚姻。在北美，教友派信徒在奴隶制的废除活动中尤其活跃。然而，当国会宣布从 1808 年开始禁止奴隶进口之时，也当可利用的土地面临着不再充足的危机之时，它的命运就已经注定了。就算没有因为南方各州想从联邦脱离而爆发的南北战争，奴隶经济很明显还是会向实际上的结果——分成佃农制——转变。在军队撤离之后，北方胜利者的管理不善——他们甚至赋予了黑人特权地位——导致的后果是：黑人一致被排除在选举权之外并且白人与黑人之间建立起了严格的种族区分。黑人是被债务所束缚的分成佃农。因为铁路依赖于白人土地所有者，所以黑人也被排除在商贸机会之外，而他们的迁徙自由也只停留在纸面上。因此，一旦"土地"这一因素被耗尽，黑奴解放以混乱的方式引发出的一种状况也必须被自发地、逐渐地建立起来。

① 参见凯尔恩斯（J.E.Cairnes）《奴隶劳动力，它的性质、发展和可能的打算》，纽约，1862 年版；尼伯尔（H.J.Nieboer）《作为一种工业制度的奴隶制》，海牙，1900 年版；杜·波伊斯（B.Du Bois）《非洲奴隶贸易的取缔》，纽约，1904 年版；克纳普（G.Knapp）《处于奴隶地位的农民及其自由》，莱比锡，1909 年第 2 版，第 1 页。

（B）　地产经济

这里所谓的地产，指的是旨在面向市场进行生产的大规模的资本主义产业，它要么是专门从事牲畜养殖或耕种，要么是结合了两者。如果主要的兴趣是大范围的牲畜养殖，那么这种产业不需要资本参与运营，就像在罗马近郊平原上那样。在这里占统治地位的是有名的大领地，它的开始显然要追溯到神权国家的贵族封地。罗马的大贵族家庭都是平原上大量土地的所有者，与他们相辅相成的是使用他们的大量畜群主要用来给罗马供应牛奶的佃户；然而，农民却被剥夺了所有权并且搬走了。

大规模的牲畜养殖，和几乎不使用的资本，同样统治着南美的潘帕斯草原和苏格兰。在苏格兰，农民也被没收了所有权。1746 年卡洛登战役中苏格兰独立运动破产之后，按照英国政策，年长的氏族首领成为"地主"，氏族成员则成为佃农。结果是，地主在十八到十九世纪期间承袭所有者的特权，驱赶了佃农并把土地转变成了猎场或牧羊场。

在英国，集约的资本主义游牧经济随着英国毛纺产业的增产和英国王室对它的推崇而发展。十四世纪后，王室被征税的可能性所吸引，首先对生羊毛出口商，之后又对针对国内消费而进行生产的羊毛生产商提供支持[1]。于是，把自己视为公用地所有者的地主开始将公共牧场转变成牧羊场——圈地运动。所有者通过批发买下了农民的土

---

[1] 参见本书第三章第 5 条注释和第四章第 1 条注释；另参见艾希利（Ashley）、罗杰斯（Rogers）和肯宁安（Cunningham）的历史书籍。

地，或者与他们达成协议，由此他们成了大农场主并开始了畜牧经济。这一过程从十五世纪延续到十七世纪，并在十八世纪的人民和社会作家中掀起了反抗它的骚乱，其结果是资本主义的大租佃人的产生。他们用最低限度的劳动力租下了土地，并且其中的大多数都在为羊毛产业饲羊。

在另一形式的地产经济下，兴趣则集中于谷物生产。一个例子是，在罗伯特·皮尔（Robert Peel）治下废除谷物法前 150 年的英国。直到那时，在保护性关税和出口津贴的制度下，为了让位于更有效的耕种，小农已经大规模地被租佃人所取代。因此，养羊和谷物种植相互分离但又同时存在，或者两者互相结合存在。这种状况一直持续到对谷物的保护性关税因为清教徒和英国劳动阶层的骚乱而取消。此后，谷物种植不再盈利，为此雇佣的劳动力也就被释放了。英格兰低地的人口急剧减少，然而在爱尔兰，小佃农农业在当时地主的大地产上持续存在。

俄国的情况与英国的完全相反 ①。在这里，十六世纪时确实存在奴隶，但是大部分的农民是把自己收成的一半上交给地主的自由的分成佃农。地主拥有在年终终止租约的权利，但是很少如此做。然而，因为比起浮动的实物支付地主更喜欢固定的货币地租，所以他们要求农民缴纳固定的货币地租。同时，地主试图拓展强制劳役的服役对象，最初需要服役的仅仅只有奴隶，他们还想将自由的佃农也包括其中；在这方面，

---

① 参见斯特恩（E.V.Stern）《俄国农业问题与俄国革命》，哈雷，1918 年版。

一般来说农业经营最为经济的寺庙保有地一马当先。货币经济的增长让农民陷入了沉重的负债。只要有一次作物歉收，就足以造成这个结果，并且农民还丧失了迁徙自由。从十六世纪末期开始，沙皇将他的权力和整个帝国的行政组织的权力都集中于为贵族提供服务。然而，贵族连生存都面临着威胁，因为大地主可以提供给农民更加有利的租约条款，因此低等的贵族面临着佃农的流失。沙皇的政策设法保护他们免受大贵族的侵害。1597 年沙皇鲍里斯·戈东诺夫（Czar Boris Godunov）的敕令正是服务于这一目标。租约不再是可终止的，这样使得农民实际上变得依附于土地；农民还被登记在赋税册中，这又一次导致了让领主保护农民的政策。随着彼得大帝在位期间人头税制度的改变，自由农和农奴之间的区别消失了。两者都依附于土地，并且地主对两者都拥有无限的权利。农民不再拥有比罗马奴隶更多的权利。1713 年，执行鞭笞的权力被明确地许可给领主；地产的检察员根据政令指配年轻男女结婚，并且捐税的总量根据土地保有者的意愿固定了下来，还有新兵招募也是。他们拥有将不服管束的农民放逐到西伯利亚的权威，并且可以随时收回任何农民的保有地，虽然许多农民都成功地隐瞒了他们的财产并且积累了大量财富。不存在农民可以求得正义的法庭。他作为地租来源或作为劳动力被领主剥削，前者发生在俄罗斯中部，后者存在于能进行出口贸易的西部。这些就是俄国农民进入十九世纪时身处的境况。

在德国，在土地租赁持续存在的西部和私有地经济占主要地位的东部及奥地利之间存在着显著的差异①。最初，这两个地区的农民状况几乎完全一样，甚至东部农民的情况更好。在东部，最初不存在人身奴役，并且有着德国最好的土地法。农民被安置在大海德份地上，也就是旧有的王室海德的范围；从普鲁士的腓特烈·威廉一世（Frederick William Ⅰ）和玛丽亚·特蕾莎（Maria Theresa）时期开始，国家禁止驱逐农民，因为农民是纳税人同时也是兵源。在汉诺威和威斯特伐利亚同样禁止夺地，但是在莱茵区和德国的西南部，它是被允许的。尽管如此，夺地大都发生在东部而非西部和南部。原因是多种多样的。在可怕的三十年战争使农民人口锐减之后，保有地在西部被重新分配了，然而在东部这些地却合并成了地产。在西部②和南部，混合保有地占支配地位，然而在东部占支配地位的却是贵族的阡陌相连的大农场。但是在西部和南部，甚全在那些大的、阡陌相连的贵族保有地占统治地位的地方，仍没有大地产发展起来。因为在这些地方，土地保有权、人身宗主权和司法权是分开的，农民可以利用一个来反对另一个，然而在东部这些权力和不可分割的采邑一样是一体的。这一条件使得夺地或者让他们履行强制劳动变得容易，虽然最初拥有这些权力的只有地方长官而不是地主。最后，东部的教会土地少于西部，并且教会照例要比世俗的土地

① 参见冯·贝洛（G.von.Below）《地区和城市》，慕尼黑和莱比锡，1900 年版，第1—94 页；克纳普（Th.Knapp）《法律史和经济史集论文》，蒂宾根，1902 年版；维提希（W.Wittich）著述，见《社会经济学大纲》第 7 卷，1919 年版，第 1 页，并见《辞典》第 5 卷第 3 册，1911 年版，第 208 页，"地主阶级"条。
② 参见布伦塔诺（L.Brentano）《继承法政策：新旧封建主义》，斯图加特，1899年版。

保有者更多地体恤农民。甚至在东部，大保有地都掌握在教会手里，就像在奥地利大保有地都被修道院所掌握一样，神职者比起世俗的持有者对土地经营地更加经济，但是对将农业转变成出口型却缺乏与世俗持有者同样的兴趣。

因此，在东部和西部的对照中，市场关系就发挥了决定性作用。在当地市场不能消化大量已有的粮食作物并且需要出口的地方，大地产就出现了。但是因为汉堡的商人无法与马尔克或西里西亚的个体农民进行沟通协商，那么向庄园农业的转变就不可避免。相反，南部和西部的农民在附近拥有城镇资源，在城镇里他就可以交易他的产品。因此，地主可以将农民作为地租的来源加以利用，然而在东部农民仅仅可以被用作劳动力。随着地图上城镇出现频率的下降，地产的出现频率就增加了。还有，在南部和西部，另一个支撑旧时代农民存活下来的力量是庄园法的权力，以及与之相关的更大程度上的传统主义。甚至有人断言，德国西部和南部的农民战争对它的发展起了作用。战争虽然以农民的战败作为结束，但是它像一场失败的大罢工一样发挥着作用，并且对土地保有者意味着不祥之兆。英国虽然在十四世纪就发动过它自己的农民战争，但是农民土地保有权还是被剥夺了；波兰和德国东部没有农民起义，事实是，农民起义像所有的革命一样，不会爆发在受压迫阶层的情况最糟的地方，在我们所说的情况中也就是农民阶层的状况最糟糕的地方，而是会爆发在革命者已经获得了一定程度的自我意识的地方。

用术语表示东部农民对地主的关系，则不是奴役关系，而是世袭的附庸关系。农民是地产的附属物，随地产被买卖。在德国易北河的东岸，与王族领地 [面积非常大，在梅克伦堡（Mecklenburg）占到了全部土地面积的一半] 的农民一起，还存在着私人地主的农民。土地保有权多种多样。德国农民最初生活在非常有利的关系之中，缴纳免役税便能持有土地。相反，斯拉夫人的权利则十分没有保障。这导致了一个结果，即如果一个日耳曼人生活在斯拉夫人占多数人口的地区，那么对他来说情况会很糟糕。因此，在十八世纪的东部，大部分农民开始生活在农奴法之下。农民成了地产的附属物。他既不拥有可靠的继承权，甚至也不拥有对土地的终身保有权，虽然他已经被土地所束缚，不能在没有领主同意或在没有找到另一个人填补他位置的前提下离开这块地产。他必须履行家庭服役，这与英国封建法律的服役土地占有权相似；这就是，一个人不仅仅必须履行义务服役，还必须让他的子女同样去到领主家为他们服役，即使领主本身也仅仅是大地产的租赁者。任何农奴都能被领主强迫承担起一份持有地。最后，领主拥有增加劳役税和夺佃的权力。然而，在这里，他们和王侯权力之间产生了尖锐的冲突。德国东部的统治者开始保护农民；尤其是在奥地利和普鲁士，统治者们惧怕现存农民阶层的毁灭，不是出于对农民本身的爱，而是为了维持作为赋税和兵役来源的阶层。确实，对农民的保护仅仅在存在强大国家的地方才得以建立；所以在梅克伦堡、瑞典的希泽尔－波美拉尼亚（Hither-Pomerania）、荷尔斯泰因州（Holstein），统一的大地产经济才有发展的可能。

1890 年左右[①]，地产经营在易北河以东的地区还是一项季节性的事务。一年中田间工作的分配并不平均，在冬季，田间工作的劳动力从事着副业，副业的消失在之后正是劳工生活困难的主要原因。地产全年都有男性和女性仆从负责常规的农场劳动。另外，土地上还有第二类工人——"长年工"。这些人都是住在他们自己家中的已婚人士，但是在西里西亚他们被集中在棚屋里。他们的工作契约是一年一签并且可以被任何一方终止。他们的报酬组成要么是固定的实物津贴加上一点儿现钱，要么是不固定的包括收割和磨粉过程在内所有的产物的分成。打谷通过手工完成并且持续整个冬天，一般来说，产物的六分之一或十分之一会付给长年工。长年工在这道工序中有垄断权，地产主都不能把它转交给其他人。另外，只要三圃制的循环还存在，他们在每三圃之中就拥有一块长条地，由土地保有者替他们耕种，并且他们还有用以种植土豆的花园。他们只有很少的现钱工资或根本没有，但是他们面向市场饲养猪，还能把他们分成得到的庄稼的盈余部分拿到市场上售卖。因此他们只对猪和谷物的高价格感兴趣，这让他们和领主具有了共同的经济利益，然而领取货币工资的农业无产阶级渴求的则是上述事物低廉的价格。牲畜和重工具由领主提供，但是长年工必须自备打禾棒和大镰刀。

　　领主在收割时期需要额外的劳动力并因此雇用了流动工人——所谓的"忙工"——或者雇用从村庄来的人。另外，除非长年工愿意看到自己的工资减少，否则他自己必须在夏季找到至少一个额外的帮手，在收

---

① 参见马克斯·韦伯《易北河以东的德意志农民的境况》，莱比锡，1892 年版。

割期可能还需要第二个，为此他会求助于他的妻子和子女，因此这整个家庭就和领主形成了一种劳动伙伴关系。工业意义上的契约自由仅仅是移民工人和处于依附地位的农场主的长年工能获得，但是他们的处境对"规章"（见下文）不具有意义。然而，自从世袭农奴制时代以来，对于这些人来说也发生了根本性的变化，因为在这个时期，地产所有者已经不用他们自己的资本而是在帮手和农民团队合作的协助下来从事地产经营，因此当时工人和他的工具相分离的情况也不再发生。

（C） 庄园制的解体

在波兰和白俄罗斯，地产经济也同样被组织起来，这些出口国家通过维斯杜拉河和梅梅尔河的船运交通把他们的谷物带向世界市场。在俄国内陆，领主更喜欢将土地租给农民，农民也得以获取了对自己劳动力的支配权。

土地保有者和农民之间复杂的相互依赖关系、土地保有者将农民作为地租或劳动力来源所进行的剥削，以及经过上述两个因素之后土地对农民的束缚，都是造成农业庄园组织解体的原因。这一改变意味着农民和农业劳动者的人身解放和迁徙自由，还意味着土地从农民的公社组织和领主权力之中解放出来；相反，在存在农民权利的地方，比如统治者实行保护农民这一政策的地方，庄园土地从农民权利的负担之中解放出来。解放可能通过不同方式发生。一、通过没收农民的所有权，他们拥有了自由却失去了土地，就像在英格兰、梅克伦堡、希泽尔－波美拉尼亚和西里西亚的部分地区一样。二、通过没收领主的所有权，领主丧失了土地但是农民却获得了自由和土地。这一方式出现在德国西南部和法国，并且大致出现在几乎所有领主租佃土地的区域，同样还出现在波兰，作为俄国干涉的结果。最后，解放还可能通过上述两种方式的结合出现，农民拥有自由同时也拥有部分土地。这是不能被轻易取代的地产组织形式存在的地区会经历的解放过程。因此，普鲁士政府被迫依靠大的土地保有者，因为政府太穷，无法让领薪水的政府职员取代他们。

庄园农业制的崩溃同样也让废除以下项目成为可能：土地保有者拥有的世袭司法权、名目众多的农役租佃权或杂项，以及以强制分封或是所谓的永久管业权为形式而加诸土地上的一切政治和宗教限制。废除这些障碍有可能采取多种形式：1.与教会土地相关的清偿法，就像在巴伐利亚；2.取消或限制遗产信托，尤其在英格兰；3.废除私人地产的财政特权，例如免税权和类似的政治特权，就像普鲁士通过十九世纪六十年代的税收立法所达成的一样。以上都是废除障碍有可能的不同方式。结局取决于一个问题，谁会被剥夺所有权，地主还是农民；如果是农民，是否还会被剥夺土地。

与庄园制的崩溃有关的动力因素最开始是从庄园内部产生，并且基本都是经济方面的。直接原因是领主和农民双方的市场业务活动和市场利益的发展，还有与货币经济相关的农产品市场的稳定增长。然而，这些因素要么没能导致庄园制解体；要么就算解体了，符合的也是领主利益，他们则会剥夺佃农所有权，并且利用土地建立起大型农场企业。

总的来说，庄园制的解体还需要其他利益的介入。其中之一就是城镇中的新兴资产阶级的商业利益，他们促进了庄园的削弱或解体，因为庄园限制了他们的市场机会。城镇及其经济政策是一方，庄园作为另一方是与他们敌对的，这不完全是在说一方代表的是物物交换经济，另一方代表纯粹的货币经济，因为庄园在很大程度上也在面向市场生产，如果没有市场机会，地主也不可能大幅提高农民的货币捐税。仅仅通过佃农被强制服役并缴纳捐税这一个事实，庄园制就为农村人口的购买力设下了限制，因为它阻止了农民将全部的劳动力投入面向市场的生产，也阻止了他们提升他们的购买力。因此城市资产阶级的利益与大量土地保有者的利益相对。另外，发展中的资本主义的利益还在于创造一个自由劳动力市场，而对这一利益的阻碍在于庄园制下农民对土地的依附。最早的资本主义工业为了规避行会只得被迫回头去剥削农村劳动力。新兴资本主义获得土地的愿望进一步让他们的利益与庄园制相对，资本家阶层为了迈进有社会特权的大量土地保有者的阶层，想要将他们新获得的财富投资在土地上，这就需要将土地从封建性的束缚中解放出来。最后，国家的财政利益同样也起了作用，他们想要利用庄园的解体来增强农业地区的纳税能力。

以上是与庄园经济解体相关的不同可能。详细来说，它的发展是非常复杂的。在中国[①]，封建制度在公元前三世纪被废止，建立起了土地上的私有制。始皇帝，秦朝的第一个皇帝，将他的权力建立在世袭的军队而非封建的军队之上，依赖于依附者阶层的赋税来供养这支军队。中国

---

① 参见《辞典》第 2 卷第 3 册第 541 页（克纳普等编）和《国民经济辞典》第 1 卷第 2 册第 365 页 [福克斯（J.C.Fuchs）编]"农民解放"词条。

的人道主义者，也就是后来儒家的先驱，坚持站在君主制度的立场，承担着和欧洲对应团体同样的角色使其统治合理化。从这时起，中国的财政政策经历了无数次的变革[①]。它在税收国家和经理制国家这两极之间反复摇摆，例如，一个极端是，国家用税收来供养它的军队和官员并且把它的臣民当作税收来源；另一个极端是，国家将臣民视为奴隶劳动的来源，并让特定阶层负责征收实物以满足国家的需求。后一种就是罗马帝国在戴克里先（Diocletian）时期，为了这一目标而组织起强制性公社时实行的政策。一个制度使得群众正式拥有了自由，另一个则使得他们成了国家的奴隶。后者在中国的运用表现出和在欧洲同样的方式，即领主将依附者作为劳动力进行剥削而不是对其收取租税。在后一种情况下，私有财产消失了，产生的则是对土地的义务和对土地的依附关系，还有对土地周期性的重新分配。在十八世纪之后的中国，这一发展产生的最终结果是，国家放弃了经理原则并转向了征税原则：税款缴纳给国家，与之相伴的还有无足轻重的公众徭役的遗迹的残留。税收流入了官吏手中，他们要上缴给朝廷的捐税是被严格固定的，然而他们却将农民的赋税金额尽可能地抬高。但是，这其实是更加困难的，因为氏族的力量特别强大，以至于每一位官员都必须获取农民的认同。结果就是农民获得了大规模的解放。虽然仍存在少数佃农，但是他们也都拥有人身自由并且只缴纳适度的地租。

在印度，庄园制仍然存在。确实它最初是作为次要的方式产生于国

---

① 参见马克斯·韦伯《宗教社会学论文集》第 1 卷第 350 页中的综述。

库的包税实践之中。英国的立法保护之前没有权利的农民，就像格拉德斯通（Gladstone）的法律保护爱尔兰人拥有他们的保有地并且防止随意提高传统捐税一样。但是它并没有在原则上改变已经建立起的秩序。

在近东，封建租佃关系同样存在，但是仅仅是以修改过的形式，因为旧有的封建军队已经消失了。在波斯和其他国家，根本性的改变只存在于纸面上。在土耳其，瓦库夫建制到目前为止都在阻止着土地保有关系的现代化。

在日本，中世纪状况持续到1861年，当时随着贵族统治的衰落，封建性的土地保有权同样因为所有权的瓦解而消散了。封建制度的支柱，也就是武士，没落了并转向了工业生活，从这个阶层中也就发展出了日本的资本家。

在古代的地中海地区①，封建土地保有权只在处于大城市——比如罗马和雅典——直接管辖之下的区域才会被取代。城市资产阶级位于拥有大量土地的贵族的对立面，作为债权方的城镇居民和作为债务方的乡村居民之间也存在着冲突。这一情况，是因为必须要确保大部分农民能服兵役，并导致了希腊想要努力为重装步兵配备土地。这是所谓僭主的法规——例如梭伦法规——的意义。骑士家族被迫加入农民组织。大约公元前500年克里斯提尼的立法所理解的民主制的情形是：每一个雅典人，如果要享有公民的特权，就必须属于一个村庄，就像在中世纪意大利的民主制之下，贵族必须加入行会一样。这是对保有地分散的土地制度的

---

① 参考书籍见《辞典》第3版第1卷第182页中韦伯所编写的词条。

打击，也是对贵族权力的打击，在这之前贵族对村庄来说都是既在其外又在其上的。而在这之后，骑士拥有的投票权和担任公职的机会仅仅与所有农民别无二致。同时，混合土地保有制在任何地方都被抛弃了。

罗马的阶级斗争对农业组织来说有着同样的结果。在这里，田地是以 200 英亩以上的方块为形式进行划分的。每一块保有地都被不允许翻耕的草埂分隔开；田界是公共道路，为了维持道路之间的通达性，移除它同样也被禁止。土地的转让也十分便捷。这一土地制度法肯定在十二铜表时期就已经为人所知，并且一定是一举建就的。它符合城市资产阶级的利益，此法律按照将城镇领土用于投机建筑的风潮来处理贵族的保有地，并且系统性地取消了土地和动产之间的区别。然而，在城镇直属领土之外，古老的土地制度并未中断。古代的文明——在东方一直延续到亚历山大大帝，在西方则是奥古斯都——以沿河为特征，并且租佃制度在内陆地区也维持未变。后来，它又从此处开始向外发挥作用，直至最后攻占了整个罗马帝国，在中世纪的前半叶，这一土地制度始终维持着统治地位。意大利城镇的商人共和国，在佛罗伦萨的领导之下，首先走上了解放农民的道路。诚然，他们为了城镇统治者和地方议会、手工业和商业行会的利益而剥夺了农民的政治权利，直到贵族自身为了获得与城镇人群对抗时的支持而求助于农民。无论如何，城镇解放农民都是为了收购土地并将他们自己从统治家族的控制中解放出来。

在英格兰[①]，从来未曾存在过合法的农民解放。中世纪的制度仍然具

---

① 参见本书第二章的第 5 条注释和第四章的第 1 条注释。

有正式的效力，除了在查理二世时期曾废除过农奴制同时以"无条件承继的方式"使封地成为过私人财产。唯一明确的例外是"佃册地"，它最初是归非自由农所有，占有者并没有获得正式的承认，而是仅仅只有一个记录在庄园土地登记册内的副本。在英格兰，仅仅这一个市场发展的事实，就足以从内部破坏了庄园制。按照顺应形势的原则，农民被剥夺了所有权以支持地主。农民获得了自由，但失去了土地。

在法国[1]，事件的进程完全相反。在这里，1789 年 8 月 4 日那晚的革命一举结束了封建制度。然而，仍然需要对那个时代采取的措施做出诠释。它由国民会议的立法给出，立法宣称，所有有利于领主而需由农民保有地承担的重负都是具有封建特征的，应该被不予补偿地取消。另外，国家没收了流亡分子和教会的大量地产，并把它们授予城镇市民和农民。然而，因为保有地的继承平等和分配平等早在封建负担废除之前就已产生，所以最后的结果是，法国成了一块拥有很多小型和中型农场的土地，与英格兰大相径庭。这一进程是通过剥夺地主的财产来创造握在农民手中的财产的进程。这一进程之所以可能，是因为法国地主是食利贵族而非农场主，他们谋生靠的是他们在其中有部分垄断权的军界或行政部门的地位。因此被摧毁的并不是生产性的组织而仅仅是地租关系。

---

① 参见科瓦留斯基（M.Knwalesky）《革命前夕的法国经济和社会》第 1 卷，巴黎，1909 年版；博纳麦尔（E.Bonnemère）《自中世纪末至今的农民史》，巴黎，1886 年第 4 版；塞伊（H.Sée）《法国的农民各阶层和公产制度》，巴黎，1901年版。

特征类似但是少了些许革命性并且发展进程是渐进式的，是德国南部和西部的情况。在巴登，农民的解放早在 1783 年便开始了，由受到了重农学派影响的马格拉夫·查理·弗雷德里克（Margrave Charles Frederick）发起。重要的事实在于，解放战争后，德意志各邦接受了成文宪法制，而任何称为"奴役"的关系都是与宪政国家不兼容的。因此，无限制的徭役、赋税和具有人身奴役性质的一切服役，在所有地方都被废除了。在巴伐利亚，这一进程是在蒙特格拉斯时期完成并且 1818 年宪法对此予以确认。农民拥有了迁徙自由，也终于得到了有利的财产权。在十九世纪二三十年代，这几乎发生在德国南部和西部的所有地区；只有在巴伐利亚，要到了 1848 年才在实质上达成了这一结果。在这一年，农民负担的最后残留以将之转换成货币债务的形式被去除，而在这一处理过程中，国家信贷机构则提供了帮助。具体来说，在巴伐利亚，人身捐税被无偿取消了，其他的捐税都转换成了货币缴纳并且可进行赎买；同时，所有的封建性关系也被无条件地解散了。因此在德国南部和西部，地主被剥夺了所有权并把土地给了农民。这一变化和法国的一样，只不过它发生得较为缓慢并且遵照了更为合法的程序。

特别不同的是这一事件在东部的进程——在奥地利、普鲁士的东部省份、俄罗斯和波兰。如果这个区域像法国那样采取激烈的行动，那么一个正在运行中的农业组织就会被毁灭并且只会导致混乱。庄园瓦解成为农民保有地是可行的，就像在丹麦那样，但是简单地宣布废除封建性负担则并不可能。东部的地主拥有的既不是工具也不是耕畜。这里没有乡村劳动力，有的只是承担着个人和集体服役的小土地保有者，地主正是借由他们的劳动来耕种自己的土地；也就是说，这是一个田间工作的组织，不能被轻易地弃置。另一个事实上的困难在于，这里并不存在管理乡村地区的官吏阶层，政府只能依赖于地产保有贵族在道义的基础上行使公共职能。因此，就像在法国因为有正式的律师幕僚的存在而可能采取的那些简易的方法，在这里就被排除了，就像在英格兰因为只有贵族治安官而排除了这一方法一样。

如果保护和维持农民阶层被视为农业制度的正当目标，那么奥地利农业制度的衰落路径就是十分理想的。在任何情况下，它都优于普鲁士的路径，因为奥地利的统治者，尤其是查理六世和玛丽亚·特蕾莎，比起前任们的行为则更加了解他们自己正在完成的事业，比如，弗里德里希二世，他的父亲曾说过他不知道如何终止租约和打佃农的耳光。

在奥地利[①]，除了自由农占主导地位的蒂罗尔（Tyrol），世袭奴役制和拥有大量土地的贵族同时存在。利用农民充当劳动力的地产制度在波美拉尼亚（Pomerania）、摩拉维亚（Moravia）、西里西亚（Silesia）、下奥地利（Lower Austria）和加利西亚（Galicia）最为普遍；在其他地方则是租佃制占主要地位。在匈牙利，租佃制和对劳役的剥削是混合存在的。人身奴役程度最深的地方是加利西亚和匈牙利。在这里，"乡农"——根据土地清册承担赋税，和"自营地农"——定居在领主自营

---

① 参见格隆贝格（K.Grunberg）《波西米亚、摩拉维亚和西里西亚的农民解放和地主农民关系的解除》，共两册，莱比锡，1894年版，和《奥地利农业史的研究》，莱比锡，1901年版；爱米尔·孔（Emil Kun）《匈牙利农民社会史的研究》，耶拿，1903年版。

地土地并且不承担赋税，两者之间是有区分的。从乡农部分来说处于更有利的地位。和自营地农一样，他们被再次划分成可抵代的和不可抵代的。不可抵代的人的保有地可以被回收，然而可抵代的人拥有世袭的权利。

在十七世纪的下半叶之后，资本主义的倾向开始入侵这个组织。在利奥波德一世（Leopold I）的统治下，国家最初以强制在地籍册中登记的形式在纯粹的财政关系中进行干涉。这一政策是想要决定出国家到底能从哪种土地中征到税。当这一措施被证明是无效的之后，当局尝试了"劳动专利"制度（1680—1738）。目标是对劳动者进行法律保护；它规定了每个农民都可能被要求的最大工作量。然而，到此为止夺佃也不是不可能的，玛丽亚·特蕾莎采取了赋税"修正"制，为的是通过让土地所有者负责每一个被他赶走的农民的税来降低夺佃的动机。但是这一措施仍然是不够的，在1750年，女王直接干预了夺佃，虽然也同样没有取得任何决定性的进展。最终，在1771年，她颁布了全面登记制。大量土地的保有者被迫登入了地籍簿（一种土地登记册），在其中，每一个农民的保有地还有土地的义务，都被明确地固定了。同时，农民被给予了抵代义务的权利，也因此获得了世袭占有权。这一权宜之计曾经在匈牙利失败过，但在奥地利却获得了显著的成功。它代表着维持已有的农民人口和保护他们免遭农业资本主义增长危害的努力。它没有造成已有的农业组织的解体；农民受到了保护，但是贵族同样保住了他们的地位。

在约瑟夫二世治下，立法第一次具有了革命的特征。他从解除人身奴役、赐予他所理解的这一解体下的自由开始着手，也就是赐予了农民迁徙自由、职业选择自由、婚姻自由、免于为了保有土地必要的服役和义务的家庭服役的自由。他在原则上给了农民对他们保有地的所有权，并且通过 1789 年的赋税和登记法，在一条全新的道路上起航。之前在封建保有地之上的强制服役和征实的制度被废止，捐税和力役转变成了上缴国家的定额货币。一次性转变成税收国家的企图破灭了。农民不能从他们的收成中获得足够的收入来缴纳货币捐税，土地保有者的经济计划又被暴力地打断，由此还引发了一次风暴，强迫着皇帝在弥留之际撤回了他改革的大部分内容。直到 1848 年，作为革命的成果，农民的所有负担才被取消，他们部分人做出了补偿但是部分人没有。至于被要求的补偿，奥地利政府将应该服役的内容固定在非常温和的范围内，并且设立起了一个信贷机构作为清除服役的方式。这一立法代表着玛丽亚·特蕾莎和约瑟夫二世努力的顶峰。

在普鲁士[①]，皇室土地上的农民和私人保有地上的农民之间有着明显且持续的区分。对于前者，弗里德里希二世自己就能够推行彻底的保护措施。首先，他取消了强制性的家庭服役。接着在 1777 年，他使得农民保有地成了可世袭的。1779 年，弗里德里希·威廉三世宣布在原则上废除强制服役，要求每一个王室土地的承租人明确地放弃服役。因此，在王室土地上，现代化的农业制度被逐渐建立起来。另外，农民被赐予了以一个相对适中的价格购买完全私有权的权利；国家的官僚集团一致

① 参见克纳普（G.F.Knapp）《普鲁士旧领域中农民解放和农民的起源》，共两册，莱比锡，1897 年版，以及《农奴和自由》，莱比锡，1909 年第 2 版。

同意这些措施，不仅是因为一部分的抵代金会被纳入国库；还因为获得了完全私有权之后，王室农民对国家的要求会消失，并且行政管理的工作会减少。

面对私人保有地上的农民，任务则复杂得多。弗里德里希二世想要取消奴役制但是遭遇了形式上的有效反对，即在普鲁士并不存在奴役制，有的只有世袭的依附关系。皇帝并不能对贵族施加任何影响，因为它自己的官员正是由这些贵族组成。耶拿（Jena）和提尔西特（Tilsit）的灾害首先引发了改变。1807 年，世袭的人身依附关系被取消。问题在于，那些被农民以非自由租佃的形式保有的土地应该成为什么样。普鲁士的官方意见分为两派。关键在于，目标是争取实现一定面积下土地的最大产出数量，还是把重点放在维持最大的农民数量上。对于前一种意见，英国的农业制度提供了范例，因为它在当时代表了最高程度的集约耕作；但是这一制度牺牲了土地上的人口数量。这一方向被大总裁冯·舒恩和他的集团所支持。另一条路线意味着背离英国的范例和集约型耕种。在很长时间的沟通协调之后出现了 1816 年管制法令（Regulation Edict of 1816）。它意味着行政管理政策和对农民保护之间的折中。

首先，拥有牲口的那些农民被规定必须服从于"规章"，然而小耕作者实际上被排除在外，因为地产保有者宣称，要是没有人工劳动力他们没法工作。即使那些带有牲口的，被包括进来的也仅仅是占有的土地被登记进了纳税清册，并且从 1763 年开始就占有了土地的那部分农民。这一时间节点的选择意味着被包括在这一计划中的只是最少量的农民保有地。规章应用起来卓有成效。农民将他的保有地收为自己的财产并且不再提供劳役或者捐税，但是同时他丧失了有关地产的权利。也就是，他放弃了他在遭遇紧急情况时、在修缮建筑物时接受地产保有者帮助和协助、使用公共牧场和林地、从地产预支款项以缴纳捐税的权利。尤其是农民需要向所有者上缴三分之一的世袭占有地和一半的非继承占有地。这一规章对地产所有者极为有利。他确实必须为自己配置工具和耕畜，但是他保留了佃农这一人工劳动力，同时还从农民的放牧权中解脱了出来，并且因为夺佃的禁令立即就被暂停了，所以还可以将他的保有地加以合并。只负有人工劳动力的义务并且不服从于规章的农民现在可以被轻易地驱逐。在西里西亚，十分强势的贵族还获得了另一些于他们有利的例外规定；但是在波兹南（Posen），也就是波兰的土地保有者受影响的地方，整个农民阶层都必须服从于规章。

直到 1848 年，普鲁士的立法才最终迈出了最后一步。在 1850 年，农民的所有负担全被宣布解除。每一个农民，除了计日工，都被置于规章之下；每一个农民保有地担负的义务都必须被折代，而不管这个义务是来源于规章还是与它无关。折代的部分包含了世袭的地租和其他捐税。确实，在同时，更小农民的保有地早就已经被地产保有者瓜分了。

普鲁士发展的最终结果是农民数量和农民保有地面积这两项数据均有所下降。1850 年以来，劳动人口开始变得越来越无产阶级化。决定性的原因是土地价格的上涨。把土地租佃给长年工的这个旧习不再有利可图，他们打谷和磨谷的分成也变成了货币支付。极为重要的是甜菜栽培的引入，它赋予农业高度季节性的特征，因此需要流动工人。这些工人由所谓的"萨克森行帮"（Sachsen-g·nger）提供，最初是来自东部的波兰各省，之后是来自俄属波兰和加利西亚。对于这些人来说，修建住所或分得土地都不是必要的。他们允许自己被成群地集中于棚屋中，并且满足于一种任何日耳曼劳动力都会拒绝的生活方式。因此，流动的工人队伍一步一步地代替了最初依附于土地的农民，也代替了稍后时代的劳动力——他们与地产保有者构成了一个经济利益共同体并因此忠诚地被土地束缚着。

在俄国[1]，甚至亚历山大一世都曾谈到过农民的解放，但是就像尼古拉一世一样在此方面几乎都没有任何推进。恰逢俄国在克里米亚战争中战败，这才使得他们行动起来。亚历山大二世惧怕爆发革命，为此，在无尽的商议之后，在1861年他颁布了解放农民的伟大宣言。土地划分的问题也依照如下的方式解决了：帝国的每一个省都被设置了每个人保有地的最大和最小限额，具体数额在三公顷到七公顷之间。然而，土地保有者可以通过将最小份额的四分之一直接给予农民而避开所有这些限制。利用这种方式，他实际上获得了一个完全依赖于在他地产上工作的机会的乡村无产阶级家庭。否则，农民只能将获得的份地用于赔偿。当份地面积更小，补偿金所占比例就更高，立法者从土地更高的质量和更多的收成方面对此进行辩驳。另外，在一段特定的过渡期，农民的义务服役仍被强制保留，农民赋税的折代必须要经过土地保有者的同意。这一制度导致农民疾速堕入对土地保有者的负债之中。折代的费用被固定

---

[1]《国家科学大辞典》第3版第2卷第604页辛科维茨（G.Simkhovitsch）所编的"农民解放"条目及其所列参考书目。

在相当高的水平，为期 48 年的折代达到了 6%；当 1905—1907 年的革命爆发时，这一账目仍未结清。更有利的条款给到了皇家地产和王室土地上的农民，他们被解放的同时还获得了完全的土地所有权。

俄国农民确实只在一个方向上得到了解放。他们从土地保有者手中解放了出来，但并未从公社的连带责任中解放出来。在这方面，人身奴役关系维持着原状。农民没有迁徙自由，因为米尔可以召回在这个村庄中长大的任何人。这一权利得以保持原样是因为政府在这所谓的农业共产主义中发现了一股保守势力，以及反对自由化进程的对沙皇统治的支持。

出于政治考量，俄国政府在西方各省份采取的手段稍有不同，尤其是在波兰[1]，那里《拿破仑法典》（Code Napoleon）已经废除了农奴制，虽然其前提条件是，当农民迁出之后土地要回到领主手中。这一特殊情况导致了对农民的大规模驱逐，又反过来在 1846 年时被废除了。然后在 1864 年，俄国解放了波兰农民，作为直接对抗曾支援过 1863 年革命的波兰贵族的方式，并且带有让农民服从于俄国政策的目的。结果，农民和土地之间的关系由他自己的声明决定。因此，这场解放运动采取了完全剥夺波兰贵族所有权的形式。尤其值得一提的是，这一事实解释了农民对广阔的林地和牧场拥有特权的原因。

封建土地制度的解体，造就了当今的农业体系。在部分地区，农

---

[1] 参见洛斯特沃罗斯基伯爵（Count Rostworvski）《波兰王国农民关系的发展》，耶拿，1896 年版；加兹金斯基（K.V.Gaszazyski）《波兰王国农民独立的发展》，慕尼黑，1905 年版。

民从土地中解放出来并且土地也从农民手中解放出来，就像英格兰；在部分地区，农民从土地保有者那儿解放了出来，就像法国；还有部分地区，制度具有混合性，就像欧洲的其他部分，而东部则更多地倾向于学习英国的情况。

最终调整的形式很大程度上被继承法所影响，与之相关，英国和法国的情况也存在着悬殊差异。在英国，封建性的长子继承制对于土地继承来说是普遍的；长子一人，不论是农民的或是领主的，继承所有的土地。在法国，平均分配土地才是规则，即使在旧制度下就已如此。民法典只是让这件事具备了强制性。在德国，我们找到了最极端的对比。在个人继承持续存在的地方，它不是英国意义上的长子继承制，而是设置了主要继承人，他继承土地并且必须供养其他继承人。这一法律在一些情况下因为纯粹技术的原因得以实施，例如在大地产或在黑森林里的大农庄，在这些地方要对土地施行自然的划分是不可能的；或者可能是由于历史的原因，从封建领主时代一直延续了下来。庄园领主关心的是土地支持服役的能力，因此也想要维持农场未被划分的状态。在俄国，我们发现农业共产主义一直延续到了1907年斯托雷平改革，农民不是从他的父母而是从乡村公社手中领取他的土地份额。

现代立法已经完全摆脱了封建性的束缚。在一些地区，这些束缚已经被信托制所取代。信托制最早出现在十二世纪，首先以某些特殊基金会的形式出现在拜占庭时期。为了保护土地不被皇帝侵占，土地被交给教会，因此具有了神圣不可侵犯的特征。然而，教会利用土地的目的被严格规定了，比如为了维持一定数量的僧侣，则可使用土地。地租的剩余物，达到地租总额的十分之九，持续累计给建立基金会的家庭。因此在伊斯兰世界产生了瓦库夫，表面是为了僧侣或某些其他宗教目的，但是实际上意在保留住家庭的地租收入，同时防止苏丹对土地征税。这一信托策略由阿拉伯人带去了西班牙，然后又被英国和德国接受。在英国，它激发起反抗，但是法学家又设计出了一个"限嗣继承"机制作为替代品。这一机制的性质是：土地保有权是不可分割和不能转让的，这些性质被代际间的转让协议所保证，因此在保有者的一生中不存在变化的可能。通过这种方式，更多的英国土地被集中到了少数家庭的手中，然而不久以前在普鲁士，十六分之一的土地被冻结在信托之中。结果，大土地所有制不仅通行于英格兰、苏格兰、爱尔兰，同样还通行于（1918 年之前）西里西亚的部分地区和过去奥匈帝国的部分地区，还有德国的少部分地区。

土地制度发展和封建组织被取代的方式，不仅仅对乡村条件的进步，还对整个的政治关系产生了尤为深远的影响。特别是它影响了下述问题：一个国家是否应该允许保有着大量土地的贵族存在？它又应该采取什么样的形式？在社会学意义上，所谓贵族，是他的经济地位让他能够自由地参与政治活动，并且足以让他为了政治职能而生活但不用依靠政治职能谋求生存。因此，他是有固定收入的收租者。然而一些阶层的人必须用工作来养活自己、供养家庭，从而被职业所束缚。这些人就是商人和劳动者，而这些阶层也不能满足成为贵族的要求。在农业国家，具体说来，纯粹的贵族以地租为生。唯一真正存在这种贵族的国家，于欧洲是英国——在有限的程度上还有过去时代的奥地利。相反，在法国，对拥有大量土地阶层者的剥夺导致了政治生活的都市化，因为只有城镇的财阀，而不再是拥有大量土地的贵族，才能具有足够自由的经济条件从而让政治成为一种职业。德国经济的发展只留下了一小部分地主能够自由参与政治生活，他们主要分布在普鲁士的东部省份，那里对农民的剥夺最为彻底。普鲁士容克地主的大多数都没有成为像英国地主一样的贵族阶层。他们只是带有封建印记的乡村中间阶层，从过去延续至今，这一阶层的成员以农业企业家的身份生活，每天为了商业利益而斗争。随着十九世纪七十年代以来谷物价格的下降和生活需求的上升，他们的命运也就注定了，因为平均 400 到 500 英亩的骑士保有地不再能维持堂皇的贵族生活了。这一事实解释了这一阶层曾经有的、现在仍有的、尤为激烈的利益冲突和迥异的政治生活地位。

随着庄园的解体和通过合并、划分等方式造成的早期农业共产主义残余的消亡，土地私有制已经完全建立起来。同时，几个世纪以来，社会组织已经在朝着上文描述的方向变化着，家庭共同体的规模不断缩水，直到现在，一个父亲和他的妻子及孩子就构成了一个财产关系的单位。之前，由于自然的原因这是完全不可能的。家庭同时经历着一个广泛的内部转变，表现为两个方面：家庭的职能被局限于消费范畴，并且家庭的管理是基于账目。取代了原始的完全共产主义的继承法的发展已经在越来越大的程度上导致了男性与女性之间财产、账目的分离。这两重的转换都与工商业的发展紧密相连。

General Economic
History

第二部分

资本主义发展以前的工矿业

第七章　工业经济组织的基本形式 [①]

我们这里所说的工业是原料的转化，因此采掘业和矿业就被排除在这个概念之外。然而，矿业还是会在接下来的工业部分内被提及，因此"工业"这个词包含着所有那些除开农业、商业或运输业的经济活动。

从经济的角度来说，工业——在转化原料的意义上——发展的普遍形式是为了满足家庭共同体的需求而开展的劳作。有鉴于此，它是一项补充性的劳作，而一旦生产超出了家庭需求，工业便吸引了我们的注意。这一劳作可能由外部家庭执行，尤其是由领主的依附者为了领主家庭而执行。这种情况下，一个家庭的需求被其他（农民）家庭的生产满足。补充性的工业劳作也可能为了村庄进行，就像在印度。这里，手工业者都是一些小农，仅仅依靠份地的产出不足以维持他们的生活。他们依附于村庄，悉听任何需要工业服务的人的处置。他们本质上就是村庄的奴隶，领取着产物或货币支付的份额。我们称这种劳动力为"创造世

---

① 作为工业史导论，可参见艾希利（W.J.Ashley）、布斯（H.Boos）、吉宾斯（H.Gibbons）、施穆勒（G.Schmoller）所著《国民经济史》第1卷，卡尔·毕歇尔（Karl Bücher）、卡斯（W.S.B.Gars）和阿歇尔（A.P.Usher）的著述。

界的"劳动力。

满足家庭需求之外的第二种原料转化的模式，就是为了售卖而进行的生产——也即手工业。我们这里所说的手工业是指：以任何程度的专业化形式进行的熟练劳动，不论是通过职业的分工还是技术的专门化，不论工人是自由的还是不自由的，不论是为了领主、为了公社，还是为了工人自己。

马上可以看到，满足工人需求的工业劳作最初出现在封闭的家庭共同体之中。一般而言，专门化最古老的形式是对劳动力性别的严格区分。女人专门下田从事耕种，她们就是最早的农学家。她们绝没有像塔西佗幻想的日耳曼人的情况那样被给予过很高的地位。古代的英格兰，诱惑别人的妻子仅仅被认为是对财产的侵害，要用钱来补偿。女人是田地的奴隶，她承担着全部的耕种工作、对土地上生长的植物的利用工作，还要生产烹饪器皿、负责种类众多的纺织工作——编织草席、纺纱织布。至于织布，确实存在着典型的例外。在埃及，希罗多德对男人（奴隶）操作织布机这一事实印象深刻，但是这种发展通常发生在织布机太重不易操作或者男人已经解除了武装的地方。男人的专门化任务则是所有与战争、狩猎、牲畜饲养相关的工作，还有金属加工、皮革整理、肉食加工等。肉食加工被列为礼制性的行为；最初只有在狂欢宴会上才吃肉，并且通常也只有男性被准许参加，女性能得到的则是残羹冷炙。

以集体形式出现的工业劳作只存在于临时性的任务，尤其是房屋建造工作中。在这些时刻，工作尤为繁重，单个的家庭、单个的男性，绝无完成的可能。因此，它作为建立在互助基础之上的帮忙劳动由村庄执行，并借酒来活跃气氛，就像现在仍发生在波兰的那样。另一个很古老的例子是为酋长所进行的工作，还有一个则是船只的建造，它由为了达到此目的而自愿形成的公共团体完成，并且他们很有可能从事海盗活动。最后，还有可能发生的是，大量的自由人为了生产金属联合起来，但是铁的生产是相对后期才出现的现象。最初，建造房屋不使用金属钉；阿尔卑斯山地区的房屋尽管有雪的重压但仍是平顶，就是因为没有钉子能够让他们建造出倾斜的屋顶。

从帮忙劳动的传播中我们将会看到，最早的专门化绝不意味着技能行业。后者在原始土地上与巫术概念相关。只能通过巫术仪式才能使个人达到的对万物的信仰必须优先发展。这对医药行业来说尤其是真的，巫医就是最早的职业。一般而言，每一个高度技能化的职业在最初都被认为是受到了巫术的影响。在世界各地，铁匠都尤其被认为具有超自然的特征，因为他们技艺中的一部分看起来很神秘，他们自己也将其继续神秘化。技能职业在酋长或大土地保有者的大型家庭中发展，他们会依照特定的方向训练依附者，同时他们也有对技术工种的需求。技能职业的发展也可能与交换的机会相关。在这一点上，决定性的问题是，工业已经与市场相连了吗？还有，在已经历经了众多生产商之手后要由谁去售卖最终的产品？这些问题对于行会的斗争和瓦解来说同样也是重要的。专门化的熟练手工业者可能会为了仓储和市场自由地进行生产，并作为小企业者售卖他们的产品。这一极端的情况我们可以称为"计件工作"；它以控制原料和工具为先决条件。一个可能性在于，原料——在

106

某些情况下还有工具，是被一个社团提供的。因此中世纪的行会作为一个团体购买并分配某些原料，比如铁和羊毛，就是为了保证成员之间的平等。

完全相反的情况是，手工业者作为工资工人为其他人服务。这出现在他并不拥有原料和工具因此仅仅只能在市场上售卖他的劳动力而非产品之时。处在上述两个极端之间的是按照订单工作的手工业者。他可能是原料和工具的拥有者，并由此具有两种可能。要么他面向消费者进行售卖——这些人可能是从他这儿订货的商人；我们可以说这种情况是为了客户的自由生产；或者，他为垄断他劳动力的企业主进行生产。后一种关系通常来源于对这个企业家的债务，或者来源于自然条件阻碍了生产者与市场连接的可能性，中世纪的出口贸易就是一例。这被称为"家庭工业"制，或更具体地说，叫作发料加工制或代理商制；手工业者就是为别人工作的计件工人。

第二种可能性就是，原料或者工具或者两者都是由订购了这份劳动的人，也就是消费者提供的。在这里我们所说的就是为客户而生产的工资劳动。最后一种情况是，订购了这份劳动的人是为利润进行生产的企业主；这也属于家庭工业制，即发料加工制。与这种情况有关的，一方是商人企业主，他们通常（虽然并非总是）购买原料，并且在一些情况下还提供工具；另一方是在自己家、根据订单生产的工资工人，他们不能把他自己的产品拿去市场上售卖，因为手工业劳动还缺乏必要的组织。

至于工人与工作地点的关系，我们可以列出如下几种不同情况：

1.工作在工人的住所里进行。在这种情况下手工业者可能是一个计件工人，他独立地固定了他产品的价格；或者他可能是为了客户进行生产的收取工资的在家工人，按照消费者的订单进行生产；或者，他可能是为企业主进行生产的在家工人。2.工作可能在工人的住所外进行。这种情况下，此工作可能是流动的工作，即在消费者的家中完成的工作，就像现在仍然很常见的女裁缝和女成衣裁缝；这种工作最初就是由"流动"劳动者完成的。另一种可能是，工作被带到工人那儿去，但是这一工作可能又具有不能在工人自己家中被完成的性质，就像粉刷业一样。最后，工作的地点也可能是"工作间"或者是工坊，这些地方都与工人的住所相分离。一个工作间不一定是一个工厂，它可能是工作场所和售卖场所合并在一起的集市商店。它可能被许多工人共同租下；它还可能属于一位领主，领主让自己的奴隶在此干活，要么他自己售卖产品、要么在奴隶缴纳了一笔规定的捐税后允许奴隶售卖产品。工坊的特征最清楚地表现在现代商铺企业中，在这些地方，工作条件是由付给工人工资的企业主规定的。

包含了工作场所和工作方式——其中，工作方式是指工作工具范畴之外的内容——的固定投资的拨付，也可能会以各种各样的方式施行。可能并不需要固定投资，比如纯粹的手工艺工作，就像在中世纪的行会经济中那样。固定资本的缺席正是中世纪行会经济的特征，甚至到了只要固定资本出现，行会经济就面临着解体的危险这种程度。如果有固定投资，提供和维持这一投资的则可能是一个社会——村庄、城镇或工人组织。这种情况很常见，尤其在中世纪屡见不鲜，行会总是自己提供资金。另外，我们还发现了允许工人付费使用的领主的投资。例如，修道院就建造了漂洗机并租给自由工使用。还有可能，领主的投资不只是供自由工使用，同样也供所有权握于所有主手中的工人用于生产，而产品则由所有主自行售卖。我们称此为"庄宅"手工业。它最早起源于法老，在中世纪的王族、大土地保有者和修道院的投资中找到了最多元化的形式。然而，在庄宅手工业中并没有家庭和企业的区分，并且后者仅仅只是企业主利益的补充。

所有这些在企业主的资本主义投资中被改变了。在这里，工作按照企业主提供的手段进行，并且纪律也是必不可少的。企业主的工坊被算作固定资本，成为企业者账目中的一个投资项目；而正是存在掌握于个人手中的资本这一事实，引发了行会制度的衰败。

第八章　产业和矿业的发展阶段

　　工业发展的起点是为了满足小型或大型家庭的需求而进行生产的家庭工业。从这一点开始，发展可能会导向产生于部落垄断的部落工业，这个部落要么垄断了某些原料，要么垄断了某些产品。部落工业最初是作为广受欢迎的补充性的收入来源运行，但是之后越来越成为一种正规职业。在这两个阶段它都意味着，家庭活动中用家庭共同体的工具和原材料生产的产品进入了市场，因此在自给自足的家庭经济中，一个通向市场的窗口就此被打开。原料的垄断可能是因为某些原料——石头、金属或者纤维，最普通的如盐、金属或黏土矿床——唯独出现在某一部落的领地之中。对被垄断原料进行开采的结果，可能是流动商业的出现。流动商业可能由从事这一工业的人进行，就像发生在许多巴西部落或俄罗斯手工业者的情况一样，他们在一年的一部分时间中作为农民进行生产，在其他时间贩卖产品。再一次，这些被贩卖的产品可能是工艺被垄断的产品，就像通常那些具有艺术特征的羊毛产品一样，工人拥有不愿意传授的行业秘密或特殊技艺。这一情况包含了计件工作的特殊形式，在其中工艺通过对土地的占有而被垄断，并且还通过祖传的方式附属于一个部落或氏族。生产的专门化出现在种族团体之间。它可能局限于地理上相邻区域间的产品交换，就像非洲的情况一样，或者也可能拥有更广阔的发展。

第一个发展的可能性导致了社会等级制度的建立，就像在印度一样[①]。通过独立的部落团体合并在一个领主权之下，最初平行排列的部落工业在这里被设置成了垂直的层级，并且种族之间劳动力的区分现在存在于服从同一个主人的属民之间。最初部落之间相互为异族的关系现在则体现在种姓制度中，不同种姓的成员既不在一起吃饭也不通婚，并且相互只接受特定的服务。种姓制度对于印度的整个社会组织始终产生着巨大的后果，因为被它固定在了礼制，因此也就被固定在了宗教组织之中。它让所有的手工业模式化，因此使得利用发明或引入任何基于资本的产业都变得不可能。任何时间出现的技术改进都需要一个前提，即要建立一个在所有现存旧序列最底层的新的种姓。当《共产党宣言》提到无产阶级时说："无产者在这个革命中失去的只是自己颈上的锁链，而他们所能获得的却是整个世界。"这个表述同样也适用于印度人[②]，但是他们只能通过在此世完成他种姓义务的每一个细节从而在来世摆脱掉他的锁链。每一个印度种姓的生产方式都被传统所固定。放弃了这种传统方式的人会失去种姓，并且不仅仅会被驱逐成为贱民，还会丧失来世的

---

① 参见巴登·鲍威尔（B.H.Baden-Powell）《英属印度的土地制度》，共三卷，牛津，1892 年版，《印度帝国》，共 4 卷，牛津，1908—1909 年版；另参见马克斯·韦伯《宗教社会学论文集》第 2 卷，第 1、91 页，还有其他相关文章。
② 马克斯·韦伯《宗教社会学论文集》第 2 卷，第 121 页。

机会，丧失转世成为更高种姓的期望。因此，这一制度成了可能的社会秩序中最保守的一个。在英国的影响下，它才逐渐被打破，甚至资本主义也在此缓缓地开辟出自己的道路。

在种族团体间进行交换的这一阶段中存在的第二种可能性，是以市场专门化为方向的演进。职业的区域划分最初可能是"创造世界的"——也就是，尽管还没有与市场相连接，但是也不再是限于部落内的。此种可能性下，村庄或大土地保有者都在争取手工业者，并且强迫他们为了村庄或者地产工作。比如说，印度的村庄工业就可以归为这一类，在德意志，迟至十四世纪，土地的领主仍负担有供养一批村庄手工业者的义务。在这里，我们就发现了自给自足生产的区域专门化，还有通常与之相随的工作场所的世袭所有权。

越过上述阶段之后则是地区专门化，而它最终导致了为了市场而进行的专门化。它上一个阶段是村庄和庄园工业的专门化。在村庄里，一方是农民，另一方是大土地保有者，他们使手工业者定居下来，让手工业者为了满足领主需求而进行生产，并且可以获得在收成或其他收获中的份额作为报酬。它与为了市场而进行的专门化的差别在于，在它之中不存在交换。另外，它仍然带有种族团体间专门化的标志，在其中手工业者仍是异族；然而，这些手工业者中还包含了一些因为不能养活自己而丧失了身份的农民，而这又是因为他们的保有地面积不够。

还存在另一种领主剥削手工业者的形式，这就是，为了私人或政治目的、由王族或土地领主采取的大型家庭式或地产式的专门化。在这里，专门化发生时同样不存在交换。提供特殊服役以供领主差遣的责任落在了手工业者个人或其整个阶层肩上。在古代，这种要求也是广泛存在的。除了管事——大型家庭的官员，比如通常由奴隶担任的司库的职员——还出现了手艺匠。他们主要由奴隶组成，并且还有为了满足大型地产的需求而进行生产的某几类乡村家庭的手工业者。这些人是铁匠、钢铁工人、建筑手工业者、车匠、纺织工人——尤其是在家庭作坊或女馆中的女纺织工——磨坊主、面包师、厨师，等等。他们也存在于城市更高等贵族的家庭中，这些贵族有着更多的奴隶供他们差遣。莉薇娅皇后（Empress Livia），也就是奥古斯都的妻子，她的奴隶名单是广为人知的，名单中包含了为衣柜服务和为满足皇后其他的私人需求而工作的手工业者。同样的情况也发现于印度和中国的皇室之中，及中世纪世俗领主和修道院的庄园之中。

除了为领主的个人需求服务的手工业者之外，还有为领主的政治需求服务的手工业者。一个大规模的例子是，在驱逐了希克索斯人之后新帝国法老们的行政管理。在这里我们发现了用依附者阶层缴纳实物来补充仓廪的仓储制度，一并还有为了满足国王的家庭和政治需求而进行的手工艺工作的大规模的工业专门化。官吏的俸禄用仓库货物的具体份额来支付，并且对货物所有权的书面声明以现今国库券的形式在商贸中流通。货品部分来源于农民的劳动、部分来源于专门化的地产工业。同样，在近东的大型地产上，奢侈工艺被发展、被鼓励。埃及和美索不达米亚的国王们促使在他们的工坊受训同时依附于他们的工人发展出了古代东方艺术的奇迹，因此也就赋予了地产一个在文明史中要去实现的使命。

为了从这一状况转变为为了客户和市场而生产，就必须存在一批具有购买能力的消费者来消化这些产出。也就是说，一定程度上的交换经济必须被发展起来。我们在农民发展过程中也遇到过类似的情况。王族，或领主，或奴隶持有者，可以选择利用作为劳动力的农民的技艺，并且通过他们让他自己为了市场进行生产，也可以选择将农民视为地租来源进行剥削。第一种情况，领主成了利用非自由人进行劳动的企业主，这种制度不论在古代还是中世纪都曾发生过，同时领主还会雇用一些人去市场上进行销售。被雇用的人就是交易者，他作为代理人依附于王族的或其他种类的家庭。

　　在上述情况中，领主将他的人民作为劳动力进行利用的方式是多种多样的。他可能雇用他们为非自由的家庭工人；这些工人仍住在自己的居所并且必须上缴一定数量的货物，生产这些货物的原料可能属于他们也可能由领主提供。在古代，这种关系是广泛存在的。主要由女馆进行生产的纺织品和陶器制品以这种方式被带入市场。在中世纪，亚麻工业在西里西亚和波美拉尼亚按照这种方式产生，领主是手工业工人的商人、资本家、雇佣者或"代理人"。或者，领主可以转而从事作坊工业。我们发现，古代大土地保有者的辅助性工业中包含着赤陶土场、沙坑和采石场。我们还发现了让女奴隶纺纱织布的大型女馆。在加洛林王朝时期也有类似的大型女馆。在中世纪的修道院经济之中，作坊工业尤其发展于啤酒酿造、砑布、酿酒蒸馏，以及本笃会、加尔都西会等教会的其他工业之中。

　　除了土地上的辅助性工业，我们在城镇工业中也同样发现了非自由劳动力。在乡村工业中，领主通过他的非自由劳动力的代理人处理产品；然而在城镇里，利用他的贸易资本建立起由非自由劳动力从事生产的机构的却一般都是商人。这个关系在古代很常见。例如，传说，狄摩西尼从他的父亲那里继承了两个工作间：一个制造武器的铁器铺、一个生产床架的作坊——床架在当时是十分奢侈的物件而不是必需的。这种兼营可以通过以下事实得到解释：他的父亲是镶嵌在剑柄里和床架上的象牙的进口商，并且父亲还因为他的债务人们无法偿还债务而把作坊和债务人们的奴隶一起没收了。吕西亚斯还提到过有一百个奴隶的"工厂"。在上述两个例子中我们都能看到，生产一方面是为少数的上层阶级，另一方面则是为了战争。然而，在两个例子中，"工厂"都不是现代意义上的工厂，而只是工作间。

工作间是由非自由结合的还是自由结合的劳动力来开展运营取决于各自的情况。如果它是使用奴隶劳动力来为了市场进行生产的一个大的机构，那么它就是劳动的累积，而非专门化和配合协调的事例。很多人在一起工作，每个人都在独立生产某一类型的产品。在他们所有人之上还设立了一个付给领主双倍人头税的领工，而他唯一的兴趣仅仅关乎于产品在一定程度上的一致性。在这种关系之下，绝不会有在现代工厂意义上的大规模生产，因为工作间没有固定的资本，并且通常不属于领主，虽然在某些情况下有这个可能。

另外，奴隶保有制的特殊特征使得这种机构不可能发展成为现代工厂。人力资本正是在市场萎靡之时消耗更多，而维持人力资本又和维持机器的固定资本完全不一样。奴隶被尤其频繁地交替并且暴露在危险之中。当一个奴隶死亡，这意味着损失；与之相反，现在的情况是生存的风险被转移到自由工人身上。奴隶也能逃跑，尤其在战时，并且在战况不利时奴隶逃跑得尤其频繁。当雅典在伯罗奔尼撒战争中溃败，投在工业中的一切奴隶资本都成了损失。另外，奴隶的价格因为战争也以最令人惊异的方式浮动着，而战争在古代时有发生。希腊的城邦时不时就会发生战争，缔结持久的和平被认为是一种犯罪；和平被达成只是为了喘息，就像今天的通商条约一样。在罗马，战争也只是日常事件。只有在战时奴隶才是便宜的，在和平时期则十分昂贵。领主在对待这项通常是以高价获得的资本时存在着选择，要么把奴隶养在棚屋里，要么要连带着供养奴隶的家庭。在第二种情况下，还必须为女性找到另一种类的职业。因此领主不能将他的企业进行专门化经营，而是不得不在他的庄宅中兼营几种生产。如果他进行专门化，那么奴隶的死就会是灾难性的。另外一个因素是，奴隶们对所有工作都缺乏兴趣，只有借由十分残忍的纪律，才能够从他们那儿得到今天自由劳动力在合同制下能完成的工作量。使用奴隶的大规模的企业因而是十分稀少的例外，有史以来，它们在相当大的程度上都只出现在某一类生产被绝对垄断了的地方。俄罗斯的例子表明，由奴隶工人运营的工厂是完全依赖于维持上述的垄断状况的，一旦垄断被打破，它们便在与使用自由劳动力的工厂的竞争下崩溃了。

确实，古代的组织通常或多或少呈现着不同的面貌。领主不是作为企业主而是作为利用奴隶的劳动力作为租税来源的收款人出现。他让奴隶学会一些手艺；然后如果他没有将奴隶派去第三方，那么他就允许奴隶为了市场独立进行生产；或者，让奴隶自己出去承包工作；或者，让奴隶自由地从事自己的生意，在每一种情况下都向奴隶征收税费。在这里，就出现了经济上自由但是人身不自由的手工艺者。在这种情况下，奴隶自己就拥有了一定资金，或者领主借给他资金让他从事贸易或小型的手工工作。由此产生的奴隶的自我利益，根据普林尼（Pliny）所说，甚至使得领主给予了奴隶立遗嘱的自由。类似的情况也存在于中世纪，还有俄罗斯，以及我们到处都可以看到的对税费的术语指称，这些都是证据，表明我们所谈论的并非某些特殊情况，而是存在相当普遍的关系。

在这种利用奴隶的方式下，领主是否以自己的方式进行经营则取决于是否存在地方市场，它不同于奴隶可以在其中售卖他们的产品或劳动力的一般市场。如果说古代和中世纪的劳动组织出发的起点相同，早期阶段也相似，却在之后走上了不同的路径，那么原因就在于两种文明中完全不同的市场特性。在古代，奴隶一直屈服在领主的权力之下，然而到了中世纪，他们却获得了自由。再后来就出现了古代不存在的广大的自由手工业者阶层。原因有如下几点：

（1）是西方国家的消费需求与世界上所有其他国家的都不相同。我们必须明晰日本或希腊家庭的需求是什么。日本人住在用木头或纸建成的房子里；榻榻米和一个木制炕桌一起就组成了一张床，再加上盘子和陶器，就构成了全部家庭用具。我们拥有从一个希腊犯人——有可能是阿尔西比亚德斯（Alcibiades）——的审判中获得的拍卖清单。这一家庭展示的器具十分有限，其中艺术品占据了大多数。相反，中世纪贵族家庭的家庭用具则更丰富并且更实用。这一差别取决于气候的不同。在意大利，就算在今天炎热也是不可避免的；而且在古代，床算作是一个奢侈品，要是想要睡觉，一个人随意地裹进斗篷然后在地上躺下就行。然而在欧洲北部，火炉和床都是必需品。我们拥有的最古老的行会资料是有关科隆的亚麻被套的织工行会的。也不能说希腊人是不穿衣服的，毕竟他们也遮盖自己的部分身体，但是他们的着装需求仍然无法和中欧的需求相提并论。最后，还是因为气候关系，日耳曼人的胃口要比南方人的大得多。但丁就在某些地方说过"日耳曼是贪食者之地"。只要有可能满足他们的需求，根据边际效用递减律，比古时规模大得多的工业生产必然会在日耳曼人中间发展起来。这一发展从十世纪持续到十二世纪。

（2）是中世纪市场与古代市场的区别在于范围。比起古代各国，对于十到十二世纪的欧洲北部来说，拥有购买力的购买者和工业产品要更加易得得多。古代文明是沿海文明，有记录的城市就没有距离海超过一天以上的路程的。的确，狭长的海岸地带背部的内陆地区也被包含在市场区域内；但是它几乎不拥有购买力，因为它还处于产品经济的发展阶段。另外，古代文明建立在奴隶制之上。当这一文明从海岸向后移动、开始具有内陆特征，奴隶的供应也停止了。因此，地域领主通过用自己的劳动力满足自己需求的方式努力让自己不依赖于市场。洛贝尔图斯（罗德伯托斯）（Rodbertus）[①]认为是整个古代世界的特征的这一宅庄自治，实际上是古代晚期的现象，并且在加洛林王朝时期达到了发展的

① 马克斯·韦伯《在国家法和私法上具有重大意义的罗马农业史》，斯图加特，1891年版。

最高潮。它最初的效果是市场的萎缩，并且之后的财政举措也在朝着同一个方向发展。整个进程意味着加速衰退回了产品经济。在中世纪，市场规模从十世纪开始因为农民购买力的增强而扩大。他们的依附地位变得不那么压抑，领主的控制失去了效力，因为集约耕种正如火如荼地发展，然而被军事义务束缚的领主，不能从这种发展中获利，反而不得不将所有增加的地租归之于农民。这一事实使得手工艺的第一次大发展成为可能。它开始于市场特许权和城镇建立的时期，并在十二到十三世纪继续向东发展。从经济的观点来看，城镇建设是王族的投机活动，王族希望获得定期纳税的依附者，因此建立了作为买卖双方聚居地的城镇和市场。这些投机活动并不总是能获得幸运。波兰贵族中的这些人绝大部分就失败了，因为当时反犹太主义的增长驱赶犹太人去往了东部，而这些贵族又试着利用这些运动来建立城镇。

（3）是奴隶制作为一个劳动力制度不再有利可图。奴隶制只有在能廉价蓄养奴隶时才是盈利的。然而在北方情况并非如此，因此，在北方更偏向于将奴隶作为地租交付者进行剥削。

（4）一个很重要的事实：北方奴隶关系的不稳定。在北方，逃跑的奴隶随处可见。不存在犯罪新闻服务，领主之间为了争取奴隶相互竞争，一个逃跑的奴隶并不会承担多大的风险，因为他可以在其他领主或者在城镇里找到庇护。

（5）城镇之间的干扰。皇帝向城镇特别赐予了特权，并由此产生了一个原则，即"城市的空气使人自由"。他宣布，每一个人，不管来自哪个地方或哪个阶层，只要他定居在这里他就属于这个城镇。城镇的居民部分地来自这种准许；部分是贵族，部分由商人构成，还有部分是依附于人的有技艺的手工业者。

这一发展被帝国权力的持续衰弱和由这种衰弱推动的城镇特殊主义所支持；城镇拥有权力，并且可以在地域领主面前肆无忌惮。然而，"城市的空气使人自由"的原则仍要面对阻力。一方面，皇帝被强迫向王族做出承诺，要反对城镇攫取新的特权；另一方面，皇帝的贫困又持续地强迫他们去赐予特权。这是一场权力的竞争，最后证明，将利益置于城镇之上的王族的政治力量，要比把利益置于维持他们的依附者之上的地域领主的经济力量更强。

基于这些特权定居下来的手工业者，有着各不相同的来处和多样的法律地位。只有极少数的人才是保有土地并免于义务的完全公民；一部分人必须上缴封建人头税，还必须上缴捐税给城镇里或城镇外的领主。手工业者的第三类由处于某种监护权之下的"保护人"组成，他们具有人身自由但是被托付给某些自由市民，这些市民在法庭上代表他们，并且他们需要为这些自由市民提供服役以换取保护。

另外，城镇里还有庄园，拥有着他们自己的手工业者和特殊的工艺规章。然而，我们必须防备以下这一信念：城镇手工艺制度是从领主对手工业的管制中发展而来的。一般来说，手工业者分属于不同的人身领主，并且他们又都服从于城镇领地的领主。因此只有城镇自己能够创造出工艺条例，并且城镇领主有时不会将他赐予城镇的那些法律权利赐予他自己的附庸，因为不希望他们获得在城镇中自由手工业者阶层的地位。自由的手工业者没有固定的资本；他们拥有自己的工具，但是并不算在资本之中。他们几乎都是工资工人，带入市场的是他们的劳动力而非他们的产品。然而，他们为客户，并且最初是按照订单进行生产；他们到底是要维持工资工人身份还是转而成为计件工人则取决于市场情况。

在为了富裕阶层而进行劳动的地方，劳动者们始终是工资工人；为了广大群众进行劳动的地方，劳动者们则始终是计件工人。大众购买的是单个的、现成的物件；因此，大众购买力的增长是计件工作出现的基础，就像之后资本主义的出现一样。然而，区别并不能如此被清晰地划定；工资工人和计件工人仍是同时存在的，但是一般来说都是工资工人占主导地位，不论是在中世纪早期还是在古代，不论是在印度、中国，还是在德国。作为工资工人，他们要么是流动工人（在雇主家中工作的工人），要么是在家工人，具体是哪种则主要取决于原料的昂贵性。金、银、丝绸和昂贵的纺织品，不会被给予手工业者让他们在自己家生产，而是要让他们来雇主家中工作，就是为了防止偷盗和掺假。出于这种原因，流动工人在上层社会阶层的消费领域尤为常见。相反，使用的工具很昂贵或因为太重难以搬动的工人就必须是在家工人，这些人则是面包师、织工、酿酒者和碾磨工。在这些职业中我们已经看到了固定资本的端倪。在工资工人和计件工人之间，还有被机缘或传统固定了的很多中间类型。然而，一般来说，与工资工人的劳动相关的术语有力地占据着统治地位：包工、出佣、工资；所有这些表述都与工资而非与价格相联系。戴克里先（Diocletian）法令的规定同样指向了工资税而非价格税的方向。

第九章　手工业行会

　　行会①是手工业者职业类型专门化的组织，它通过执行两件事来发挥作用：一是制定内部的工作规章，二是对外形成垄断。如果每一个在当地从事这种手工业的人都加入了行会，那它就达到了目的。

　　非自由组织意义上的行会被发现于古代晚期以及埃及、印度和中国。这些组织都需要对国家缴纳强制性的捐纳。它们产生于以下事实：满足王族或某个共同体的政治需求的职能被强压到了多种工业团体肩上，并且为了这个目的，组织生产的依据成了行业区别。曾经有人假设，印度的种姓同样也产生于类似的行会，但是实际上他们是从各种族团体间的关系中发展而成的。已经存在的种姓被国家利用，国家通过要求工业为它的需求提供产品从而以征实的方式筹措资金。在古代早期还

---

① 关于行会的历史，参见乔斯托夫（M.Chwostoff）《希腊人和罗马人的埃及的工商业组织概要》，喀山（Kazan），1941 年版；瓦尔青（I.P.Waltzing）《罗马行会史的研究》，布鲁塞尔，1895—1900 年；冯·舍恩贝尔格（G.von.Schönberg）《中世纪德国行会经济史》，载《国民经济和统计年鉴》第 9 卷（1860 年）；冯·伊纳玛－施特尔内格（K.Th.von Inama-Sternegg）《德国经济史》第 3 卷，莱比锡，1901 年版；另参见有关英国工业史的著作。

发现了经理性的行会，尤其是在对军事行动来说很重要的产品行业更是如此。罗马共和国军队中的百工长或工业手工业者与骑士百夫长同时存在。之后的罗马国家需要引进谷物来保持城市人口的良好状态。为了这个目的，它建立了船长组织，给他们布置了造船的任务。财政考量使得以下现象得以产生：在帝国的最后一个世纪几乎整个经济生活都因此被"经理地"组织着。

行会同样也被视为礼制性的联合体。不是所有的印度种姓都是行会，但是许多都是礼制性的行会。在种姓存在的地方，没有外乎于种姓的行会；并且也并不需要行会，因为种姓制度的特征就是劳动服役的每一种类型都被指派给了一个特定的种姓。

行会的第三种形式是自由联合体。这是中世纪所特有的，它可能开始于古代后期；至少罗马化的晚期希腊文明就表现出了向具有行会特征的组织发展的趋势。流动手工业者首次出现在我们纪元的开端。要是没有他们，基督教的传播绝无可能；基督教最初就是流动手工业者的宗教，使徒保罗也位列其间，并且他们的格言"不劳动者不得食"也表达了他们的伦理规范。然而，古代只具备了自由行会得以产生的第一个推动力。一般而言，目前我们所能知道的是，古代的手工业劳动的特征是基于祖传的氏族工业——当它不被束缚于宅庄或地产时。行会的概念在位于行会民主制的绝对对立面的古典民主制中是完全不存在的；厄瑞克忒翁神庙的圆柱工程就是由雅典市民、自由的外邦人和奴隶一起完成。缺乏行会概念的原因，部分是政治的，但主要是经济的。奴隶和自由人不能出席同一个宗教礼制。另外，在种姓组织存在的地方，行会则不存在，因为它太过于多余，并且在氏族经济占主导的地方几乎没有任何存在的意义，就像中国的情况一样。这里，城镇的个人手工业者属于某些村庄；不论北京或其他任何城市都不存在市民权，结果行会也没有构成城镇组织的一个部分。相反，在伊斯兰国家中则存在行会，甚至还极偶尔地发生过行会革命，比如在布哈拉。

中世纪西方行会的精神最为清晰地表达在这一主张上：行会政策就是民生政策。它意味着必须要确保行会成员能持续拥有大体上像市民阶层一样的繁荣，虽然由于生活机会的缩小会导致竞争增加；行会的个人成员必须能够获得传统的生活标准，并且还要在其中获得保障。这个传统的生活标准的概念与现代"最低生活工资"类似。行会为了达到目标而采用的方式是值得讨论的。

对于内部政策而言，行会努力利用所有想得到的方法为每一个行会成员提供平等的机会，这也是农民划分长条地时怀有的目标。为了实现这一平等，就必须反对资本主义势力的发展，尤其是要阻止个体工匠师傅持有资本的不平等增长和随之而来的工匠师傅之间的分化。一定不能让一个超过另一个。为了达到这个目的，工作的进程被管制了；没有工匠师傅敢用传统以外的方式进行生产。行会控制着产品的质量。它管制着学徒和劳动者的数量。它还尽可能地管理原料的供应——只要计价工作当时仍然通行。另外，行会或城镇会购买原料，并且把它分配给各工匠师傅。只要开始向计件工作进行转变，手工业者作为一个小资本家就能找到足够多的途径去买到他自己的原料，行会就会要求成员出示财产证明。这一规定从十四世纪开始实施。没有财产的人可以被其他人雇用成为工资工人。只要行动范围被限制，行会发展期就会结束，并且工匠师傅的数量也被固定了下来，虽然只在某些地方才达到了这一结果。

最后，个人手工业者之间的关系也被管制了。行会维持着这一立场：原料必须在个人的作坊里经历尽可能最长的过程，也就是个人工匠必须尽可能长时间地将物件留在手中进行处理。因此它要求，劳动分工应该是基于最后的产品，而不是基于操作技术的专门化。比如，行会坚持，在制衣业中，从亚麻到成衣整理的生产过程不是被横向切分成纺纱、编织、染色、修整等这些分离的、独立的步骤，而是要针对最后的产品进行尽可能的专门化，一个工人必须生产长筒袜，另一个生产背心。结果，在中世纪名单中我们找到了两百个行会，而根据我们思考的方式，依赖一个技术基础，是需要两千到三千个的。行会产生了一种非常合理的焦虑，唯恐横向的操作分工会让在环节上离市场最近的工人控制其他人，并且把其他工人压制到工资工人的处境上去。

到此为止，行会都遵循着民生的政策。然而，它同样致力于获取并维持成员的机会平等。为了这个目的，自由的竞争必须被限制，并且行会又建立了许多规章：1.工业的技术。行会固定了其成员可以雇佣的工人，尤其是学徒的数量；更特别的是，在学徒制可能会让学徒变成被雇佣的廉价劳动力的地方，每个工匠师傅能够雇佣的学徒数量被限制在一个或者两个。2.原料的品质。尤其在必须使用合金的工业，比如铸钟业，为了维持成品的质量，同样为了排除不公平的竞争，对他们原料的控制就相当严苛。3.工业的技术和生产的过程。因此规定了制造麦芽、加工皮革、整理布料、加染等的方式。4.控制所使用工具的样式。行会一般都各自垄断了某种工具，这个工具就只有它一家能被允许使用；工具的种类是被传统规定的。5.在产品能上市之前必须能证明它的质量。

行会同样规定了产业的经济关系：1.他们对投资总额设限，因此雇佣他人的企业主都不能在行会内发展到超过其他工匠师傅并且强迫他们为自己服务。为了这一目的，所有与行会成员以外的人的联合都被禁止，虽然这一禁令很少被执行。2.禁止已经被纳入行会的人为其他工匠师傅工作，以免他们被降级到帮工的地位；同样被禁止的还有为商人工作，因为这必然会立即导致发料加工制。成品必须由为了工资而进行生产的行会手工业者作为工资工作送至顾客手中；对于计件工人来说，对计件工作的产品进行自由销售是最理想的状态。3.行会控制了购买机会。他们禁止抢先采购，比如说，没有行会成员敢在他的同伴之前购入原料。他们经常设立平等分配权；如果发生了原料短缺的情况，任何行会成员都可以要求他的行会伙伴们以进货价格为他供应原料。4.行会还会反对在其他成员之前进行的单独售卖。为了达成这一目的，他们通常采取强制销售措施，并且通过禁止降价和禁止招揽顾客的方式强化这个规定；因此，价格竞争的路径就被截断了。5.行会禁止售卖行会成员以外的人的产品，如果一个成员违反了这个规定，他就会被列为商人并且被逐出行会。6.行会通过制定价格表来管制销售，以保证传统的生活标准。

行会的对外政策则是纯垄断性的。1.行会尽力促成并且也达到了这个目标：在很多情况下，行会监管着工业中影响工艺的事物，并且在其中还维系着一个工业法庭。否则，他们不会有能力去控制生产技术和生产过程，或者去维持成员间的机会平等。2. 尽力促成并且通常也达到了行会的强制入会的目标，虽然它经常在实际情况中被规避，但是至少是在字面上做到了。3. 在许多情况下，他们成功地建立了行会区域；他们在每个地方都为之努力，但是只有在德意志才完全地实现了这一目标——在英格兰则完全失败，而在法国和意大利，他们达到了部分的成功。一个行会区域代表着在某个区域的垄断地位。在这个区域内，行会建立了完全的权威，除了行会的工业没有其他工业能够在此运行。这一方法被用来对抗在很大程度上是被镇压的流动工人和乡村工业。只要行会在城镇里获得了权势，他们的第一个想法就是要努力去压制来自乡村的竞争。4. 在一个行会的产品流转到另一个行会手中的情况下，行会设立了价格关税；对内，价格是最低价，对本行会以外则是一个垄断价。5. 为了使行会规章被有效地实行，就必须使劳动分工尽可能地按照职业区分，而不是根据生产过程的横向划分。也就是说，就像已经解释过的，一个工人必须从头到尾地生产出一个成品，并且把它留在自己手里。行会利用所有这些方式来反对处于行会控制下的工业内部大企业的发展。然而他们不能阻止的，是发料加工制的发展，还有暗含在其中的手工业者对商人的依赖。

行会历史的后期产物，一定还要加上一些另外的规章。这些规章呈现出，行会早已经达到了行动范围的极限，只有地区间的劳动分工和伴随着市场扩张的资本主义运作，才能够创造新的工业机会。最初，行会使工匠师傅身份的获取变得越来越困难。最初这个目标是通过"杰作"制度达成的。发展阶段相对晚期的产物是，从十五世纪开始，在杰作制度之外又附加了严格的经济要求。从价值的角度看，杰作的生产通常都没有意义或者附加的条件也是荒谬的；这一要求仅仅意味着，为了排除没有工具的人而进行的一段时间没有酬劳的强制性工作。除了对杰作的要求，已经获得了计件工人身份的工匠师傅还通过为准工匠师傅规定最小数量的资本，来尽力获得垄断地位。

在这个时间点，学徒和帮工的组织出现了，它成了欧洲大陆的显著特征。第一点，学徒期的时间是固定的，并在之后逐渐拉长——在英格兰是七年，其他地方是五年，德国是三年。在学徒结束了他的习艺期后他就成了帮工。对于后者同样也规定了一段无偿工作期。在德国，这一情况导致了流动期制度的出现。帮工必须在他被允许以师傅的身份定居在任何地方之前流动一段时间，而这一规定在法国或英格兰却从未出现过。第二点，行会通常会继续将师傅的数量限制在绝对的最大数量之内。这一举措并不总是以行会要获取垄断的利益作为出发点，而是由城市（它的领主或是它的地方议会）规定，尤其是当后者担心，因为师傅人数太多会导致军用产品或具有政治重要性的生活用品生产力不足时。

随着行会时期趋于结束，逐渐出现了对师傅地位进行世袭分配的现象。结果，师傅的子孙，甚至他们的女婿，都更容易获得进入行会的允许，这是中世纪所有国家的共同现象，虽然它从未成为过一个普遍的规则。随着这一发展，中世纪手工业工作中某些部分的小资本主义的性质被决定了；并且与这个特征相符还产生了永久性的帮工阶层。这一发展不仅仅只发生在手工业工作作为计件工作进行并且购买原料和维持工业运转必须需要一定资本的地方，而是在设定了师傅人数限制的地方发生得最为普遍。

第十章　欧洲行会的起源

　　如我们在上文所述，在封建领主和王族的大家庭中，手艺人和管事一起存在，为了大家庭的经济和政治需求提供服务。行会是否是从这些存在于大地产之上的组织发展而来，就像所谓的庄园法理论[①]所肯定的一样？这一理论从以下论述开始：作为一个明显的事实，庄园包含了为满足它自己的需要而工作的工人，庄园就是一个领主的组织，是庄园法制度的构成部分。货币经济时代以授予市场特许权作为开端。大土地保有者发现，在他们的土地上开发市场对他们有利，因为他们能够向商人收取税费。因此对于先前只是为领主的需求缴纳强制性捐费的手工业者来说便产生了一个市场机会。接下来的发展阶段是城镇。它通常都是建立在皇帝对王族或领主所赐予的特许权的基础之上，他们则利用这个特许去雇佣依据庄园法服从于他们的手工业者，将他们作为地租的来源。因此，这一理论主张，王族或领主出于他们具有军事性质的政治意图或出于他的家庭目的，应该把行会组织强加于手工业者。因此，行会是城

---

① 施穆勒（Schmoller）是这一理论的主要提倡者之一；参见其著作《斯特拉斯堡的纺织行会》，斯特拉斯堡，1878—1881 年版。

镇领主的最初的官方组织。现在，第三阶段开始——行会融合期。进入了这个庄园法组织中的手工业者联合了起来，并且在通过为市场进行生产的方式获得了资金之后，在经济上获得了独立。于是，他们开始争取市场和自治权，在斗争中行会越来越成功，而领主因为货币经济的引入则最终被剥夺了所有权。

总体来看，这个理论不堪一击。它没有充分考虑到以下事实：城镇的领主——也就是司法领主——是一种和土地领主不同的官职人员，并且城镇的建立通常在某些方面是与司法权被转移给被赐予了城镇特权的那些人息息相关的。司法领主借由他作为公共法官的权力，将土地领主和人身君主加于依附者的类似的东西加诸处于他司法管辖之下的人。司法领主的确受制于某些限制，因为他必须通过尽可能地减轻负担来努力吸引定居者。作为这一司法权的结果，我们经常发现权力持有者享有依附者的强制服役，就像之前只需提供给人身君主的那些服役一样。因此租地继承税和领主所继承的份额并不总是人身奴隶的确定标志；城镇领主同样从解除了奴隶身份或从强制土地服役解脱出来的人那里获得这些感谢。因此，对于承担着这些负担的手工艺人，不一定可以将他们的发展回溯到我们所讨论的司法领主的个人宗主权。

更不具备合理性的是这一假设：行会通常从庄园法发展而来。事实上，在同一个城镇，我们既可以发现很多独立的庄园，又能看到之后发展成为行会的排他性统一体的倾向。绝不能下定论，认为这些庄园中存在一个庄园的习惯法就是这一统一体的基础。通常，地域领主甚至会尽力去阻止他们的手艺人依附者加入行会。因为，先于行会出现的联合体——比如说，兄弟会——能发展成为行会这一点并不是明确的。兄弟会是宗教团体，然而行会在起源上却是世俗的。我们确实知道很多宗教团体后来成了具有世俗特征团体的萌芽的例子，但是我们能看到，行会最初是非宗教性的，并且只有在中世纪后期，尤其是在基督圣体节游行出现之后才宣称自己具有宗教职能。最后，庄园法理论过高估计了一般地域领主的权力。在他们的权威没有和司法权结合时，他们掌握的权威其实是相当小的。

地域主权在工业发展和行会起源中真正的贡献，在于另外的领域，而非庄园法理论以为的那样。与市场特许权、将有技艺的手工艺人与家庭和氏族分离开来这一古代传统相关，地域主权有助于在家庭和氏族团体以外产生有技艺的个人工匠。因此它是阻碍西方朝向家庭、氏族和部落工业——就像在中国和印度发生的那样——发展的因素之一。造成此结果的事实是：古代文明从沿海移向了内陆。内陆城镇就此产生，作为具有地区专门化、为当地市场进行生产的手工艺人团体的据点，并代替了种族团体间的交换。宅庄经济发展了受过训练的手工艺人。作为这些人开始为市场进行生产的结果，承担着人头税的工人会集到了城镇，并且将为市场进行生产发展成了一种生产类型。行会发展了这一趋势，并且帮助它成了占主导的方式。在行会还未胜利或根本还未产生的地方，家庭工业和部落工业仍然存在，就像俄国的情况一样。

在西方到底是先存在自由手工艺人还是非自由手工艺人这个问题，不可一概而论。确实，非自由手工艺人比自由手工艺人要更早地出现在记载中。另外，刚开始，手工艺人只有很少几个种类；在《萨利克法典》(*Lex Salica*)中，只出现过"工匠"一词，它指的可能是铁匠或木工，或任何其他类型的工匠。在欧洲南部，自由手工业者早在六世纪就被提及，在北部则是八世纪，从加洛林王朝时期开始他们出现地更为普遍了。

但恰好相反，行会最初是出现在城镇里的。为了清楚捕捉到行会的起源，我们必须设想如下事实：中世纪城镇的人口组成是混杂的，并且它的特权不仅仅赐给了具有自由血统的阶层。大部分居民都是非自由的。我们能发现，提供给城镇领主的强制性服役，看起来与地域领主权或人身领主权相似，但并不能证明城镇领主与城镇居民之间具有奴役关系。无论如何都可以确定的是，相当一部分城镇手工艺人，也可能是绝大多数，的确都是来自非自由阶层，只有为市场进行生产的人，以及作为计件工人出售这些产品的人，其身份才被承认为商人——技术上来说与市民同等的一份工作。同样可以确定的是，大量手工艺人最初都处在被保护的关系中，最终，只要手工艺人还保持着非自由身份，则必须服从于领主的司法权，虽然这只针对需要获得领主法庭许可的事情。因此，只要他仍在庄园内拥有土地持有权并且义务提供封建性土地服役，那么他就需要服从于领主司法权。市场事务不适用于领主法庭，而是属于市长或市政法庭的司法管辖范围，手工艺人又一次服从于这一法庭的管辖，这不是因为他是自由或是不自由的，而是因为他是商人，并且参与城镇事务。

在意大利，行会似乎从罗马时代晚期起就一直存在了。相比之下，在北方，行会从未出现，因为北方的法律并非建立在司法领主特许之上，而只有司法领主才能执行那些维持行会生活所必需的强制性任务。显然，各种类型的私人联合体先于行会存在，并且实际上我们对行会起源问题的了解也仅止于此了。

最初，城镇领主保留了一些对抗行会的权力；尤其是，他们为了城镇要求行会提供某些具有军队性质和经济性质的服役作为税费，他们坚持任命行会的首领，并且基于生存政策、治安和军事的考量，通常会深度控制着行会的经济事务。所有这些城镇领主的特权之后都被行会获得了，这要么是通过革命的方式，要么是通过给予所有者补偿而买下他们的权利的方式。一般而言，他们从一开始就进行着一场斗争。他们的斗争最初是为了获取选择自己的领导者、制定他们自己的法律的权力，否则他们将不能够实施他们的垄断政策。至于行会的强制成员制，他们通常能畅通无阻地达成他们的目标，因为它也符合城镇领主自身的利益。他们的斗争还是为了将他们自己从所承受的负担中解放出来——强制服役、付给城镇领主或者城镇议会的捐税、人身的免役税和土地的免役税、普通税费和要求他们支付的租金。斗争的结果往往是行会把所承受的负担转换成了固定的货币捐税，缴纳这一捐税被认为是整个团体的义务。早在 1099 年，美茵茨的织工为了从封建捐税中解放出来所进行的斗争就获得了支持。最后，行会的斗争还是为了反抗保护关系，尤其是反抗法庭上他们被保护人代表，通常还为了获得与上层阶层家庭的政治平等。

赢得了这些斗争的胜利以后，行会具体的生存政策开始倾向于建立行会的垄断。首先对此表示反对的是消费者。他们不是有组织的，就像今天和一直以来的那样，但是城镇或王族可以是他们的捍卫者。他们两者都对行会垄断设置了有力的阻碍。为了更好地向消费者提供供给，城镇通常都保留了不考虑行会的意见而任命自由师傅的权力。另外，城镇将食品工业置于大规模控制之下，通过建立起市政屠宰场、肉市场、磨坊和烤炉，并强加给手工艺人使用这些设施的义务的方式。这一管制更容易推行下去，因为早期行会的运行完全不使用固定资本。另外，城镇也为了让自己的权力凌驾于行会之上，通过固定价格的代理机构而进行斗争，为此他们还设置了与行会的最低工资和最低价格相对立的最高工资和最高价格。

另外，行会还面临着与之对抗的其他的竞争。在这一类别下包括了大土地地产之上的手工业者，尤其是在乡村和城镇的修道院中的那些。与被军事因素阻碍的世俗领主相反，修道院得益于他们合理的经济秩序，可以设立最多种类的工业机构，也可以积累巨大的财富。就他们为了市场进行生产而言，他们和行会之间进行着明显的竞争，并且输得极为惨烈。甚至在宗教改革时期，修道院的工业工作的竞争都是驱使市民站到路德这一边的一个因素。另外，斗争被用来反对的主要是乡村的手工艺人，既有自由的也有不自由的、定居的和流动的工人。在这场斗争中，商人通常都与乡村手工艺人站在一起来对抗行会。结果依然是家庭工业和部落工业大规模的崩溃。

行会的第三个斗争针对的是劳动者，对抗的是那些还没有成为师傅的人，这一斗争开始于行会着手以任何形式限制师傅数量，或关闭行会，或提高成为师傅的门槛时。与这一点相关的是，行会禁止以自己个人的名义而不是以师傅的名义进行工作；禁止在个人自己的住所工作——因为帮工不能被控制或服从于家庭纪律；最后还有禁止帮工在成为师傅前结婚，这一禁令不能被执行，并且已婚的帮工阶层还十分普遍。

行会与商人，尤其是零售商进行斗争，这些商人符合城镇市场的需求，并且会从最便宜的地方进货。与和偏远地区进行的贸易相比，零售贸易几乎不用冒任何风险，并且还能获得更安全的利益。以商人成衣匠构成其典型阶层的零售商，是乡村手工艺人的朋友和城镇手工艺人的敌人，他们和行会之间的斗争，是中世纪已知的斗争中最激烈的之一。

在与零售商斗争的同时，各个行会内部和不同行会之间也存在斗争。这些斗争最初产生的情况是，拥有资金的工人和没有资金的工人出现在同一个行会之中，这为无产者成为有产成员的家庭工人提供了一个契机。相同的情况存在于同一个生产过程之中的富有行会和几乎没有资金的行会之间。这些斗争在德意志、佛兰德斯和意大利都造成了流血的行会革命，然而在法国只有一个行会发动了革命；在英国，在没有暴力革命行动的情况下就完全实现了向资本主义家庭工业制的转变。这种斗争出现的领域是：划分生产过程的方式是横向的而不是以产品为基础的。这在纺织业尤其典型，其中织工、漂布工、染工、裁缝等同时存在，在此即出现了一个问题：这些单个生产过程中的不同单元或阶段中的哪一个，会强迫别的单元或阶段放任它控制市场，会强迫他们放弃丰厚利润的机会并成为其家庭工人。漂布工通常是胜利者，强迫其他工业部门允许他们购买原料、加工并将成品拿到市场上进行售卖。在其他情况下获得胜利的则是整理工或织工，在伦敦则是裁缝，他们强迫生产过程中之前的阶段成为他们的雇佣人员。在英国，结局是，行会内富有的师傅不再从事任何和手工艺相关的工作。斗争通常以妥协作为结束，之后再重新开始，持续至某一个生产阶段赢取市场。索林根事件的过程就是一个典型的案例。铁匠、刀剑磨洗工、磨光工在长时间的斗争之后，于1487年缔结了一项契约，据此，所有这三个工种的行会都保留了进入市场的自由。然而，最后还是磨洗工行会获得了控制权。斗争的最普遍结果是，生产的最后一个阶段获得了市场，因为处于这一环节才最容易了解市场需求。在某些最终的成品尤其享有市场青睐的情况下，这种情况最为常见。因此在战争时期，马具商极其容易将皮具工置于他们的权力之下。或者是，拥有最多资本的环节成为胜利者，使用了最昂贵生产工具的人成功地强迫了其他人为他提供服务。

第十一章　行会的解体和家庭工业制度的发展 [1]

行会的解体，发生在中世纪结束之后，并沿着几条不同的路线进行。

1. 行会内的某些手工艺人上升成了商人和家庭工人的资本主义雇佣者，例如代理商。拥有可观的投资资本的师傅购买原料、把工作交给为他们进行生产的行会同伴、售卖成品。行会组织努力对抗这种趋势，但是，这依然成了英国行会发展的典型过程，在伦敦尤其如此。尽管行会民主制竭力反对"老一辈人"，但是行会仍转变成了"同业公会"，即交易者的行会，在其中唯一的完全成员是那些为了市场进行生产的人，然而那些沦为工资工人和为他人进行生产的家庭工人的成员，却失去了他们在行会的投票权和他们对行会的控制份额。这一变革最初让技术上的进步成为可能，但是行会民主制的统治也意味着技术进步的停滞。在德

---

① 一般参考文献：施穆勒（Schmoller），见第十章的注释；艾布拉姆（A.Abram）《十五世纪的英国社会》，伦敦，1909 年版，第1—21、117—130 页；昂温（G.Unwin）《十六和十七世纪的工业组织》，伦敦，1904 年版；马丁·圣利昂（E.Martin-Saint-Léon）《手工业组织史》，巴黎，1909 年第 2 版；豪赛尔（H.Hauser）《昔日的工人》，巴黎，1906 年第 2 版。

国我们没有发现这种发展进程，在此，如果一个手工艺人成了一个雇佣者或代理商，他就会换一个行会，加入店主、商人裁缝、警员的行会，或是上层进出口商人的行会。

2. 一个行会的发展可能以另一个作为代价。就像我们在很多行会中发现了从事贸易的师傅，其他行会则完全转变成了商人行会，强迫其他行会的成员成为他们的雇佣工人。在生产过程被横向地划分的地方，这一发展路径是可能的。这样的例子出现在英国——商人裁缝——和任何其他地方。行会为了独立于其他行会而进行的斗争尤其充斥于十四世纪。通常两个进程同时发展；在个别行会里，某些师傅上升成为贸易者；同时，许多行会成了贸易者的组织。这些事件的征兆通常是行会的合并，它在英国和法国发生，但不见于德国。它的发展路径的反面表现为行会的分裂和贸易者的联合，这在十五到十六世纪尤为普遍。在漂布工、织工、染色工等行业的行会之中的交易者组成了一个组织，并且共同管理着整个工业。不同性质的生产过程以小型作坊工业的规模联合了起来。

3. 在原料十分昂贵，并且原料进口需要大量资金的地方，行会则依赖于进口商。在意大利，丝绸为这种发展提供了机会，比如在佩鲁贾，还有北部的琥珀也是类似的情况。新的原料同样可能提供发展动力。棉花就以这种方式发挥作用，只要它成为一般需求物，发料加工制的企业就会随着行会或通过行会的转变得以产生，就像在德国，富格尔家族就在这一发展中起到了重要的作用。

4. 行会的发展可能依靠于出口商。只有在工业开端，家庭或部落单位才能够兜售他们自己的产品。此外，只要一个工业完全或者在极大程度上以出口为基础，那么代理商就必不可少；个体的手工业者在面对出口需求的时候则无能为力。然而，商人不仅仅拥有必要的资本，同样还有市场运营的必要知识——并且把他们当作商业机密。

纺织业坐上了家庭工业制的头把交椅。这里，它的起点要追溯到中世纪早期。从十一世纪开始就存在着羊毛业和亚麻布业之间的斗争，并且在十七世纪和十八世纪斗争存在于羊毛业和棉布业之间，每场斗争都是后者取得胜利。查理曼大帝除了亚麻布什么也不穿，但是之后，随着去武装化程度越来越高，羊毛的需求增加了，同时随着森林的开垦，皮货业消失、皮货价格也持续上涨。羊毛产品是中世纪市场中主要的商品。它们在任何地方都承担着主要角色，不论是在法国、英国还是意大利。羊毛总是在乡间进行部分的加工，但是却成了中世纪城市兴盛和经济繁荣的基础；佛罗伦萨革命运动的领袖就是羊毛工人的行会的队伍。在这里，我们又发现了早期发料加工制的痕迹。早至十三世纪，独立的羊毛代理商就在巴黎为香槟博览会的常设市场工作。一般来说，我们最早是在佛兰德斯发现了这个制度，之后才是在英国，是佛兰德斯的羊毛业唤起了英国羊毛的大规模生产。

事实上，羊毛以生羊毛、半成品和成品的形式决定了英国工业历史的进程。早至十三、十四世纪，英国出口的是羊毛和羊毛半成品。在染色工和成衣利益集团的推动下，英国羊毛工业最终转变成为以出口成品作为基础。这一发展的特殊特征是，它通过乡村织工和城镇商人导致了家庭工业制的兴起。英国行会主要成了贸易行会，在中世纪的最后时期，行会还让乡村手工艺人加入其中。同时，服装制造商和染色工在城镇里定居下来，织工则定居在乡村。在城市的贸易行会中，最终爆发了染色工和服装制造商作为一方、出口商作为另一方的斗争。出口资本和商人—雇佣者资本被区分开，并且在伊丽莎白时期和十七世纪因为双方在羊毛行业的利益冲突而爆发了斗争，然而，雇佣者资本同样也必须与手工艺行会作斗争；这是工业资本和贸易资本之间的第一次冲突。这一情况，成了英国所有大工业的特征，并导致英国行会完全被排除在生产发展的影响因素之外。

英国和法国接下来的发展路线与德国的并不相同，这是资本和手工艺行会之间关系不同而产生的结果。在英国和法国，尤其在法国，向家庭工业制的转变是普遍发生的现象。在没有引起来自上面的干涉的情况下，对这种转变的抵抗便自动停止了。作为结果，在十四世纪之后的英国，小型的师傅阶层代替了工人阶层。在德国，情况恰恰相反。在英国，上述这些发展也就意味着行会精神的解体。在我们能发现不同行会合并、结合的地方，推动力都是来自没有被行会限制所约束的贸易阶层。他们在行会内进行联合、排除掉不拥有资本的师傅。因此，行会在形式上维持了很长一段时间；归根到底只是富有权贵的组织的伦敦的选举权，就是行会的遗留。

在德国，发展则以相反的顺序进行。在这里，因为生存政策的领域日益缩紧，再加上政治考量的影响，行会越来越成为一个封闭的组织。在英国欠缺的是城镇的特殊主义，但是它其实主导着德国整个的经济历史。德国城镇尽可能久地追求着一种独立的行会政策，甚至在它被纳入了王族的地域国家之后依然如此。相反，城镇的独立经济政策在英国和法国早已终止了，因为它们的自治权已经被收回。英国城镇找到了可以前进的道路，是因为他们在议会中得到了席位，并且在十四、十五世纪——与之后的时代相反——代表们的绝大多数都来自城市圈层。在英法百年战争时期，议会决定了英国政策，并且汇集在那里的利益追求的是一个合理的、统一的工业政策。在十六世纪，统一的工资标准被固定了下来，调整工资的权力从治安官手中被夺走，交给了中央当局。这一政策减轻了进入行会的困难，也是资本主义贸易阶层——他们在行会中占主导地位并且把他们的代表送上了议会——掌控着局势这一事实的表现。在德国，被兼并在区域公国之中的城镇控制着行会政策。确实，王族出于和平和秩序的考量而管制着行会，但是纵观全局，他们的管制方式很保守并且执行起来与行会的旧政策别无二致。结果，在十六和十七世纪的关键时刻行会仍然维持着它们的存在；它们能够封闭它们的组织，并且当被释放的资本主义力量流经了英国和荷兰，甚至以较弱的势力流经了法国时，德国仍停留在幕后。在中世纪结束之际和现代开端之际的早期资本主义运动中，德国远远落后于领先者，与几个世纪以前的封建主义发展中的情况相反。

另一个典型的分歧在于社会压力的区别。在德国，从中世纪结束之际开始，我们在帮工之间发现了联合、罢工和革命。在英国和法国，这些却出现得越来越少，因为居家工作的小师傅越来越倾向于明显的独立，并且他们可以直接为代理商工作。相反，在德国这种明显的独立是不可得的，因为这里并不存在家庭工业，并且行会的封闭在师傅和帮工之间建立起了一种敌对关系。

西方前资本主义的家庭工业不是统一从手工艺组织发展而来的，这一发展甚至都找不出普遍的规律；它在德国发展的程度最低，在英国则有一个大得多的发展。然而，由于乡村手工业者代替了城市手工艺人，或者由于新原料——尤其是棉花——的引入而产生了工业的新类型，它尤为普遍地和手工业工作一同存在，手工艺尽可能长时间地对抗着发料加工制，并且在德国这一对抗持续的时间要比在英格兰和法国的更长。

家庭工业制发展的典型阶段如下：1.代理商和手工艺人之间纯粹的实际上的购买垄断。这种关系通常是通过债务关系建立起来的：代理商强迫工人将产品只交给他们一方，因为他作为商人了解市场。因此购买垄断与售卖垄断和代理商掌握了市场相关。只有他自己知道产品的流通最终会停留在何处。2.原料由代理商交付给工人。这一情况出现得很普遍，但是从一开始就与代理商的购买垄断无关。这一阶段在欧洲很普遍，但是很少出现在其他地方。3.对生产过程的控制。代理商之所以对生产过程有兴趣，是因为他对产品质量的一致性负有责任。结果，将原料交付给工人通常与半成品的交付有关，就像在十九世纪，威斯特伐利亚的亚麻织工必须加工规定数量的经纱和纬纱。4.不是十分罕见，但也并不十分普遍的阶段，是由代理商提供工具。这种做法在英国从十六世纪开始流行，然而在欧洲大陆上它传播得更加缓慢。一般而言，这种关系只是局限在纺织业。布商大规模地订购织布机并将这些机器转租给织工使用，因此工人完全脱离了生产工具，同时企业主在尽力垄断对产品的处置权。5.有时，代理商在生产过程中会将少数几个步骤合并。这同样不是特别普遍，并且仍最有可能发生在纺织业。代理商购买原料并将原料分发给个体工人，产品在制成以前则一直留在工人手中。当达到了这一阶段时，手工业者就再一次有了师傅，而他们也就与地产上的手工艺人的意义完全相同，但是，工人领取的是货币工资，并且为市场进行生产的企业家取代了贵族家庭。

发料加工制能维持如此之久的原因在于固定资本的不重要性。在编织中，固定资本仅仅包含了织机；在纺纱中，在机械的纺纱机器被发明之前，固定资本更不具备价值。资本仍为独立工人所有，并且它的组成部分是分散的，并不像现代工厂里一样集中，因此并不具有特别的重要性。虽然家庭工业制在全球广泛传播，然而在西方世界以外很少有地方能达成这一最后阶段——由代理商提供工具并且在不同阶段指导具体的生产。据了解，没有任何关于这一制度的遗迹从古代留存了下来，但是在中国和印度它却至今犹存。在家庭工业制统治的地方，手工艺人可能仍然在形式上持续存在着。甚至带有帮工和学徒的行会也保留了下来，虽然已经丧失了它最初的意义。这一制度要么成了家庭工人的行会——不是现代劳动组织而最多只是这种组织的先驱——要么在行会内部出现了工资工人和师傅的分化。

在对非自由劳动力的资本主义控制形式中，我们发现家庭工业在全球广泛传播，就像庄园工业、修道院工业和寺庙工业一样。作为一个自由制度，家庭工业与农民的工业工作息息相关；耕种者逐渐成了为市场进行生产的家庭工人。尤其在俄罗斯，工业发展正是遵循了这一进程。手工业者最初仅仅是把农民家庭盈余的产品带入市场，或者通过第三方兜售它。此处我们便看到了一个并不朝向部落工业发展，而是转向了家庭工业制的乡村工业。东部和亚洲的情况如出一辙。确实，东部被集市制度有力地规范了，在其中手工艺人的工作场所与他的住所相区隔，并且与一般的集中化的市场紧密相连，以便尽可能地防止对商人的依赖；在某种程度上，这代表了中世纪行会制度的强化。

还存在着城市和乡村手工业者对雇佣者的依赖。中国尤其为此提供了一个范例，虽然氏族出售它成员的产品，但是它与氏族工业的联结却阻碍了家庭工业制的发展。在印度，种姓制度妨碍了商人对手工艺人的完全征服。直到近代，印度的商人都无法获取其他地方的商人所能获取的生产工具，就是因为这些工具在种姓中是世袭的。即便如此，家庭工业制依然以原始形式在这里得到了发展。与欧洲相比，这一制度在这些国家发展很迟缓的最后且根本的原因在于，非自由工人的存在以及中国和印度不可思议的传统主义。

第十二章 作坊生产、工厂和它的先驱 [①]

作坊生产意味着家庭和工业的分离。与家庭工作相反，作坊生产在历史进程中表现出多种多样的形式。

形式如下：1.独立的小作坊。这些小作坊存在于所有时间、所有地点；集市制度尤其依赖于家庭与工业的分离，因为它需要把许多工作作坊聚集在一起以便于共同工作。2.工作间。它同样是普遍存在的，它在中世纪的名称是制作所，这是一个非常模糊的术语，可能指的是被一伙工人租用，拿来当成作坊的地下巢穴，或者是因为有专利权而强迫工人必须在工资工作中对其进行使用的一种庄园设施。3.大规模的非自由作坊工业。它频繁出现于一般性的经济史中，并且似乎在古埃及晚期尤其得到了发展。毫无疑问它于法老的巨大地产上蓬勃兴起；似乎还从中发

---

① 一般参考文献：勒瓦瑟（E.Levasseur）《法国工人阶级史》，第 2 版，共 2 卷，巴黎，1900—1901 年 [英文简译本，艾格纳丝·伯季兰（Agnes Bergeland）《法国工人阶级史》，芝加哥，1918 年版]；泰勒（R.C.W.Taylor）《工厂制度史导论》，伦敦，1886 年版；索勒尔德·罗杰斯（Thorold Rogers）《六百年来的劳动和工资》，伦敦，1912 年第 2 版；桑巴特（W.Sombart）《现代资本主义》，共两卷，慕尼黑和莱比锡，1921 年第 4 版。

146

展出了进行工资劳动的独立作坊。希腊化时代晚期埃及上层中的一些棉花工作作坊，可能就是首批此类机构，但是在得到拜占庭和伊斯兰的资料之前并不能下最后的论断。有可能这种作坊在印度和中国也存在，而俄罗斯的作坊则最为典型，虽然在这里它们是作为对西欧工厂的模仿而出现。

在更早期的学者之中流行着对工厂和手工工场之间的区分，包括卡尔·马克思也如此认为。手工工场被形容为进行着自由劳动的作坊工业，不使用任何机械力量而只利用聚在一起的、有纪律的工人。这一区分是偶然的并且值得怀疑。工厂是使用自由劳动力和固定资本的作坊工业。固定资本的组成并不重要，它有可能是由非常贵重的马力或水磨组成。关键的事实在于，企业主运作固定资本，而与此相关的资本会计制必不可少。因此在这个意义上的工厂意味着生产过程中的资本主义组织，例如：利用固定资本和资本主义会计制，在工作作坊中进行专门化工作和协作工作的一种组织。

在这个意义上说，工厂的出现和存在，在经济上的先决条件是大量且稳定的需求——也就是，某种市场组织。不规律的市场对企业主来说是致命的，因为随之而来的风险也会降临在他的头上。比如说，如果织机为他所有，那么当情况并不乐观时，他在遣散织工之前还必须要考虑到织机的成本。他考虑进入的市场，必须足够大同时也相对稳定；因此一定量的货币购买力是必需的，并且货币经济的发展必须已经达到了相应的阶段，如此才能有一定的需求可供依赖。另一个先决条件是技术生产过程相对不能太昂贵。这一先决条件被暗含在有关固定资本的事实中，即固定资本就要求了企业主即使在情况不乐观的时候也要维持他的企业继续运转；如果他只雇佣劳动力，比如，将织机闲置，那么风险就被转移给了工人。再一次，为了找到稳定的市场，企业主必须要比在家庭工业中利用传统技术时和利用发料加工制时更廉价地进行生产。

最后，工厂的发展被自由劳动力充足供应这一特殊的社会先决条件所制约；它不可能建立在奴隶劳动的基础上。只有西方才达到了运营现代工厂所必需的自由劳动力的数量，因此也只有在这里工厂制度才能够发展。在英国这一后期工厂资本主义的典型国家，广大的自由劳动力是通过夺佃运动产生的。由于它海岛的位置，英国并不依赖于庞大的国家军队，而只需依赖于训练有素的小型专业军队和应急部队。因此保护农民的政策从未在英格兰出现过，并且它还成了夺佃运动的典型的国家。因此，被投入市场的劳动力使得首先是家庭的小师傅制度，其次是工业和工厂制度都具备了发展的可能。早在十六世纪，英国就出现了失业大军，使得它必须去处理贫民救济问题。

因此，当作坊工业在英国可以说是自然而然地兴起，在欧洲大陆上它却必须被国家刻意地培育产生——这一事实部分地解释了为什么与欧洲大陆相比，英国所记录的工作作坊起点的信息相对贫乏。十五世纪末期，德国工业机会的垄断导致了民生政策的领域不断缩窄，并使得贫民问题日益紧急。结果，首个工厂作为救济穷人、提供工作的机构而产生。因此，作坊行业的产生是那个时代用经济指令来供养人口的能力的体现。当行会不再能够为人们提供必要的谋求生存的机会，向作坊行业的转变则具备了可能。

西方工厂制度的前兆。——运营手工业行会的工业不使用固定资本，因此并不需要大量的开办成本。但是即使在中世纪也存在着需要一笔投入的生产部门。创办工业所需要的资本，要么通过行会集体提供，要么由城镇，或封建形式下由领主提供。在中世纪以前、欧洲以外，这些生产部门是地产经济的附属产物。与行会内组织起来的手工业工作同时存在的还有工作作坊，它的设备包含着以下几个类型：

1. 不同种类的磨坊。面粉磨坊最初是由领主建立的，这里的领主要么是土地领主要么是司法领主；水磨坊尤其如此，领主借由对水资源的掌控获得了对它的控制权。这一类工作作坊是典型的符合专利权，或被称为合法的强制使用的项目，没有这一权力它们都不可能存在。它们中的大多数都被地区统治者所有；勃兰登堡侯爵 1337 年在诺伊马克拥有的磨坊就不少于 56 家。磨坊很小，但是建造它们依然超出了个人磨工的经济能力。还有一部分的磨坊为城镇所得。它们通常会被王族或城镇出租，租约通常也都是世袭的；磨坊的运营通常以零售为基础。上述情况也都适用于锯木、榨油、漂布等领域的磨坊，同样还有面粉厂。有时，地域领主或者城镇把磨坊出租给城市家庭，由此产生了磨坊贵族阶层。在十三世纪末期，在科隆拥有 13 个磨坊的一些贵族家庭组织起了一个协会，按照固定的份额分发利润；这一组织与股份公司不同，其原因在于磨坊是被租用出去的，也就是，被用作资金的来源而使用。

2. 炉灶。在这一方面，同样只有那些属于封建地主、修道院、城镇或王族的炉灶，才能产生足够多的收益让他们在技术上继续精进。最初，建造炉灶是为了满足所有者的家庭需求，但是之后它们也用于出租，并且专利权又再一次产生。

3. 啤酒厂。大多数啤酒厂最初都是由封建地主建立，并且服从于专利权，虽然它们本来是要满足地产自身的需求。之后，王族建立起啤酒厂将之作为封地，并且一般而言他们也让对这种设备的管理成为获得特许权的一个名目。一旦啤酒开始大规模销售，啤酒厂的发展便接踵而至并且可能带来风险：太多距离太近的啤酒厂会无法产生税收收益。因此在城镇里出现了市政的啤酒禁令——供家庭饮用的酿制除外——并且从一开始就打算成为一个世袭产业；如此啤酒厂就在为市场进行生产的基础上被建立起来了。对啤酒厂的强制使用是贵族的一项重要权力。随着酿制啤酒技术的进步、啤酒花的增加以及利用更强的酿造来制备"浓啤酒"，啤酒厂立马具有了专门性，不同种类的啤酒需得由不同的个人贵族市民进行酿制。因此酿制啤酒的权力只属于那些已经发展出了最完备的技术的贵族家庭。此外，也存在着自由酿制的权力，每一位拥有这一权力的市民都被授权可以在已建成的啤酒厂中随意进行酿造。因此，在啤酒酿制工业中我们也同样发现了不利用固定资本但是进行集体运营的企业。

4. 铸铁厂。这些厂在火炮引入之后具有了极高的重要性。意大利先于其他西方国家拥有了它的炮工厂。最开始，铸铁厂是市政的机构，因为城镇是最先使用大炮的单位，正如我们所知，佛罗伦萨就走在前列。从城镇那里，地区王族的军队接管了大炮的使用权，接着又产生了国家铸铁厂。然而，没有一个市政的或国家的铸铁厂是资本主义的企业，而是不使用固定资本、直接为满足所有者的军事政治需求而进行生产的机构。

5.锤式粉碎机。这些都是随着铁加工的合理化产生的。但是其中最重要的企业在采矿、冶炼和制盐领域发挥着作用。

所有目前为止提及的这些工业都是由集体而非以资本主义方式进行运营的。具有私有经济特征的企业对应于资本主义的第一阶段——也就是由单个所有者拥有工作地点、工具、原料，因此相对于现代工厂，它只欠缺了大机器和机械动力，它偶尔出现于十六世纪，甚至可能是十五世纪，但是显然在十四世纪并不存在。在最初出现的企业中，工人都集中在一个房间里，他们的工作要么完全不存在专门化，要么只存在有限的专门化。这些特别像工作间的工业长久以来一直存在着。在这里讨论的这些工业却与工作间不同，因为这些工业使用的是"自由"的劳动力，虽然强制穷人工作这一做法从未缺席。被这类企业束缚的工人没有任何选择，因为他们完全不可能为自己找到工作或者得到工具，后来，借由穷人救济的政策，通过武力强迫大家进入企业的方法被采纳。

这种作坊，尤其是纺织业作坊的组织结构，十六世纪的一首诗歌为我们描述过。两百台织机聚集在一个工作房间里，这些织机都属于拥有这一企业的企业主，他还提供原料，并且产品都归他所有。织工为了工资工作，孩子们也作为工人和帮手被雇佣。这是联合劳动的首次出现。为了为这些工人提供伙食，企业主保留了粮食供应工人、屠夫、面包师，等等。人们面对这个工业像面对世界奇迹一样感到惊异，甚至国王还对它进行了参观。但是在1555年行会的紧急请求下，国王禁止了这样的集中。这种禁令应该被发布，因为它就是那个时代经济情况的特征。早在十八世纪，仅仅基于工业政策和财政情况，国家就不再考虑对大型工业企业进行压制了。但是在更早的时期，它仍是可能的，因为从外部看来，在上述工业制度和家庭工业制之间的整个区别，就是织机被聚集在所有者的房屋内。这一事实对企业主来说意味着很大的优势；有纪律的工作首次出现了，它使得控制产品的一致性和出产数量成为可能。对于工人来说这一事实则意味着不利的情势——这在现在仍然是工厂工作的可憎的特点——工人要在外部条件的限制下被强迫进行工作。与企业主能够控制工作的优点相对的，是企业主承受的风险的增加。如果他作为布商把织机分发出去，那么因为一些自然灾害或人为暴力一举将它们全部摧毁的机会要比它们全都集中在一个房间里的小得多；另外，怠工和劳动力造反这些情况也不能被轻易地用来对付企业主。总而言之，这一安排整体上代表的只是将小型工业单位聚集在单个作坊内；为此在 1543 年的英国，发布反对保有两台以上织机的禁令是很轻易的；因为会被摧毁的最多只是工作间，而不是具有专门化、协同工作和自由工人的组织结构。

新的变革的趋势首先出现在技术专门化、工作组织，还有同步利用非人力的动力资源这些领域。在内部具有专门化和协作的企业在十六世纪仍然是一种例外的存在；但是在十七到十八世纪，建立起这种企业的努力则已经颇具典型性了。所谓非人力的动力资源，首先想到的就是动物力量，即畜力；接着是自然力量，一开始是水力，然后是空气动力；荷兰风车最初就是被用来排出低田的积水。在作坊内的劳动纪律与技术专门化和协作、同步利用非人力的动力资源相结合的地方，我们所看到的就是现代工厂。这一发展的推动力来自矿业，它也是将水作为动力资源进行利用的首个工业；也正是矿业为资本主义发展的进程提供了动力。

就像我们已经看到的，从工作作坊工业转变为运用固定资本的劳动专门化和协作的先决条件，是最低程度上的稳定市场的出现，当然也需要伴随着一些其他条件。这样就解释了以下事实：我们首先看到的具有内部劳动分工和固定资本的专门化的工业是为了满足政治需求进行工作的工业。它最早的前兆是中世纪王族的造币工场；为了便于控制，这些工场必须作为封闭的企业进行运营。被称为"家庭伙伴"的造币者利用非常简单的工具进行工作，但是这一布局却是一种具有高度内部劳动专门化的工坊工业。因此我们在这里发现了后来工厂的个别范例。随着技术的进步和组织规模的增加，这种企业被建立起来在很大程度上是在制造武器领域，但是一旦政治统治者要为军队提供制服这一规则逐渐成立，武器工场也会将制作制服的项目囊括其中。制服的出现是军事服装大量需求的结果，相反，武器工厂工业只有在战争创造出了这一市场之后才有可能出现。最后，在同一类别之下，有时也排到第一的，仍然是为满足战争需求进行生产的其他工业，尤其是火药工厂。

可以提供稳定市场的，除了军队还有奢侈品需求。这就需要制作壁饰挂毯和织锦的工厂，这些挂毯和织锦在十字军东征之后在王族宫廷中开始变得普遍，仿造东方的用法被用来装饰原本裸露的墙壁和地板。同样也有金器和瓷器——按照中国皇帝的工作间模式建立的西方王族的工厂；窗玻璃和镜子、丝绸、丝绒和细布也十分常见；肥皂——这是出现得比较晚的，古代为了达到这个目的使用的都是油——还有糖，这一切都供社会最高阶层的人使用。

这种工业的第二个类别，是通过模仿为有钱人进行的生产完成奢侈品的普及化并满足更广大人群的奢侈品需求。那些不能拥有壁式挂毯或购买艺术商品的人糊墙使用的只是纸，因此墙纸工厂在早年就产生了。同属这一类的还有发蓝处理、上浆硬化、菊苣花纹制作的工厂。大众获得了能够替代上流人士所使用的奢侈品的物品。所有这些产品，除了最后提到的这一类，它们的市场在起初都非常有限，只有拥有城堡或类城堡建筑的贵族才会购买。因此这些工业中除了以垄断权和政府特许权作为生存基础的那些，其余的都无法存活下来。

新工业的法律地位相对于行会来说是非常不安全的。它们与行会精神相敌对，因此被行会怀疑。虽然它们没有被国家维持或得到补助，但是它们至少试图从国家那里获取明确的特权和特许权。而国家授予它们权力也是基于各种理由——为了保证贵族家庭的供给需求，为了支撑那些不再能从行会得到支持的人的生存，最后也是出于财政考量，为了增强国民的纳税能力。

因此在法国，弗朗西斯一世建立了圣艾蒂安（St-Étienne）兵工厂和枫丹白露的挂毯厂。从此为满足公共需求和上流社会奢侈品需求的一系列享有特权的皇家制造厂开始出现。于是，法国的工业发展在科尔伯特时代以另一种形式启程。鉴于行会的特权并不总能扩展到它落脚的整个城镇这一事实，在这里，国家的建立工厂的步骤就像在英国一样通过准许免于加入行会而被简化。例如，巴黎相当大部分的区域都处于行会司法权之外，因此现代工厂的前兆能被建立在这种"中央特权"之中，而不激起行会的反对。

在英国，行会是纯粹的城市公司；行会法在城镇之外不具备任何效力。因此工厂工业能在城镇以外被建立，并与处于家庭工业制和作坊工业之下的生产步骤和谐共处——它产生了一个后果，即直到 1832 年的改革法令，新工业都不能派代表参与议会。一般来说，直到十七世纪末尾我们都几乎没有看到任何这种工厂的记载，但是说它们完全不存在也不对。原因在于，在英国，制造业就算没有国家的支持也能继续运行下去，因为行会的权力至此已经消解了，所以它不再掌握任何能够阻碍这种工业发展的特权。另外，不用怀疑的是，遵循作坊生产的方向工厂工业也会发展得更快，如果能存在像德国那样的条件，并且在小师傅制度下生产的可能性也未曾出现的话。

在荷兰，我们同样几乎从未听说政府曾授予过特权。虽然如此，胡格诺派（Huguenots）依然在相对早的时期就建立了很多工厂，在阿姆斯特丹、哈勒姆和乌德勒支，生产镜子、丝绸和丝绒。

在奥地利，十七世纪时，国家就力图通过授予可以用来保护自己免遭行会侵害的特权来吸引工厂入驻。此外，我们也看到了大封建领主建立工厂的情况；这些工厂中的第一个可能是青岑多夫（Sinzendorff）伯爵在波西米亚建立的丝绸纺织作坊。

在德国，第一批工厂建立在城市土地上，尤其是在十六世纪的苏黎世，那时胡格诺派流亡者在这里建立了丝绸和织锦工业。这些工厂当时很快地在德国城市中蔓延开来。我们可以在 1573 年发现制糖工厂，在

1592 年的奥格斯堡发现织锦工厂，在 1593 年的纽伦堡发现肥皂工厂，在 1649 年的安纳贝格找到染色工厂，在 1676 年的萨克森找到细布工厂，在 1686 年的哈雷和马格德堡发现棉布工厂，在 1698 年的奥格斯堡发现金线工厂，还有十八世纪末期广泛分布着的瓷器工厂，其中王族负责部分的管理并发放部分的补助。

总而言之，现在必须承认，首先，工厂并非从手工工作，或以手工工作为代价发展而来，而是和手工工作相伴存在并且与之相辅相成而开始发展。它采用了新的生产形式或生产出了新产品，比如棉花、瓷器、彩缎、替代品、或没有被手工业行会制作出来的产品，工厂也可以利用这些产品与手工业行会抗衡。工厂在行会工作领域进行的大量侵袭其实最早也就发生在十九世纪，就像在十八世纪，尤其在英国的纺织工业一样，进步都是以牺牲家庭工业制为代价而取得的。虽然如此，行会仍然因为彼此原则的相悖而与工厂进行斗争并关闭了从中产生的作坊；它们觉察到它们自己已经被新的生产方式所威胁。

就像不是从手工艺工作中产生的一样，工厂也不是从家庭工业制中产生的，而是和家庭工业制一起发展起来的。在家庭工业制和工厂之间，固定资本的体量具有决定性的影响。在不是非固定资本不可的地方，家庭工业制就持续到了现在；而在固定资本具有必要性的地方，工厂就此产生，其不是脱胎于家庭工业制。最初那些封建性质的或是公共性质的机构会被企业主接管，并且在私人的主动推进下被用来为了市场进行生产。

最后，还应该注意的是，现代工厂不是一开始就是由机器催生的，而是两者之间存在着一种相互的作用。机器工业最初利用的是动物动力，甚至阿克赖特1768年的第一批纺织机器也是由马驱动的。然而，工坊内部的工作专门化和劳动纪律，形成了一种诱发条件，甚至推动了机器应用的增多和机器的改进。建造新引擎还获得了超额利润。它们的原则——用火来提水——产生于矿业，并且依赖蒸汽作为动力来使用。经济上来说，机器的重要性在于引入了系统性的计算。

现代工厂建立之后带来的结果是尤其深远的，不论是对企业主还是对工人而言。即使在运用机器以前，作坊工业意味着雇佣工人的地点是一个与消费者居住区和他们自己的居住区都分离的区域。向来就存在着某些或者另一些形式上的工作的聚集。在古代，拥有用来满足政治需求或大家庭需求的产品的人是法老或地域领主。然而现在，作坊的所有者成了工人的雇主，成了为了市场进行生产的企业主。在现代的初始时期，作坊内工人的聚集一部分是强制性的；穷人、无家可归的人和罪犯，被强制要求进入工厂，在纽卡斯尔的矿场，劳动者直到十八世纪都戴着铁项圈。但是等真正到了十八世纪，劳动契约在任何地方都取代了非自由工作。它意味着资本的节省，因为不再需要购买奴隶的资本了，资本的风险转移到了工人头上，因为工人的死亡在以前意味着雇主资金的损失。还有，它取消了工人阶层的繁殖责任，然而被配备给工业的奴隶因为家庭生活和奴隶繁衍的问题也严重受损。它使得仅仅依据技术效率进行的合理的劳动分工成为可能，并且虽然存在先例，但是契约的自由仍然首次使得劳动力集中在作坊里成了普遍的规则。最后，它提供了精确计算的可能性，而这一可能性也仅仅在作坊和自由工人相结合的情况下才有可能实现。

　　尽管所有这些条件都有利于它的发展，作坊工业在早期仍然是不稳定的，在很多地方它再一次消失了。就像在意大利、西班牙，情况均如此。一幅维拉斯奎兹的名画就向我们描绘了作坊工业，虽然之后它复又消失。直到十八世纪前半叶，作坊工业对于提供一般需求来说都没有构成一个不可取代的、必需的或必不可少的部分。一直可以确定的一件事情是：在机械时期之前，利用自由劳动力的作坊工业没有在任何其他地方发展到现代初期西方世界曾发展到的那种程度。在其他地方的发展没有遵循同样轨迹的原因将会在下面做出说明。

　　印度曾经拥有着高度发展的工业技术，但是它的种姓制度阻碍了西方式作坊的发展，因为一个种姓对于另外一个是"不纯的"。确实，印度的种姓礼制没有发展到禁止不同种姓成员在同一个作坊一起工作的程度；并且还有一句俗语叫作"作坊是纯洁的"。然而，如果说作坊制度不能在这里发展成为工厂，那么种姓制度的排他性一定是要对此负一部分责任。这样的作坊出现得肯定尤为反常。直到十九世纪，所有想要引入工厂组织的尝试都遭遇了极大的困难，甚至在黄麻纤维工业也是如此。甚至在种姓法律已经不那么严苛之后，民众中缺少劳动纪律的事实仍发挥着阻碍作用。每一个种姓都有不同的礼制和不同的安息日，因此也需要着不同的假期。

　　在中国，村庄中氏族的内聚力是尤其强大的。作坊工业在这里是公共的氏族经济。除此之外，中国只发展出了家庭工业制。中央集权的机构只能经由皇帝和大封建领主建立，尤其是在利用奴隶手工业者、为了满足制作者要求并且只在很有限的程度上才为了市场而进行的瓷器制作中尤其如此，并且基本上它们的经营规模也是一成不变的。

在古代，奴隶资本具有政治上的不确定性。奴隶工作间已经出现，但是它是一个困难且具有风险的企业。领主更喜欢将奴隶作为租金的来源而非劳动力进行利用。在考察古代奴隶的财产时，我们可以看到，种类最多样的奴隶混杂到了这样一种程度：现代的作坊工业无法利用他们生产出任何东西。然而，这并非那么不可思议；现在人们都把财富投资到各种各样的证券中，那么在古代，人的所有者为了分散风险也就被迫去获取最多种类的手工业者。然而最后的结果是，对奴隶的占有阻碍了大型工业的建立。

中世纪早期，非自由劳动力是稀缺的，或明显地变得越来越稀少；新的供应确实出现在了市场上，但是并不具有很大的体量。另外，还出现了资本的缺乏，货币财富不能被转变为资本。最后，农民和受过工业训练的自由工人拥有着大量独立的机会，因为当时的情况已经与古代不一样了；也就是说，由于欧洲在东方连续不断的殖民运动，自由工人有机会去找到工作并寻求到让他们免遭前任雇主侵害的庇护。结果，在中世纪早期建立大型作坊工业变得不太可能。另一个影响是，因为工业法，尤其是行会法，社会纽带的强度增加了。但是就算这些阻碍不存在，足够广阔的产品市场也不会到来。即使在大企业最初就存在的地方，我们仍发现它们处于衰退的状态，就像加洛林王朝时期的乡村大工业一样。在皇庄和修道院内部也存在着工业作坊劳动的开端；但是这些也衰退了。在现代初期，充其量也只有那些皇家机构或以皇家特权为基础建立的机构能达到完全的发展程度，而作坊工业在所有地方都比它分布得更为分散。不论哪种情况都需要一种特殊的作坊技术；这种技术在十六和十七世纪开始逐渐产生，并且伴随着生产过程的机械化而第一次明确地出现。然而，这种机械化的动力来源则是矿业。

第十三章　现代资本主义发展之前的矿业 [①]

最初，采矿进行的是地表作业。非洲内陆的泥炭和沼泽铁矿，以及埃及的冲积金矿，可能是原始时期最重要的矿产。一旦开始进行地下作业，竖井和坑道也必须建设好，因此也就必须花费大量的劳动力和物料。这些都具有很大的风险，因为一个人可能永远也无法分辨，对一条矿脉要开采多远的距离才能获得丰厚的回报，或者能收回开矿所需的重要的运营成本。如果不能维持这些开销，矿就会被废弃，并且竖井也会处在"下沉"的危险之中。结果就是，地下的采矿活动以合作的方式进行。在采用了这一方式的地方，发展出了合伙人对工业所具有的义务，还有权利。个人在没有使团体陷入危险的时候不能从企业退出。最初这种经营单位的规模很小。在中世纪早期，在同一个竖井工作的人数不过两至五人。

在与矿业发展相关的法律问题中，最先出现的问题是，谁有权在一个规定的地方进行开采。这一问题可能会得到各种各样不同的答案。首

---

① 一般参考文献：密斯普勒（I.B.Mispoulet）《罗马时代和中世纪的矿业制度》，巴黎，1908 年版；于埃（O.Hué）《矿工》，斯图加特，1901 年。

先，马尔克协会有可能会行使这个权力，虽然能证明这一点的事例并没有出现在文献记载中。其次，还可以想到，与部落的一般性活动不同，部落酋长可能会继承这些意外发现的事物的权力，但是这也是不确定的，至少在欧洲是这样。

在我们可以对其拥有更多实证的时期，法律状况存在着以下两种可能。在一种可能性下，要么，采矿的权力被视为土地权的一部分，地表的拥有者同样也是对地下蕴藏物的拥有者（虽然这关系到领主对土地的权益，而非农民的）；要么，所有隐藏的宝藏都属于"王权"；政治上的统治者，也就是司法领主、皇家封臣或国王自己对这些宝藏进行处置，并且任何人——甚至土地的保有者本身，在没有得到政治权威的允许之前也不能在此采矿。对于政治统治者来说，这种王权首先建立在想要占有与货币制度有关的贵金属的兴趣上。另一种可能性产生的情形是，地下蕴藏物的发现者得到了领主或王权地主的重视。今天，主流的原则是采矿自由，任何人都有权在具体的正式要求之下勘探矿石，并且持有执照并发现了矿脉的人，即使没有得到土地保有者的同意也可以对其进行开采，只要为破坏行为进行赔偿就行了。比起以封建土地法律作为基础，现代的自由开采制度更容易在王权的基础上建立起来。如果土地保有者拥有权力，他就可以将每一个人都排除在寻找矿石的可能性之外，然而王权领主却可能在某些情况下更愿意吸引劳动者来进行开采活动。具体来说，矿业法和采矿工业发展的历史，遵循的是以下进程。

我们几乎没有任何与西方世界以外最早期工业情况相关的信息，——无论是在印度还是埃及，比如，西奈山上最早的由法老开展的采矿作业。古代希腊罗马的矿业组织更为我们所知。劳里昂（Laurion）的银矿属于雅典城邦，他们出租了经营权，并且将收益分配给市民。赢取了萨拉米斯战争胜利的雅典舰队，就是通过市民宣布在一定年限内放弃收益所得的现银而建立起来的。矿场是怎么运营的我们一无所知。但我们仍然可以从以下事实得出一些信息：非常富有的个体拥有着采矿奴隶；伯罗奔尼撒战争中的将军尼西亚斯就被认为拥有上千个奴隶，而他又将这些奴隶出租给了矿井租户。

有关罗马情况的文献记载也并不是十分清晰。一方面，罗马法典中提到了将一些人判为矿业劳工的处罚，从中可以看出，使用有罪的奴隶或购得的奴隶采矿是普遍的。另一方面，某种选择肯定已经发生；至少表现出来的情况是，在矿井中犯了任何过错的奴隶，都会被鞭打并且被逐出矿场。无论如何都可以确定的是，发现于葡萄牙并从哈德良时期开始施行的《维普莎卡矿场法》(Lex metallic Vipascensis) 意味着自由劳动力已经开始被雇用了。采矿是帝国的特权，但是并不能因此推断出采矿王权的存在；皇帝对各个领域都拥有自由权力，而夺取矿山是他们最喜欢的权力实践方式。《维普莎卡矿场法》表现出来的技术，是与从其他古代文献中得到的信息相矛盾的。比如，在普林尼（Pliny）的著述中，我们发现了一队奴隶要通过传递水桶的方式把水从矿井底部吊起到地表。在维普莎卡则相反，为了达到同一个目的，采取的方式是将坑道建在外竖井的旁边。中世纪的坑道建筑传统上要追溯到古代，但是在其他方面，看起来与后来中世纪关系呼应的更多的其实是《维普莎卡矿场法》。采矿被置于一个帝国监督官的掌控之下，与他相对应的是中世纪政治领主的矿场雇主。同时还存在着开采的义务。个体具有在地下打 5 口井的权利，就像在中世纪"5"是一个人可以拥有竖井的最大值。我们必须假定，他有义务保持所有的 5 口井都处于运作之中。如果他没有在较短的特定时间内——比中世纪的更短——利用他的权利，权利就会被夺走，并且这一特权还可能被任何能够执行开采工作的人所占有。我们还发现，在最开始，存在着某些强制性费用，如果没有缴纳这些费用，那么矿场的权利就会再次开放。矿场的一部分土地是为古罗马国库保留的，就和后来中世纪早期完全一样；同样，一部分初级产品也要上交国库；最初规定上交的份额是一半，中世纪逐渐降为七分之一，甚至更少。矿场是由联合起来的工人共同经营，任何参与者都可能与这一团体达成各自的协议。团体为了筹集建设坑道和竖井的资金，将一笔义务费用强加给合伙人；如果这笔费用没有成功缴付，采矿权就又一次被释出。

在中世纪，德国在贵金属方面领先于所有其他国家，虽然锡开采于英国。首先，虽然不是以王权作为基础，但是因为这片土地属于国王，所以这里存在着皇家矿场。一个例子是，在十世纪靠近戈斯拉尔（Goslar）的拉默尔斯贝格矿（Rammelsberg）。冲积金矿同样也在属于皇家的河流流域被开采，而这一开采权被皇帝以一定费用转出，同样也不是在王权的基础上，而是基于对可航行水域的控制权。皇帝出租采矿权这一现象首先出现在亨利二世统治时期，此处同样，其基础不是王权而是将土地租给了修道院这一事实。一般来说，已经租给了修道院的事物，只有国王才能凭借着帝国对土地的控制权而对其拥有法律权利。最初，国王对所有的矿产品都拥有征收什一税的权利，然而这一权利一般都租给了个人；但是对于修道院来说，这一权利作为帝国财产在十一世纪才被租出。

在霍亨斯陶芬王朝时期，政治权威与采矿业的关系前进了一大步。甚至支撑了康拉德三世那些举措的王权概念被弗里德里希·巴巴罗萨明确地规定了；他宣布，任何人在没有获得国王的允许之前都不能获得矿业权，而为了得到允许又必须支付费用；甚至封建领主也必须得到类似的允许才行。这种规定很快就成了一个公认的事实，"萨克森镜鉴"也将皇家的采矿权视为一种建制。然而，国王这种理论上的权利立即导致了与王族之间的冲突，他们对王权的权利在金玺诏书（The Golden Bull）中才首次得到承认。

皇族和封建地主之间抢夺矿场的斗争同样发生在其他国家。在匈牙利，国王屈服于权贵，如果国王想要经营矿场，他必须要彻底买下矿场所在的那大片土地。在西西里，罗杰一世虽然承认地下蕴藏物是地主的财产，但是王国仍在十二世纪下半叶建立起了他对矿场的王权。在法国，男爵将采矿权作为土地权的一部分这一情况一直延续到了大约1400年。然后，国王获得了胜利，并且直到革命之前都一直保持着对王权的完全所有，这使得矿场成了国家财产。在英国，国王约翰主张普遍的王权，尤其对重要的锡矿场更是如此，但是在1305年，国王被迫承认，国王无权规定采矿必须要获得他的允许。十六世纪，在伊丽莎白治下，王权实际上被局限于贵金属领域，而所有其他的矿场都被划为土地的一部分；因此煤矿业等新兴产业从皇家权利中解放了出来。在查理斯一世时期，情势再一次左右摇摆，但是最终皇族彻底地投降了，并且所有的地下宝藏成了土地持有者或"地主"的财产。

在德国，采矿的自由，也就是勘探的自由，并非源于马尔克公社，而是源于"被释放的山脉"。一个"被释放的山脉"是一片蕴含着矿产的区域，在其中大土地持有者可以将经营的特权出租给任何人。拉默尔斯贝格矿在十世纪仍然是一个皇家机构，但是在十一世纪，国王却把它分别出租给了戈斯拉尔市和沃肯里德（Walken-ried）修道院。修道院又以所有到来者之间自由竞争所缴纳的费用为基础，将采矿权依次出租给他们。以相同的方式，特兰托的主教在1185年准许由自由工人组成的采矿共同体的每一个成员开采他的银矿。这一步意味着同时赐予了自由工人以市场和城镇特权，而这则是基于十一到十四世纪自由劳动者获得的特别权力的地位。有技艺的矿工是稀缺的，并且拥有垄断的价值，而各种各自为政的政治权威竞相承诺给他们优待。这些优待中甚至包含了采矿自由，也就是在规定程度内的开采权。

在这种发展状况的基础上，中世纪德国经历了以下不同时期。第一个时期，发展看起来是从由最强大的政治权威施行的集中开采中开始的，虽然农民缴付的与矿场有关的封建税费只是偶然被提及。接下来的并且是最重要的时期是，矿工的地位具有巨大权力。这导致更多的采矿工作转移给了矿工，而领主的所有权却遭到了剥夺，领主的地位下降为纯粹的收税者，仅仅能将地下的宝藏作为地租来源。矿场所有者现在成了具有合作性的工人联合体。他们以与农民划分保有地同样的方式划分收入，也就是说，遵循着最严格的平等。"采矿共同体"产生，其中包括了所有的采矿利益集团，也就是所有矿场的工作者，——后来将那些曾经在矿场工作过的人也包括其中——然而却排除了领主。这一联合体在外部事务中代表着它的成员，并且担保着向领主的缴纳。这一结果是，采矿共同体的个体成员要各自对矿业生产的开销负责。经营完全是小规模的；单个矿工所能获得的最多的竖井数量只有七个，并且竖井本身也只是一些原始的地洞。只要矿工经营了竖井，他就能保留住所有者的身份；如果他哪怕在最短的时限内停止过经营，他也会失去他的持有权。因为采矿共同体共同担保了费用的缴纳，领主就完全放弃了亲自经营这一方式。他的租税权，也就是他的分成份额，从最初产物的一半，稳定且快速地下降到了七分之一，最后到了九分之一。

下一时期是工人之中刚开始分化的时期。这一时期产生了一个矿工阶层，他们并不参与实际的工作，一起产生的还有另一种矿工阶层，他们工作但是仍依赖于那些不工作的矿工；因此，这种发展类似于家庭工业制的发展。这一状况早在十三世纪就已经出现在了很多地方，虽然还没有占据主导地位。然而，对分成份额的限制仍然存在，因此大规模的资本主义无法得到发展，仅仅只有小食利阶层（rentier）的所有物才有可能即使在很短的时间内也能获得大量的收益。

第三个时期是对资本需求日益增长的时期，这尤其得益于坑道范围的增加。因为更大范围的坑道对于通风和能持续用泵挖掘更深的隧道来说都是必需的，而这些行动只会在更遥远的未来才能得到回报，所以就需要大量资金来垫付。因此拥有资本的人就加入了采矿团体。

第四个阶段，是矿产贸易集中化的时期。最初，每一个矿工都接收了产品的实物份额，并随心所欲地处理这些实物。面对这种规定，矿产商人就取得了对产出的实际控制权。他的势力增加了，并且这一发展阶段的典型特征是矿产批发商的出现，尤其是在十六世纪。

在这种情形的压力下，对矿产的处理逐渐传递到了作为团体的矿工联合会手中，因为矿工正是以这种方式试图获取能够让他们免遭商人权力侵害的保护。这一发展产生了另一个影响，它使得联合会成了经营的负责人，然而最初个体矿工都是独立经营的。更进一步的结果是，联合会被组织成了使用资本会计的资本主义联合体；还有，矿工对产品所拥有的份额只有经过了联合会的财政之后才能最终到达矿工手上。这里出现了一种定期会计，每一个独立工人都会根据自己的表现接收借贷信用。

具体说来，这个组织在现代资本主义出现之前的发展以下述方式展开。领主被矿工联合会强迫而放弃干涉矿场的经营；矿工则禁止领主的官员进入竖井，并且仅仅只有联合会的成员有权相互控制。经营的义务被保留，虽然不再是为了领主的利益，而是为了担负着免役税的矿工联合会的利益。很明显，矿工联合会与俄罗斯的村庄的情况——尽管农奴身份已经取消但个人仍然依附于土地——相类似。再往前一步，是由矿工来明确分配份额。份额是如何被安排的，这些份额是不是就是发展出了后来的虚股的那些最初的实股，这都是有争议的。所有的工资工人都属于采矿共同体，但是矿工组织仅仅包含了份额的持有者。这一联合会出现得到底有多早还未有定论，但是可以确定的是，采矿共同体和矿工组织的成员不再是同一批人了。

在矿工不仅拥有了生产工具并且还拥有了原料之后，矿业中的工人阶层便开始了分化，矿工组织也开始解体并由此产生了资本主义。对矿工越来越多的需求导致了越来越多的人加入矿工阶层。然而，老一辈的工人却拒绝接收新的加入者进入公社。他们成了"非成员"、挣工资的人，是向以个人账户支付给他们工资的个体雇主提供服务的学徒。这样就产生了合伙的或具有依附性的矿工，与外部分化相对应的内部分化也由此开始。从生产过程中个体工人地位的分化又产生了与矿场工作权利相关的分化。比如说，对专门化需求的增加就导致了对矿业锻工越来越大的需求。这些人很早就成了工资工人，他们除了货币工资之外还领取着产品的固定份额。不同竖井之间不同的收益同样加速了分化。最初运行的还是行会的原则，即工人组织在任何特别高产的竖井中都可以作为整体拥有分成的权力，并且也拥有给所有矿工分配收成所带来的利润的权利。但是这一原则最终被放弃，并且个体矿工拥有的与风险相关的机会也越来越不同。有时矿工可以取得巨大的利益，而有时甚至都填不饱肚子。越来越大的可以转移份额的自由同样促进了这一分化，因为没有参与工作的成员更容易将他们的份额用于销售。

因此纯粹的资本主义利益团体就得以进入采矿共同体的团体之中了。整个过程是通过工程深度增加而带来的对资本与日俱增的需求而完成的。为了供应水资源而建设竖井、对昂贵设备多方位的需求，变得越来越迫切。增加的资本需求导致了以下结果：首先，只有手握资产的合伙人才能保留住拥有完全采矿特权的矿工身份；其次，新的采矿许可被越来越专有地给到那些能够显示出对资本有所控制的人。另外，联合会自身也开始积累财产了。最初它什么都没有：个体矿工必须自行提供竖井并且预付开支，联合会只有在矿工不能完成经营义务时才加以干涉。然而现在，联合会被迫提供资本需求相关方面的协助，因为除了开采矿层所需的矿井，为了排水而建造竖井已经日益成了一项规则；最初，坑道和竖井的建造任务被划分给了不同的联合会，每一个联合会都被保证可以分得一定份额的矿场收益。这些产品份额是矿工的肉中刺。所以他们日益努力地想要掌握挖掘权。现在，联合会成了资本的所有者，但是之前的情况仍然延续下来——个体矿工要为竖井的成本负责。矿工必须预付开支，而在他们不再分担实际工作之后这被认为是他们最重要的职能。再一次，和之前一样，他必须供养个体工人，与他们签订契约并支付他们工钱，这是一种日益合理化的状况。各种竖井的成本具有极大差异。真正的工人现在能够保持团结来对抗个体的"矿工"了。因此最后，联合会自己掌握的事项包括了雇佣工人和为工人发工资、为竖井垫付并支付成本、为团队整体建立会计制度——以每周的小事作为开端、最后再以年作为单位进行记账。个体矿工只需要完成预付并接收对产品分成的权利，最开始分成是以实物的形式。最终，这种发展结束时的状况是：联合会作为整体售卖产品，并且向个体成员支付所获收益的份额。

随着上述的发展，之前矿工努力限制他们之中出现的不平等所使用的方式已经被放弃了。其中一种方式是禁止积累矿业份额，最初一个人最多能集中在手里的份额不超过3份。这种限制及所有类似的限制必须取消，而当联合会掌控住整个行业的运作、行业的领地一步步地成体系地扩大、扩大的领地被越来越频繁地租给了个体份额持有者之时，这种限制就更加确定要被取消了。新的安排与之前的情况相反，在之前，自由工人不加区分地被准许进入矿业，这已经导致了不合理的技术的使用，并导致了不合理的竖井的下沉。另外，联合会之间的合并还在继续，就是为了完成系统化经营并抑制没有收益的竖井数量，而这是早在十五世纪末就出现在了弗莱贝格矿业的现象。

上述现象在很多方面都暗示了行会的历史。这一发展已经达到的阶段是，从十六世纪开始，王权领主便已经开始干涉矿业，为了此目的还与矿场劳动力联起手来。矿场劳动力则依赖于小资产阶级"矿工"，因为工业风险和缺乏规划而受苦，就像个体矿工他们一样，然而同时王权持有者的收入却在降低。通过王权领主为了租地的利益和工人的利益而进行的干涉，统一的采矿权被建立起来，并从中发展出了矿产贸易。这些权利是大资本主义发展的直接的前兆；一般而言它们都建基于工业中合理的技术管理和经济管理之上。作为早期发展的雏形，这里保留着在工人的类行会组织中采矿共同体的特殊地位。除此之外，王权领主创立了合理的联合会，作为使用虚股的资本主义经营机构，规定着预付的义务和开采的权利（最初虚股的数量是128）。联合会作为整体雇佣工人、与矿产的购买者进行交易。

和矿场同时存在但是独立于它们的，是冶炼厂。与矿场一样，它们也属于在相对早期的时候就具有了大规模的特征那类的工业。为了经营冶炼厂，炭是必不可少的；因此大森林所有者，即封建领主和修道院，也就是早期典型的冶炼厂所有者。偶尔，虽然不是大部分情况，冶炼厂的所有权会与矿场的合并。小规模经营一直到十四世纪都占据着主流，以至于，比如说，单独一个英国修道院就可能拥有不少于 40 个小熔矿炉。但是首批大熔矿炉的建立同样也与修道院有关。在熔炼和采矿权分属不同人的地方，矿石购买者介入两者之间，从一开始就形成了一个持续与矿工的联合会进行斗争的行会。他们通行的政策以最不择手段为特征，但是无论如何我们必须承认，在它们的组合当中存在着第一次大垄断的萌芽，它出现在十五世纪末和十六世纪初。

最后，必须对对于西方世界来说所有矿产中最有价值和最具决定性的那个——也就是煤——做出一定说明。即使在中世纪，它的重要性也在慢慢变得越来越高。我们发现，修道院开办了首批煤矿，林堡（Limburg）的煤矿在十二世纪就曾被提及，纽卡斯尔（Newcastle）的煤矿则早在十四世纪就开始面向市场进行生产，在十五世纪，煤的生产就已经开始出现在了萨尔区。但是所有这些企业都是为了满足消费者的需求，而非生产者的需求而进行生产的。在十四世纪的伦敦，因为污染空气而禁止燃烧煤，但是这个禁令是无效的；英国煤的出口极速增长，以至于必须建立起一个专门的办公室来计量船舶。

在十六世纪，与铁一起进行熔炼的是煤而不是炭，有重大影响的铁和煤的联合因此也建立了起来。一个必然的结果是，矿场竖井被快速加深，因此技术也面临着一个新的问题：怎样用火将水从地下提起来？现代蒸汽机的概念正起源于矿场坑道。

第三部分

第十四章　商贸发展中的起航点

商贸 ① 在其发展初期是各种族之间的事务；它并不发生在同部落成员或同公社成员之间，而只是最古老的社会共同体中的一种对外的现象，针对的也仅仅是异族部落。然而，它的开始可能是团体间生产专门化所带来的结果。在这个情况中，存在的要么就是生产者的部落贸易，要么就是贩卖异族部落产品的行商贸易。无论哪种情况，最古老的商贸都只是外族部落之间的交换关系。

部落交易他们自己的产品所采取的形式多种多样。起初，它通常是农民和从事家庭工业之人的附加职业，并且一般只是一种季节性的职业。从这个阶段之中产生了作为独立职业的负贩或叫卖小贩；不久仅仅从事商贸的部落共同体也发展了起来。但是同样可能出现的情况是，其他部落会寻找专门从事某些行业的部落。另外，还可能出现商贸种姓，

---

① 一般参考文献：勒图尔诺（Ch.Letourneau）《不同人种之间的商业进化史》，巴黎，1897 年版；勒瓦瑟（E.Levasseur）《法国商业史》，共两卷，巴黎，1911—1912 年版；皮雷纳（H.Pirenne）《中世纪的城市、集市和商人》，载《历史评论》第 67 卷（1898 年）；《美国国内和对外贸易史》，共两卷，华盛顿，1915 年版（附有关于美国经济史详尽的书籍名录）。

这种形式的典型存在于印度。在印度，商贸由某些种姓，尤其是巴尼亚（Banya）这一种姓所垄断，他们利用礼制排除了其他种姓对商贸的参与。与这种基于种族的限制一起存在的，还有礼制上只局限于某些宗派的贸易，对宗派成员巫术礼制的限制将他们排除在所有其他职业之外。印度耆那教（Dschaina）就属于这一情况。耆那教禁止杀害任何活物，尤其是弱小的动物。因此，他们不能成为士兵，也不能从事许多职业——比如，那些利用火的职业，因为可能会伤害昆虫；他们不能在雨中行进因为可能会践踏到蚯蚓，等等。因此除了在固定地点进行贸易之外，耆那教教徒无法从事任何职业，并且职业的高尚性就和巴尼亚种姓的高尚性一样被建立起来。

作为被驱逐的商贸民族的犹太人的发展并没有本质上的不同。直到放逐之前，犹太人内部都存在着所有种类的阶层：骑士、农民、手工业者，还有一定程度上的贸易者。预言和放逐的后续影响改变了犹太人，将他们从有着固定领土的民族变成了一个外来民族，其后他们的礼制也禁止他们在土地上定居。一个对犹太教礼制的严格遵循者不可能从事农业。因此，犹太人成了处于城市底层的民族，法利赛"圣徒"和法律之外的本地人口之间的区别仍可见于福音书中。在转向贸易的过程中，货币交易又是首选，因为仅仅只有它才允许对法律研究进行完全的投入。因此，存在着一个礼制性的根源，推动了犹太人从事贸易，尤其是从事货币交易，并且让他们的交易被礼制性地限制在部落商贸或民俗商贸范围内。

在商贸发展中存在的第二种可能是领主商贸的建立，领主阶层是这一商贸形式的支持者。首先，地域领主可能想到——并且实际上是在所有地方都出现了——将他们地产上多余的产品推向市场。为此，他们使得专业商人作为他们的官员而依附于他们。属于这一种类的人在古代还有以领主的名义处理自己业务的推销员；类似的还有中世纪的营业员。营业员作为封臣，考虑将他的修道院领主的产品进行营销，并对此缴纳一定费用；这一类人在德国的存在并不能得到很清楚的论证，但是却出现在其他所有地方。推销员和营业员不是现在意义上的贸易者，而是别人的代理人。另一种领主贸易起源于外来交易者处于法律之外的社会地位，他们因而在每一个地方都需要保护；这种保护只能通过政治权力得到保证，贵族给予他们保护，承认他们的地位同时也为了换取报酬。甚至中世纪王族就已经给予贸易者保护并且接受他们为此所提供的报酬了。领主或王族自行从事的贸易正是出于这一保护性协议而屡次得到发展，尤其是在非洲所有的沿海地区，在那里酋长垄断了运输贸易并且也自行从事着贸易活动。他们的权力也建立在这种贸易垄断的基础之上，一旦他们的垄断权被打破，他们的地位也就不存在了。

另一种王族采用的贸易形式是礼品贸易。在古代东方，政治权威在他们互相之间没有交战之时，就通过相互间自愿的礼品来维持关系。在阿马尔纳泥板的记载中，从公元前1400年开始，就尤其显示出了法老和地中海东部各国统治者之间活跃的礼品贸易。通常贸易的物品是黄金和战车交换马匹和奴隶。本来最初的礼品都是自由的。但是在这一方面发生的许多违反信任的行为，逐渐导致了相互间礼品的强制性，因此从礼品贸易中就产生出了基于准确数量的真正的贸易。

最后，许多地方的经济史都表明，存在着由王族自行进行的贸易。埃及法老提供了非常古老的、具有庞大规模的例证，他作为船只所有者从事着进出口贸易。较晚一些的例子是威尼斯城最早期的总督，最后，还有无数亚洲和欧洲世袭国家的王族，包括十八世纪的哈布斯堡王朝。这一贸易要么在王族自己的指导下进行，要么他可以利用他的垄断权，将这一特权进行让与或出租。在采用后一种方式时，他就推动了独立的、专业的贸易阶层的发展。

第十五章　货物运输的技术条件 [1][2]

　　要使商贸能够作为一项独立的职业而存在，具体的技术条件是前提。首先，一定要有定期的和相当可靠的运输机会。确实，人们一定要使用很早以前可能是最原始的术语来考虑这些问题。不只是在亚述和巴比伦时期，人们使用的是胀大了的羊羔皮过河，甚至在穆罕默德时期，皮袋船也长时间统治着河流交通。

　　在陆地上，贸易者一直到中世纪都依赖着原始的运输媒介。最初是自己的背，他们用它扛运自己的货物直到十三世纪；然后是驮兽或是由一匹或最多两匹马牵引的两轮的运货马车，商人被限制在商贸路线上，因为当时还没有出现我们所谓的道路。只有在东方和非洲内陆，使用奴隶作为行李搬运工的商队贸易看起来出现得相对较早。一般而言，即使在这里使用驮兽也是一种普遍现象。南方典型的驮兽是驴或骡子；骆驼

---

① 一般参考文献："交通工具和交通路线"条目和"德国中世纪的交通制度"条目，载《国家科学大辞典》；梅森（O.T.Mason）《原始旅行和运输》，纽约，1897 年版；林赛（W.L.Lindsay）《商船和古代商业史》，共四卷，伦敦，1874—1876 年。
② 马克斯·韦伯《宗教社会学论文集》第 3 卷，第 351、403 页。

要到很晚才出现在埃及的记录中，马甚至要更晚；马最初用于战争，只有在更晚的时期才被应用在运输货物中。

海运利用的也只能是同样原始的运输方式。在古代，还有中世纪早期，船都是用桨推动的。我们必须将船的结构想象得笨拙；我们发现了绳索的记载，必须用它把木板船绑在一起，否则船就会散开。的确，船帆可以追溯到很久之前，以致不能确定它的发明时间，但是它不是我们现在意义上的船帆。最初，它仅仅是当顺风的时候用来为桨补充动力，然而逆风航行似乎在中世纪早期仍是不为人所知的。《埃达》仅仅不确定地提及了它，并且，是否应该将第一次逆风航行按照中世纪传说归为安德烈亚·多里亚（Andrea Doria），这也是值得怀疑的。从荷马和晚一些的资料中我们可以看到，船并没有那么大，但是每晚要着陆的时候船可以被拉上沙滩。锚从古代的重石头发展到现代形制的工具，这一过程是十分缓慢的。当然，船运最开始纯粹是一个沿海的交通，深海航行是亚历山大时期的革新，并且是基于对季候风的观察而成。阿拉伯人顺着季候风漂洋过海从而首次冒险抵达了印度。希腊人用来确定地点的航海工具是可以想象到的最原始的。这一工具由里程表和"火球"构成；里程表以沙漏的方式让球下落，球的数量代表着路经的里程；火球则用来测量深度。星盘是亚历山大时期的发明，并且直到这时，第一个灯塔才被建立。

中世纪的航运，像阿拉伯的航运一样，在技术上要远远落后于中国。磁针和航海罗盘，早在三、四世纪就在中国被加以运用了，而欧洲要在一千年之后才知道这些东西的存在。在指南针传入地中海和波罗的海之后，航运确实也开始了疾速的发展。然而，位于船后的固定的方向舵直到十三世纪才得到统一。航行规则是一个贸易秘密。直到在这方面成了进步的最后胜出者的汉萨商人（Hansards）时代之前，航行规则都还是交易的对象。决定性的进步是航海天文学的进步，它由阿拉伯人创造，并由犹太人带到西班牙，在十三世纪的西班牙，阿方索（Alfonso）十世已经准备好了以他的名字命名的星表。航海图从十四世纪开始首次为人所知。当时，西方世界开展的远洋航行所遭遇的问题还必须用非常原始的方式加以解决。对于天文学观察而言，北极星在北方提供了一个颇为可靠的基点，在南方则是长期利用十字星座来确定方向。阿美利哥·维斯普西（Amerigo Vespucci）通过月球的位置确定了经度。在十六世纪初，引入了用时钟测量经度的方法，这些方法已经非常完善，以至于通过计算时间的不同，还有正午太阳所显示的时间的不同来粗略地测算经度都是可能的。可以很容易地测算出纬度的象限仪，初次使用似乎是在 1594 年。船的速度与所有这些条件相适应。与划桨小船相比，引入帆船之后导致了显著的变化。然而在古代，从直布罗陀航行到奥斯提亚需要 8～10 天，从墨西拿到亚历山大港大约也要航行这么长的时间。十六到十七世纪，在英国发展出了有效的航海方法之后，就已经出现了并不会落后中等快速船太多的帆船，虽然它们的速度总是受到风速的影响。

第十六章　运输和商贸的组织形式

（A）　外来贸易者

海上商贸最初在任何地方都是与海盗行为相结合的；战船、海盗船和商船最初并没有区别。分化产生于战船从商船分离而不是相反，战船通过桨的数量的增加和其他革新得到了技术上的发展，而考虑到成本和留给货物的空间的有限用途，它不再适合用作商船了。在古代，法老和埃及庙宇是首批船只拥有者，因此我们在埃及没有发现任何私人所有的船只。另一方面，私有船只是希腊荷马时代和腓尼基的特征。在希腊人之中，城市国王最初拥有交易用和海盗行为用的船只的所有权。但是他不能阻止大家庭的壮大，他们分享船只的所有权，并且最后只能容忍他作为领头羊存在。

在最早的罗马人之中，海外贸易是一个城市具有重要性的主要根源之一。我们并不能确切地知道他们拥有多大吨位或多大规模的出口贸易；然而，罗马人显然在这个领域没有达到与迦太基人同等的水平。后来他们便转向了纯粹的进口贸易或借方贸易。在布匿战争之后，罗马的私有船只开始从无到有。但是罗马政策具有强烈的大陆性特征，以至于最初对于元老院议员来说，拥有船只被认为是不符合身份的；在共和国时期，甚至在帝国时期，国家也禁止元老院议员拥有的船只数量超过他们销售自己的剩余产品所必需的船只数量。

从经济的角度来看，古代航运的经营是如何被组织起来的这一点我们不得而知。唯一可以确定的是，他们使用了越来越多的奴隶来推进经营。船上的官员都是熟练的手工业者。在罗马和希腊的船上，我们发现有船长、舵手和给桨手节奏的笛手。我们对船只所有者和商人之间的关系也没有清晰的概念。最初，船只所有者就是商人本身，但是不久就出现了从事对外商贸的、特殊的海上贸易者阶层，比如希腊城的海上贸易。这种对外商贸的规模肯定很小，因为对于大众所需的货物，尤其是古代大城市的粮食需求，供给肯定是建立在集体自给自足的基础之上。在雅典，船只所有者必须为城市带回作为回程货物的粮食，然而在罗马，国家掌握着船只的供给和粮食的提供，并且一直到帝国时代都管理着这两项事务。这种安排确实保证了海上运输的和平和安全，并且对对外商贸十分有利，但是它并不是永久的。皇帝为了在前线设置常备军所必需的财政需求，使得皇帝将一个经理性的或强制性的具有国家功能的服役组织强加于船只所有者之上。在越来越大的程度上，这些财政需求不是通过税收，而是通过经理制的管理办法被满足，于是国库根据行会的划分组织起了各种不同职位，并且将国家的劳动负担强加于船只所有者。作为承担起这项义务的报酬，他们获得了行业中各自部门的垄断权。这一制度同样导致了经理制的航运组织的产生，由此还造成了早期的退步。三世纪，私有舰队和海军同时消失，这也给了海盗行为一个新的、有力的发展机会。

对于古代因为贸易所需的法律形式而产生的管理办法，我们所知甚少。我们掌握的其中之一是有关航运风险的《罗德岛抛货法》（*lex Rhodia de iactu*）。它表明，通常一只船由很多商人进行承运。如果在十分危急的情况下货物必须被抛出船外，那么损失由参与者平均承担。另一个被中世纪从古代继承来的制度——海商借贷制，就是海上贸易受极高风险影响这一事实所产生的结果。如果贷款是为了出海的货物，那么在船运亏损的情况下，出借方和借用方都不再进行偿付。两方都蒙受的风险依照以下方式进行分担：债权方收取异常高的利息——大概30%——来交换让他承受所有风险，在部分受损的情况下，他收到的还款同样也会减少。从雅典演说家——德摩斯悌尼（Demosthenes）和其他人——的法庭辩词中，我们得知海商借贷在很大程度上导致了出借方掌控海商商贸的可能性。他们向船只所有者规定了航运路线和航行时间，还规定了他们可以在市场上售卖货物的地点。由此可以看到海上商人对资本家的普遍依赖，而这又让我们得出了海上商人在资本上处于劣势的结论。为了分散这种风险，通常会有很多出借方参与对单个船只的贷款。另外，一个贷方的奴隶也通常会陪着货物出海，这是船只所有者的贸易依赖于货币势力的另一个表现。海商借贷是整个古代的主流形式，直到查士丁尼将它作为高利贷而禁止。这一禁令的影响不是永久性的，造成的主要影响是航运信贷形式的改变。

中世纪的情况无法确切得知。与前资本主义制度相适应，船坞属于城市，并且被出租给了造船行会。海上贸易比起古代所具备的资本主义性质更少了。它通常的形式是将所有对同一贸易事业感兴趣的主体联合起来。在整个中世纪，因为存在的风险，一艘船几乎从未以个人名义出过海，而总是为若干股东共同建造。也就是说，合伙所有制占据着主流。另一方面，不同的合伙人会和几艘船的所有权相关。就像建造船只一样，通常每一次活动都是合伙人们联合在一起的机会。这些合伙人包括了船只所有者、官员、船员，还有商人。他们所有人一起组成团体、携带货物出海，虽然商人通常会派出一个代表或代理人，也就是一个雇员，而不是亲自参与。风险由他们共同承担，收益和损失则根据固定的规则进行分配。

与这个成组织的风险共同体一起存在的是资本家的海上贷款。后者受到中世纪游商的青睐，因为利用贷款的方式购买货物，并把风险转嫁给债权方这一做法对于他们是有利的。根据《比萨海商法》的一项规定，贷款利率是35%；它大致浮动在这个等级但是会根据风险程度而变化。最初，所有涵盖在这个风险共同体里的商人都亲自参与航行、携带货物；而参与其中的都是贩卖他们货物的零售小商人。这一现象逐渐衰落并且被康孟达（Commenda）所取代，并且显然海上合作是与它同时期发展的。康孟达被发现于巴比伦、阿拉伯还有意大利的法律中，在汉萨同盟的法律中它的形式得到了修正。它的本质是，两种类型的合伙人存在于同一组织中，一类留驻国内港口，另一类携带货物出海。这一关系最初仅仅意味着个人的便利，轮流从许多商人中选出一些将其他人的货物拿到市场上进行售卖。后来它就成了资本投资的一项安排。那些提供货币的人，部分是专业的贸易者，但是部分——尤其在南部——则是货币资本家，比如是想要将他们剩余的财富用来在商贸中获取收益的贵族。组织运行依照的计划是，应该给予旅行的合伙人货币或以货币估值的货物。这一投资形式便构成了贸易资本，且术语称之为康孟达。货物在海外被出售，并用所得收益购买其他货物，然后在回到国内港口时货物又一次被估价然后售出。划分收益的模式如下：如果留在国内的合伙人提供了所有的资本，那么他获得所有收益的3/4；然而，如果资本是被他和旅行的合伙人联合提供——通常国内合伙人提供2/3、旅行的合伙人提供1/3——收益则对半分。这种商业的典型特征是，它首次使用了资本主义的会计制度；资本在经营结束时会与最初的状况进行对比，计算出盈余并且将之作为利润进行分配。然而，这里并不存在常设的资本主义企业的形式，而是只有单次的经营，账户在每一趟行程结束之后进行结算。这一办法占据了中世纪海上贸易的主流，并且在它转变为常设的资本主义商业之后，它仍然保留了单次经营的会计形式。

以现代标准来衡量，中世纪商贸的交易额是非常小的。它仅仅由处理着微不足道数量货品的小贸易者来经营。在1277年，英国出口的羊毛达到了30000双英担。这一数量由250位商人分担，因此每人每年处理的数量是120双英担。十二世纪热那亚的康孟达的平均交易额大约是250美元或50英镑。在十四世纪汉萨同盟的领地，禁止接收1个以上的康孟达，并且交易总额还不能高出上述数量。英国和汉萨同盟之间的交易总额，在它发展的顶峰时期也不到4000美元或800英镑。列巴尔（Reval）的情况可以在海关注册登记中找到：1369年，有178名商人处理着离港的 12 艘船，他们每一个人平均的交易额大约为 400 美元。在威尼斯，典型的船舶货物总量金额为 1500 美元，汉萨同盟在十四世纪时为 1250 美元。十五世纪每年进入列巴尔港口的船只数量是 32 艘，而在 1368 年进入汉萨同盟最重要的港口吕贝克（Luebeck）的就达到了 430 艘——离港的数量是 870 艘。这是一群亲自航行或者让别人为他们航行的小资本主义贸易者，而这一事实解释了组织转变为合伙团队的原因。

考虑到海盗行为带来的危险，单艘船只并不能独立决定它的航行时间。船只只能自行组成船队，要么被武装船只护送，要么武装自己。海上船队平均的航行时间，在地中海海域是从半年到一年不等。在热那亚，一年只有一支船队前往东方，在威尼斯则是两队。船队的旅程导致了资本的周转尤其缓慢。

尽管有这些情况，我们也绝不能低估商贸作为收入来源的重要性。在 1368 年，波罗的海所有港口的交易额达到近 400 万美元，用白银来计价的话——相当于英国国家总的财政收入的三倍。

陆上商贸的风险更小，因为唯一的危险来自强盗而非额外的自然灾害；但是相对应地它的花销却高出很多。与有限的危机相适应，路上商贸中没有合伙人组织；同样，也没有任何与海商贷款相似的陆商贷款。并非没有尝试过建立类似机制，但是皇家法庭认为它是恶名昭著的高利贷生意而对此表示反对。

同样，商人与他的货物同行也是路上商贸的普遍现象。直到十三世纪，运输条件才变得足够安全，得以让商人从经常与货物随行的状况下解放了出来，让买办负责货物，这是以委托人和受托人之间建立起的商业关系作为前提的。陆上商贸因为路况条件而面临着技术难题。罗马的道路经常为人称道，但是它的情况同样和理想状况相距甚远。加图和瓦罗因为频繁使用这些道路的人都是低贱的人和歹徒而警告人们不要走这些路，并且还劝告大家不要在道路附近的客栈投宿，因为他们会向旅行者征收过多的费用。在外省，罗马的道路同样也可以为商贸服务，但是这不是他们最初的目的，他们那些笔直的道路并未考虑到商贸的需求。另外，在罗马时期，只会保护那些对于首都供给很重要或具有军事和政治重要性的道路。道路的维修则作为政府职能被强加给农民，但可以以免税作为补偿。

在中世纪，封建领主从财政的角度出发乐于维护商贸路线。他们维护道路依靠的是修路工——被强加了维修道路和桥梁这一封建组织完全知道是最为沉重的负担的农民——并且反过来还要征收通行费。领主之间关于建立起合理的道路规划这一点并未达成一致；每一个领主都将道路修建在能用纳税和通行费来确保收回成本的地方。在伦巴第同盟时期的伦巴第大区，首次出现了道路的系统性规划。

上述所有事实的结果是，中世纪陆上贸易的体量远小于海上交易。最晚到十六世纪，大商行的代理人还会为了获得16包棉花而从奥格斯堡赶到威尼斯。根据计算，在中世纪末期，一年之内通过圣哥达隧道的货品，只能填满1到1个半的货运列车。考虑到如此小的体量，利润一定要相应地高到覆盖纳税和旅途中的生活成本。鉴于道路情况，旅行持续时间同样也很漫长。即使在陆地上，商人也不能随意选择出行时间。

道路的不安全性使得一个护送队是必要的，而他会等到相当多的旅行者汇集在一起再启程。

因此陆上贸易和海上贸易一样，束缚于商队制度。这是一种原始的现象，并且在巴比伦和中世纪都曾发现过。在古代东方，存在着官方任命的商队领队。在中世纪则是由城镇提名。直到十四、十五世纪的和平建立起了勉强的安全局势，一个人才可以开始作为个体旅行。在技术层面，这是凭借以所谓的驮队为形式的陆上运输组织来实现的。驮队制度产生于封建性的布局，在其中修道院再一次取得领先。土地领主将马匹、驮兽、运货马车等租用给公众。运货马车由几块农民保有地的所有者循环提供，而负担又加诸这些土地。封建组织逐渐让位于职业阶层，但是系统化的工业只有在城镇掌握了驮队业务之后才开始发展。驮队工人在城镇里自行组织成为行会，并遵循着推举出的"货运代理人"所制定的严格纪律，这一货运代理人与商人进行交易，并且将交通工具分配给行会中的各个成员。驮队首领的责任是得到公认的。

内河航运则存在着各种各样的组织形式。使用封建性领主的或修道院的船只和木筏通常依赖于强制执行的专利权，因此领主实际上对货物运输掌握着垄断权。然而，一般而言，他们不能自行利用这种权力，而是要把它转移给运输工人的联合会。于是，这一高度专门化的工人联合会获得了垄断权，而领主的权力则被剥夺。另外，虽然大体上是在城镇发展之后，但这里还是相对早地产生了正式实行轮班工作制的自由航运行会。他们用自己的小船运输货物，挣钱的机会根据行会制定的严格规定进行分配。城市共同体也掌握了航运组织。在伊萨尔河（Iser）上，米腾瓦尔德（Mittenwald）的市民垄断着筏运，运输货物的权利在他们之中按顺序轮流。木筏从处于较高海拔的农业用地沿着溪流运输重物，同时拖着高价货物到更高海拔的区域。最后，掌握着航运的封闭的联合会从封建性的或行会组织中产生——而行会组织又脱胎于封建性组织，比如，在萨尔察赫河和莱茵河上的航运组织就是如此。最初，萨尔茨堡的大主教掌握着作为封地的当地的航运垄断权；然后产生了船只经营者的联合会，他们自行组成了一个内河商船队。这个组织拥有船只、雇佣运输工人，并且从大主教那里夺取了垄断权。在十五世纪，大主教又买回了这一特权并将它作为封地内容进行出租。在穆尔格河（Murg）上，航运同样依赖于由森林航运工组成的工业联合会，它产生于木材垄断权，因此属于森林土地的保有者。黑森林地区木材的大量供应，导致穆尔格河上的航运组织将运营范围扩展到了莱茵河上，于是它分化成了一个森林组织和一个莱茵河组织。最后，合伙人为了获得货运收入而开始从事外来货物的运输。奥地利的多瑙河航运组织和上莱茵河航运组织都是从行会发展而来，因此通过与采矿共同体所采取的类似的方式，航运权落入了工人联合会的手中。

上述关系在商人之间引发的需求，首先就是要寻求个人保护。偶尔，提供的保护采用了祭司制的特征，外来商人处于神或酋长的保护之下。另一形式则是与地区政治势力缔结一项安全行为协议，就像在中世纪的上意大利一样。后来，通过攻占防御工事，这里的市民强迫威胁到贸易的骑士搬进城镇，并且他们自己还部分地承担了对商人的保护责任。行为费曾经是沿路居住者最重要的收入来源，比如在瑞士就是如此。

商业的第二大需求是获得法律保护。商人是外来者，不会有与民族或部落成员相同的法律机会，因此需要特殊的法律协议。一个能够满足这种目的的制度是报复制度。比如说，如果热那亚或比萨的债务人，不能或者不愿意在佛罗伦萨或法兰克福偿还债务，那么就要由他的同胞承担这一压力。这并不公平，长远来看也不可容忍，并且最古老的商业条约也旨在阻止这种报复。由原始的报复规则开始，商人对法律保护的需要引发了多种多样制度的产生。既然商人作为外邦人不能在法庭上出现，那么他必须拥有一个可以代表他的保护人；因此在古代就产生了结合着热情好客和获取利益的代理现象。与它相对应的是中世纪的抵押法：外国商人获得授权并且要求获得市民的保护，他必须将他的货物储存在此市民处，而主人则代表公众反过来有义务保护这批货物。

与这些办法相比，随着商人数量的增加而组织起来的商业行会才是迈出了进程中的一大步。这是在遥远城市进行交易的外国商人为了相互保护而组织起来的普通行会。不用说，这一组织能够存在一定是以城市统治者的允许为先决条件。和上述成立于异国他乡的商人组织联系在一起的，通常是特殊的商人定居地的建立，它让商人可以不必立即售卖出他的货物。在世界范围内，达成这一目标的方式对于陆上贸易来说是商队旅馆，对于海上贸易来说是中世纪的海商商馆——商站、仓库和销售室。在这方面存在两种可能性。一方面，销售室可能是由外国商人为了自己的利益而设立的，可能出现在当他们的活动使得他们必须找个地方定居的时候。在这种情况下他们是自治的，自行选择管理者，就像伦敦的德国商业行会的商人一样。另一方面，可能是本国商人为外来者设立起了这一制度，为了控制他们介入市场的程度并束缚他们。德国商人位于威尼斯的商会馆就是一个例子。

最后，有必要设立起固定的交易时间。购买者和售卖者必须能够找到对方。这一要求被固定市场满足，并由此产生了市场特许权。经由王族的特许，到处都为外国交易者建立起了市场——在埃及、印度、古代以及中世纪的欧洲。这一特许权的目的，一方面是为了满足赐予特许权的权威的要求，另一方面是为了促进财政目标的实现；王族想要通过市场上的交易获利。结果，为了获得报酬，运输管理通常与市场特许权联系在一起，同样相关的还有市场法庭的建立，这部分地符合王族的利益，因为他们会从法庭费用中抽成；部分地符合外国交易者的利益，因为他们不能出现在正规的国内法庭上。同样还存在有关测量、重量、货币制度、交易时间和交易方式的规定。王族则会获得市场税费，作为提供这些服务的报酬。

从到访市场的商人和赐予特许权的权威之间的原有关系之中还发展出了其他的制度。商人需要一片很大的区域以供他们检验、称重和储藏货物。早期发展出的制度是，作为税收方式而强迫商人使用属于王族的起重机这一项目的专利权。然而，促进了财政收益的主要还是强制性佣金。商人同样必须接受针对他们的交易总量的检查，因为缴纳的费用就是以之作为基础的。相应地，西方还设立了一种承袭于东方的代理人制度。在这些要求之外还有对强制路线的要求。因为王族必须保证商人的安全，所以商人必须使用属于王族的道路。最后，市场也具有强制性，王族为了便于管理，要求外国商人的交易必须在市场或仓库中公开地进行。

（B） 定居贸易者

只要外国交易者占多数，上一章节所描绘的状况就不仅仅只适用于中世纪早期的贸易，同样也适用于阿拉伯半岛和整个世界。然而当定居商人阶层发展，完全不同的情况就此产生。

通常，定居贸易者的出现是城镇发展的产物，虽然之前定居商人肯定就已经存在于附近城堡的市场定居地之中。定居商人的专有名词为坐商。这个术语在中世纪意味着获得了城镇定居权的贸易者，并且主要是零售商，而不论他售卖的是他自己的产品还是外国人的产品。在某些法律文献中，这个术语就相当于现代商法中的商人；坐商是为了利益既买又卖的人。但是这种尤其出现在莱茵河流域文件中的用法，不能被当作中世纪的普遍用法。在中世纪城镇的人口结构中，坐商不是批发商而是所有把某些东西带入市场进行售卖的人，他们可能是手工业者也可能是职业的贸易者。

城镇中职业的交易阶层以下列途径发展。定居商人最开始是流动的交易者。他为了在远处售卖产品或从远处获得产品而定期旅行，同时他也是一个获得了固定住处的商贩。第二个阶段，有人替定居商人旅行，这个人是雇工、仆人或合伙人；一个做法接着另一个。第三个阶段，商馆制度形成。贸易者的资本势力增强，使他可以在异地建立起独立的定居地，或至少在那里维持工人的雇佣，由此建立起了一种地区间的关系制度。最后，定居贸易者在他的所在地完全固定了下来，并仅仅通过信件与远处的地区开展交易。这一情况直到中世纪晚期才具备可能性，因为之前地域之间并没有足够的法律保证。

中世纪贸易的重心在于零售业。即使是从远处——比如东方——带来货物的商人，都集中精力于直接向消费者进行售卖。零售的风险更小，收益更稳定更安全，并且通常收入也比批发贸易的更高，同时还拥有一定程度上的垄断性。即使是汉萨商人，也不是现代意义上的商人，而是主要聚焦在控制异域领土上的零售贸易，试图在俄国、瑞典、挪威和英国排除外来竞争。即使是英国十六世纪被伊丽莎白赐予了特权的商人冒险家（Merchant Adventurers），奉行的也是这一政策。真正意义上的批发商可能根本没有在中世纪早期存在过，到了中世纪晚期欧洲南部的大商贸中心，批发商数量也仅仅在小量而缓慢地增长；而在北部他们仍然是例外[1]。

定居贸易者作为一个阶层必须与其他团体竞争[2]。这种斗争的其中一个方向是对外的，比如为了维持对城市市场的垄断权而进行的斗争。这

---

[1] 参见贝洛（G.von Below）所著论文：《德国中世纪的巨贾和小商》《关于民族经济发展的理论》《中世纪城市经济的发展》——均载于《经济史问题》，蒂宾根，1917 年版。

[2] 关于中世纪英国的商业组织，参见李普逊（E.Lipson）《英国经济史引论》第 1卷，伦敦，1915 年版；另参见格拉斯（N.S.B.Gras）《自十二至十五世纪英国谷物市场的演化》，坎布里奇（马萨诸塞州），1915 年版，以及这些著作里提及的参考文献。

一斗争的对象是非坐商的部落贸易和氏族交易，尤其是与部落工业相关的异地商贸，还有非定居的外国贸易民族的贸易。从想要压制这种竞争的愿望中产生了与犹太人的冲突。在中世纪早期的德国并不存在对犹太人的敌意。即使在十一世纪，施派尔的主教还邀请犹太人去到城镇，如他所说，是为了增加他的城市的荣耀。要等到十字军东征时期，在与犹太人进行的信仰之战和竞争这一双重影响下，第一波反犹太人运动才在全欧洲爆发，虽然我们在古代也曾发现过反犹太人运动。塔西佗谴责犹太人"迷信"，并且作为罗马人，轻视所有东方的"迷狂"，认为其是可鄙的。这一反对犹太人和其他外国民族——高加索人、伦巴第人、叙利亚人——的斗争，是民族贸易阶层发展的特征。

定居贸易者同样与定居在乡村土地上的商人竞争。这一斗争在十五世纪以城市商人的完全胜利而告终；比如说，巴伐利亚的富人路易公爵（Duke Louis），尤以他自己为了便于管理而强迫他领地内的乡村商人迁入了城镇而自豪。还存在着以多种形式发生的其他商人反对零售贸易的斗争。某种程度上，城市商人提出要求，让外来商人仅仅可以在特定的几天售卖他们的货物。面向消费者直接进行销售对外来商人来说是禁止的；为了进行管理，外来商人相互之间的交易也被禁止，最后还将强制性的处置加诸他们；也就是说，不论是面向消费者还是面向当地商人，他们都必须在规定的时间和规定的地点将当时带到当地的所有货物进行售卖。

定居商人持续强化着对外来者的控制并获得了成功。他们向外来者施加住宿的强制性规定，也就是说外来者必须与应该监视他们活动的特定市民居住在一起。因为这会产生在客人和主人之间发生被禁止的交易的隐患，所以他们设计了必须强制性使用的公共仓库。虽然不总是这样，但这两种办法通常一起使用，就像位于威尼斯的德意志商馆一样。每一个德国商人都必须住在商馆并且在这里储存他所有的货物。商馆几乎没有自我管理的权利；所在城市在德国商人之上强行设置官员，而城市本身则通过代理人控制他们。所有办法中最有效的一个就是强制性的代理制，它阻止了外来人和本地人之间的交易。代理制的产生源于定居交易的垄断性倾向，也源于城市想要控制外来人的每一笔交易的愿望。代理人自己不能进行任何交易，也不能结成任何合伙关系；他被官方承认的佣金来源于处于他监管之下的商业往来。

商人阶层斗争的第二大目标是内部的机会平等。享受着团体保护的成员，一定不能获得比团体中其他人更好的机会，这一点尤其被应用于零售业。这一目标通过禁止预售或"囤积"、分享的权利来实现。这些规则的第一条阻止的是交易者在货物被运进城之前就先行将其售卖。另一方面，如果一个商人，因为拥有更强大的资本实力而买到了和其他人比更多的货物，那么分享的权利就发挥了作用。它规定，组织中的任何成员都可以提出要求，以实际的成本价获得一部分相关的货物。这一规定只适用于零售商；而批发贸易因为涉及的是远处的货物，所以就不可能在不影响业务的情况下遵从这一规定。结果，随着批发贸易赢得了更大的自由，激烈的斗争开始了。

定居贸易阶层必须进行的第三种斗争，是对诸如活动领地的争夺。这与想要在最大可能上利用城镇的机会相关。它导致了针对主要市场的强制和针对街道的限制，也就是，强制所有商人在规定的区域使用规定的街道、在规定的地点或港口售卖货物的权利。这一要求最初对交易的发展其实是有利的；鉴于交易的体量很小，如果没有指定了具体的地点和街道的垄断，那么也不可能可以满足技术要求并支付港口和街道发展所必需的成本。但是这并没有改变以下事实，即对于那些获得了垄断权的人——尤其是城镇领主和王族——来说，支配他们的只是纯粹的财政考量。每一个地域领主都试图通过战争获得主要市场和街道的所有权。在德国爆发的冲突是非常暴力的，尤其是在十四、十五世纪。主要市场和街道的权利既是斗争的目标又是斗争中可使用的资源。权利一旦隶属于特定的地方，掌权的领主就可以通过阻塞和封锁街道或通过政治手段对此地施加严重的伤害。在中世纪后期几个世纪的英法关系中就全是这种例子。

最后，定居商人阶层与消费者利益之间也存在冲突，并且内部划分为当地市场派或外地贸易派。消费者想要尽可能直接从外来贸易者那儿买到一手的货品，然而绝大多数当地商人的利益与其相反，他们期待的是以零售商的立场来看的对市场的管制，同时又能保持一直获取货源的能力。长远来看，同时确保两方利益被证明是无法实现的。当认识到这一事实，批发贸易的利益就开始和商人团体中与之相反的利益分裂，然而零售商的利益却开始和消费者的利益夹杂在一起。

（C）集市贸易

外来商人和定居商人的常规活动面向的都是消费者。相反，商人和商人之间进行的第一大交易形式却出现在集市里。因为纯粹具有本地利益的零售商在中世纪占主导地位，所以集市发展成了地区间贸易组织最重要的形式。集市的特征如下：首先，到访集市的没有本地人，而是带着目的的游商；其次，大家交易的都是手中的货品。第二点将集市贸易与现在的交易区分开来，在现在，进行交易的货品并不是现有的，而且通常都还未被生产出来。

香槟区的集市可以用来说明典型的集市。在香槟区的 4 个主要城市中共有 6 个集市，每一个持续 50 天，包括集市的筹备和开幕、交易的支付等，因此除了假日，这六个集市可以填满一整年。集市被自上而下地组织起来：有一个集市法庭，由一位市民和一个用来保证安全经营的骑士组成。集市首次出现在 1174 年，并在十三、十四世纪发展到顶峰。参加集市的人受制于集市的警察和财政权，受到最高处罚的人会被强制逐出集市。这一举措被其他势力所效仿，尤其是教堂：为了将违规者逐出集市，以政治或财政原因而威胁将某人逐出教会的事例时有发生，并且还曾有整个公社都遭遇了这种命运。香槟区的商业重要性源于以下事实：它的地理位置，一边是英国羊毛产区和佛兰德斯的羊毛制造区，另一边是东方货物的大进口国——意大利，而它位于两者中间。因此，在要进行交易的货物之中，首先就是羊毛和羊毛制品，尤其是廉价布料。为了交换这些，南部带来了高价值的物件：精细的鞣制羊皮、香料、明矾、用于镶嵌家具的优质木材、染料、蜡、藏红花、樟脑、橡胶、花边的模具——南部和东部产物的混合。布料集市是香槟区所有集市中最重要的一个并且有着最大的流通量。世界上所有种类的货币在此汇聚。结果，香槟区成了货币兑换业务的发祥地，也是债务结算的经典地点，尤其是偿还教会债务的经典地点。那些没有偿还自己债务的世俗权力的拥有者，实际上在他的"地盘"上商人对他是毫无办法的。然而高级教士却完全不同，他如果失信，那么他一定会被上级主教驱逐出会。高级宗教阶层这一特殊的信誉度可以表现在下述事实：极大部分的汇票都是开给高级教士的，并且要在总清算开始之前的最后 4 天内兑付，否则就会被逐出教会。这一规定的目的是确保商人能够获得集市活动中所需的现金；但是这一规定又因为以下事实而有所缓和：高级教士的义务可由教会强制执行，这就相当于高级教士具有了更高的汇款安全性，因为它就像得到了教会处罚的保证一样。

这段时期内没有任何其他集市到达过如此重要的程度。德国曾经尝试在法兰克福建立起一个集市，它确实有过逐步的发展，但从未达到香槟区集市，甚至里昂集市的高度。在欧洲东部的诺夫哥罗德，后来还有下诺夫哥罗德，曾存在过一个地点，在此汉萨同盟的商人同皮毛交易者和俄国农民生产者之间进行过交易。在英国有很多集市城镇，但是没有一个能和香槟区集市相提并论。

第十七章 商业企业的形式

数量上的计算首次出现在理性商业的领域，而理性商业最终则支配了整个经济生活。进行精确计算的必要性首次出现在所有由公司开展业务的地方。最初，商贸的流通很慢而利益很大，因此精确的计算并不是必需的。购买货物仍然以传统地固定下来的价格为准，所以交易者只用集中精力于获取尽可能多的可供售卖的货物即可。而当交易由集体执行，为了进行会计核算就有必要进行精准的簿记了。

几乎一直到现代时期的开端，计算的技术手段还是粗暴的。我们现行的此种数字大小取决于它的位置的数字制度是印度人的发明，阿拉伯人从他们那儿学习了过来，并且可能又被犹太人传到了欧洲。但是直到十字军东征时期，大家才对它有了普遍的了解并且足够将之用作一种计算方法；如果没有这套制度，合理的计划是不可能的。所有使用文字计数法的民族——比如古代和中国所使用的那些——必须有某些额外的机械帮助才能进行计算。在古代并且直到中世纪晚期，算盘为此被投入使用，并且在阿拉伯的数位已经出现很长时间之后仍在被使用着。就像当进位计数法传入欧洲，最初它被视为在竞争中获得不道德优势的、不体面的手段，因为它帮助的是那些不齿于使用它的有道德的商人的竞争对手。结果在最开始，禁令就设法阻止人们使用它，甚至高度发展的佛罗伦萨布料制作行会也曾有一段时间拒绝接受它。但是使用算盘计算除法很难，它甚至被视为一种晦涩的谜；从那时的佛罗伦萨一直流传下来的计算是借由文字计数来进行的，而它的错误率竟可达四分之三甚至五分之四。基于这一反感，在实际使用了阿拉伯数字进行计算之后，罗马数字仍然被用来给账目进行编目。直到十五、十六世纪，位数制仍在争取获得官方的承认。

首批可以被商人拿来使用的有关计算的书籍出现在十五世纪，而更古老的文献则可以追溯到十三世纪，但它们并未被普遍使用。西方的簿记在对位数制熟悉的基础上被建立起来；在全世界都没有找到与簿记类似的事物，只在古代发现了一些它的先兆。只有西方世界独自进行着货币计算，东方却仍然保留着实物计算的原则（此处可以回忆埃及用粮票记账的情形——见上文）。

确实，在古代的银行业——比如希腊的汇兑商和罗马的银行家——中也存在簿记。然而，这些账目是用文字进行记录的，并不是被用作管理与收入相关事务的工具。真正的簿记首次出现在中世纪的意大利，最迟至十六世纪，一位德国职员还前往威尼斯对此进行学习。

簿记的发展以贸易业务作为基础[①]。在任何地方，家族都是支持连续的贸易活动的最古老的单位，不论是在中国和巴比伦、印度，还是在中

① 马克斯·韦伯《中世纪商业公司史》，斯图加特，1889 年版。

世纪早期。贸易家族的子嗣都是获得信任的贸易成员，后来成了父亲的贸易伙伴。因此同一个家族代代相传地充当着资本家和贷款人的角色，就像公元前六世纪巴比伦的伊吉比（Igibi）家族一样。确实在这种情况下发生的交易不是像现在一样的大范围的、复杂的，而只是很简单的。特别的是，虽然位数制至少在印度是广为人知的，但是我们却没有听说过巴比伦或是印度的贸易家族曾进行过簿记。原因很明显：在这里，就像在东方和中国的普遍情况一样，贸易往来仍然是家族内部的事务，那么记账也就不是必需的了。超出家族成员之外的贸易往来也是率先在西方变得普遍的。

团体组织的第一个形式是临时性的，也即上文中已经提到过的康孟达。连续不断地参与这种企业可能就逐渐地形成了常设企业。实际上发生的也是这种演变，虽然欧洲南部和北部有性质上的不同。在南部，旅行商人通常被委以康孟达的主办人，因为鉴于他长年游走于东方而不现身于欧洲本地，不可能对他进行管理。所以他成了主办人，接受最多有10或20份来自各个不同集团的委托，并对每一位委托人分别计算账目。相反，在北方，一般留在国内的合伙人才是企业家；他与数量众多的旅行合伙人缔结关系并委托以他们契约。通常禁止旅行的代理人承接一个以上的契约，这使得代理人依赖于定居的合伙人，而定居的合伙人因此发展成了经理人。上述区别的原因在于南北部之间商业的区别。在南部，旅程因为进入了东方而显而易见地包含了更大的风险。

随着康孟达组织的普及，常设的工业企业得到了发展。首先，由于要与家庭外部的经营者进行业务往来，会计制也得以渗透进家族圈层，因为必须要为每一个独立的企业进行簿记，即使委托关系只与家庭的某一位成员有关。这一发展在意大利比在德国进展得更快——南部再一次领先了北部。最晚至十六世纪，富格尔（Fugger）家族的确允许，但是是非常不情愿地，让外界资本进入他们的事务，韦尔瑟（Welser）家族在这方面心胸更开阔一些。相反，家族企业与外来者的联合以越来越快的速度在意大利传播着。最初，家族和企业之间并没有区分。这种区分逐渐建立起来的基础是中世纪的货币记账，然而正如我们所见，在印度和中国仍未出现这种区分的身影。在佛罗伦萨的大商业家族，比如美第奇（Medici）家族，家族开销和资本交易被不加区分地计入账簿；清账最初发生在与外部委托有关的业务中，然而家族内部的每一项事务仍然一片"混沌"。

分离家族和企业会计的主要动力，因此也是早期资本主义制度发展的动力，是对信贷的需求。只要仅仅进行着现金交易，这一分离就会一直被搁置；但是一旦交易过程中遭遇长时的暂停，保证信用的问题就产生了。为了提供这一保证而采用过多种手段。首先就是通过维持家庭公社甚至更远的亲戚关系来维持所有大家族中所有宗支的家庭财富；比如，之所以佛罗伦萨的大商业家族拥有很多宫殿，都是源于上述目标。与此相关联的，是同住之人所负担的连带责任制，家庭公社的每一个成员都要对公社其他成员的债务负责。

显然，这一连带责任制生发于传统的刑事责任制；在叛国罪中，罪犯的房子被夷为平地，而他的家人则作为嫌犯被悉数消灭。这一连带责任的概念，毫无疑问又传输进了民法之中。随着外界资本和外来人员为了交易而渗透进家族企业，这一概念不定期地得到复兴。从这一概念之中还产生了一致分配财富以供个人支配使用和一致分配在外部事务中代表家族的权利的必要性。就这种情况的性质而言，家长应该可以在任何地方束缚家庭，但是连带责任制在任何地方都没有发展到像西方商业法所具有的程度。在意大利，它的根源在于家庭公社，而它的发展阶段分别是公共住所、公共作坊还有公共商号。在北部则是另外的情况，大的家庭公社未曾在此出现。在这里，需要让商贸业务的所有参与人共同签署承担责任的文件，信贷条件才能被满足。接着每一位参与者都对团体负责，通常负有的是无限责任，虽然反方向来看，集体并不对个人负责。最后，每一位参与者都对所有其他人负责的原则建立了起来，即使他没有签署文件。在英国，同样的结果借由共同印章或授权书而达成。在十三世纪之后的意大利和十四世纪后的北部，合伙集团的所有成员对商号债务的连带责任已经完全建立了起来。

发展的最后阶段建立起了获取商业信誉最有效的，也是最长寿的方式，即将商业合伙集体的财产与合伙人个人的财富相分离。这一分离被发现于十四世纪初期的佛罗伦萨，并且到了同一世纪的末期也出现在了北部。这一步骤是不可避免的，因为有越来越多非家庭成员的个人加入了贸易单位；另外，当家庭不断地利用外界资本，这一步骤就算在家庭本身也无法被避免。一方面是家庭开销，另一方面是个人的开销，都从商业开销——被划分给商业的一笔规定的货币资本——中分离出来。从我们发现被称为公司法人的商号的财产中，又发展出了资本的概念。

具体来说，这一发展采取了不同的路径。在南部它发展的领地是大家庭的商行，不只是在意大利，还有德国也一样，就像富格尔家族和韦尔瑟家族表现的那样。在北部，发展的进程是通过小家庭和小交易者的联合。关键的事实是，大型货币交易中心和政治上的货币权力中心都位于南部，就像大多数矿产交易和东方贸易一样，而北部只保留着小资本主义。结果，在这两个区域发展出来的组织形式是完全不同的。南部商业公司的形式是康孟达，也即一个合伙人执行业务并且亲自负责，其他人则参与投资并且分享收益。这一发展模式产生于以下事实：在南部，手握委托的旅行商人才是典型的主办人，而当他占据了一个固定的住所，他就成了采用康孟达形式的常设企业的中心。在北部，这一关系则是颠倒的。汉萨同盟地区的文献最初给我们留下的印象是：没有常设的企业，贸易只是被分割成了纯粹暂时性的企业和许多不可分割的混乱的个人交易。实际上这些个人的业务就是常设企业，只是账目要分别进行计算，因为意大利式的（双重条目）簿纪要到后来才被引入。

组织的形式是经理制和委托制。在第一种形式下，旅行的合伙人被委托以货物，并收取利润的份额；而在后一种形式下，他能获得商业利益则是因为他投资了交易资本，但他却并不参与交易。

第十八章　商业行会[①]

　　商业行会并不是德国特有的制度，它遍布于全世界，可惜古代没有关于它的确凿的记载，但是无论如何它在古代也没有政治上的重要性。形式上来说，行会要么是外国贸易者为了寻求法律保护使自己免遭本地贸易者的压迫而设立的组织，要么就是本地商人的组织。在后一种情况下，它发展于部落工业和部落贸易之中，就像中国的情况一样。两种形式也出现过结合。

　　比如，在西方，我们一开始只能在特殊地点发现外国人的行会；比如，十四世纪在伦敦的德国贸易行会，它建立了一个被称为"钢铁院落"的货栈。具有地区间特征的是汉萨同盟，一个出现在德国、英国和法国的名称，它的发展在细节上有很多区别。严格来说与它们密切相关

[①] 一般参考文献：格罗斯（Chas. Gross）《行会商人》，共两卷，牛津，1890年版；李普逊（Lipson）《英国经济史引论》第1卷，伦敦，1915年版；莫尔斯（H.B.Morse）《中国行会考》，伦敦，1909年版。——印度相关内容，参见马克斯·韦伯（M.Weber）《宗教社会学论文集》第2卷，第84页，以及其所参考的霍普金斯（W.Hopkins）的著作。——林格尔巴克（W.E.Lingelbach）《英国的商人冒险家》，费城，1912年版。

的是在大多数城镇中都存在的汉萨伯爵（Hansgraf）的制度。汉萨伯爵如果不是由政治权威组建，则是被政治权威赐予了特许权的官员，他的职责是为在他所代表的地区间进行交易的商人群体提供法律保护；但他绝不对交易本身的形式进行干涉。

第二种类型的行会由想要垄断地区交易的定居商人构成，中国上海的茶商行会就是一例。另一个例子是广州的公行，它的13家商号直到1842年的《南京条约》之前以垄断地位统治着整个对外贸易。中国行会实行的是价格管制和债务担保，并且对它的成员拥有着征税权。它的刑事权是非常严厉的；违反规定的行会成员会受到私刑审判，即使在十九世纪，它还对违反了学徒最大限额这一规定的成员进行了处决。在国内商业中，银行家行会、贸易行会都存在于中国，比如牛庄的银行家行会。中国行会对于国家货币制度的发展至关重要。元朝皇帝实施的铸币贬值政策导致了货币制度的瓦解。紧接着实施的纸币制度又导致了在批发贸易中银条的使用，而行会则掌握着银条的铸造。因此行会成了货币政策的中心，控制着对货币重量和尺寸的决定权，并且自行掌握了刑事管辖权。

在印度，行会出现在公元前六至公元前四世纪的佛教时期，并从三世纪开始达到他们的发展顶峰。它们是世袭的贸易者组织，有着世袭的统治者。它们发展的最高点出现在当它们成为众多相互竞争的王族的货币出借人之时，而他们的衰落则是本来已经由佛教部分地推至幕后的种姓制度复兴的结果；在印度中世纪之后，王族的政治又一次占据着主导地位。因此在十六世纪又形成了拉马尼（Lamani）或班加里（Banjari）

的种姓，他们从事着谷物和食盐贸易并且供养着军队，并且可能是现代巴尼亚或贸易种姓的源头。在印度同样还存在着不同信仰教派之间贸易形式的区分。耆那教出于礼制的考量而被限制在固定地点进行贸易；以信誉为基础的批发和异地贸易被垄断在印度拜火教教徒手中，因为他们不被礼制所限制，并且又以负责任和真诚而闻名。最后，巴尼亚种姓从事着零售贸易并且出现在每一个从道德的角度看获取的是不正当收益的业务之中。因此它的成员还参与着包税、借贷官方货币等事务。

与中国相反，西方对货币制度、重量、尺寸的管制一直保留在政治权威手中，它要么自己行使管制权，要么把这个权力转交给政治代理人，但是从未赐予过行会。在这部分的世界中，行会的权势完全依赖于政治特权。行会的形式是多种多样的。首先需要注意的是城市行会。这是支配着城市，并且为了工商政策中的经济利益而实施控制的一个团体。它具有两种形式。要么，它是军事联合体，就像威尼斯和热那亚的公共会社一样；要么，它可能是城镇中贸易者的独立联合体，伴随着手工业行会一起发展起来。第二种形式中的主要类型是作为征税单位的行会，它是一个英国特有的建制。英国行会的权力来源于以下事实：它们继承了国王征税的职能。只有那些纳过税的人才是行会成员，而那些未曾纳税的人被排除在外并且没有进行交易的权利。英国行会因为这一事实而得以控制城市中的公民权。

具体来说，西方行会的发展具有高度的多样性。在十三世纪，英国行会商人拥有的权势达到了顶峰，在此后开始了一系列的内部经济改革。在十四世纪，它从手工劳动中分离出来；一个人想要留在行会，就必须放弃手工活动。然而，从事贸易的成员却立即开始在手工业行会中脱颖而出，并且被区分为"同业公会"，也就是拥有正式身份的成员，他们通过购买制服或徽章而跻身于更贫穷的手工业者之上，因为后者无法负担这些费用。

批发商在十六世纪尚未从零售业中分离出来，虽然在那时，外国贸易者的第一个行会——商人冒险家——已经得到允许而建立了起来。的确，英国立法力图按照工艺划分来限制行会，只允许它们的成员从事单一种类的货物贸易。另一方面，英国作为强大国家的权势总是凌驾于行会之上，虽然行会利益的代表也会现身于议会之中。结果，城市从未获得过像在德国一样高于乡村的权力，而乡村贸易者和土地保有者却总是被准许进入行会。

在意大利，行会在各自的城邦中向前发展。行会保持着它们纯粹的地方性；在独立联盟（Sonderbund）获得了领事章程的胜利之后，这里便开始了手工业行会和贸易行会之间的斗争。德国发展的第一步与意大利相似。特征之一是市长的出现，一开始他是非法的行会会长，他的地位就像是意大利的人民首领。此外，德国北部的很多城市的发展与英国相似，即行会商人决定城市的经济政策。另一方面，在很多德国中部古老且富裕的城市中，我们发现了非正式地管理着城市的行会，就像科隆的"富商行会"（Richerzache），它资助了反对大主教的革命，利用反对城镇领主的誓约将市民团结起来，其后永久地统治着城市并且控制着市民身份的批准权。然而在德国，贸易行会的存在却是普遍的，在其中商铺主和商人裁缝尤为突出。商人裁缝，裁剪进口布料然后将之售卖给消费者，在北方更小的城镇中占据着统治地位；他们总是必须同织工抢夺市场，但是通常都会获得胜利；然而在大城市，贵族家庭在地位和身份两方面都列于他们之上。

对于中世纪被行会统治的城镇，尤其是城镇联盟来说，是谈不上有什么系统化的贸易政策的。城镇从未以它们自己的名义进行过贸易；而这一状况直到十六世纪才开始发生。德国汉萨同盟的政策可能是一个特例。唯独它在有意识地奉行着一贯的商业政策，并显示出以下特征：

1. 只有汉萨同盟的市民有权分享汉萨同盟所掌握着的商业特权。

2. 它的目标是在外国进行直接的零售贸易，并且放弃从事运输业或委托贸易，而一旦英国、斯堪的纳维亚、俄罗斯的本地商贸阶层产生以后，以这项政策为基础的贸易就瓦解了。

3. 汉萨同盟的成员在贸易中仅仅使用他们自己的船；他们既不能租借外人的船，也不能将同盟的船或其中的份额转卖给外人[①]。

4. 汉萨同盟的成员仅仅使用货物进行交易，既不接受货币交易也不接受银行业务，就像佛罗伦萨人一样。

5. 汉萨同盟为了能够控制自己的成员而在每个地方都获得了定居和仓储的许可。它所有的商业行为都服从于严格管制；重量、尺寸是规定好的；其成员不准与外人进行信贷贸易，旨在防止外来资本在组织中发挥作用；甚至也禁止成员同非成员结婚。

6. 汉萨同盟首次朝着标准化的方向努力，并固定了所交易货物的种

[①] 出于这一项要求，汉萨引起了但泽（Danzig）方面持续性的对抗，但泽不愿让自己的造船业处于不利地位。

类——蜡、盐、金属、纤维织品。

7. 不足的方面是，汉萨同盟没有执行关税政策；它最多只会为了战争目的征收税费。它的内部政策，尤其是从压制手工业行会发展这一条来看，指向的是要施行市场贵族统治。总的来说，这些措施意味着它是为了定居的外来贸易阶层的利益而制定的政策。

第十九章 货币和货币史 [①]

从进化的角度来看，是先有的货币再有了私有财产。它从一开始就拥有这一特性；相反，不存在一个物品是具有货币属性但没有个人所有权属性的。最古老的私有财产有个人的手工艺品、男性的工具和武器、男性与女性的装饰用品。这些物品在人与人之间的继承都遵从着一项专门的法律，而货币的起源，主要就在这些物品的领域之中。

今天，货币有两种特殊的职能，它被规定为支付的方式，同时也是一般的交换媒介。历史上来看，被规定下来的支付职能在它的两种职能之中要出现得更早一些。在这一阶段，货币还未曾获得交换的职能，这一特征之所以可能，是因为许多价值的转移发生在经济单位之间，而这种转移并不涉及交换但一定需要一种支付方式。酋长间的部

---

① 一般参考文献：李奇微（W.Ridgeway）《金属通货和重量标准的起源》，剑桥，1892 年版；萧（W.A.Shaw）《通货史，1252—1894》，伦敦，1895 年版；莱克希斯（W.Lexis）在《国家科学大辞典》中所编写的关于"黄金""本位问题""银本位"等条目（参见 1896 年美国造币厂监督报告书，第 266—280 页，英译者注）；劳弗林（J.L.Laughtin）《货币原理》，纽约和伦敦，1903 年版；卡莱尔（W.W.Carlile）《现代货币进化史》，伦敦，1901 年版。

落礼、聘礼、嫁妆、人头费、损害赔偿金、罚金——必须以标准媒介进行支付的项目都属于这一范畴。到了次一级的层面上，还包括酋长对其追随者进行的支付，这与那些屈从于酋长的人对酋长进行的支付相反——其实也就是领主以礼物的形式给予其封臣的工资——还有后来将军对其士兵进行的支付。即使在迦太基这样的城市，并且仅仅在波斯帝国中，货币也只是作为支付军事费用的一种手段而出现，而不是作为交换的媒介。

在发展的这一阶段，现在意义上的统一的货币是不可想象的；然而在任一经济区域，不同种类的服役都对应着特殊种类的货物，而这些货物都充当着支付媒介，因此不同种类的货币同时存在。比如，没有人能用贝壳买到妻子，但是用牛就可以，然而在小型交易中被接受的则是贝壳，因为它们可以用来进行小额支付。以在社会团体内部用于支付的方式发展的货币我们称之为对内货币。

另一个现在的货币很少具备、但历史上很长时间它都具备的一个职能，是它作为积累财富的媒介。想要维持自己地位的酋长必须有能力供养他的追随者，并且在特殊场合用礼物犒劳他们。因此每一位印度王侯和墨洛温王朝（Merovingian）的国王都拥有的宝库就具有特别的价值。尼伯龙根的宝藏也就只是这样的一个宝库。许多不同种类的典型物件都曾被用作积累的手段，比如王族习惯于作为礼物赏赐给其跟随者的、同时又因为可以用来进行支付而具有了价格的那些物品。在这里，货币再一次不是一种交换手段而仅仅是阶级拥有的物品；人们仅仅是因为声誉、为了保持他的社会自尊而保有它。在这一职能之下，货币必须要具有现今也是必备的最重要的特征之一，也就是，与可携带性相对的耐久性。象牙和一定质量的巨石，之后还有金、银、铜和所有种类的金属，都被用作货币和积累的媒介。货币的这一阶层性体现在以下两个事实中。其一，在发展的最初阶段，货币具有性别区分，女性不敢拥有和男性同样种类的货币物；因此某些文石的保有权被留给男性，而珍珠贝壳仅仅归女性所有并且被用来当作丈夫给新娘的晨礼。另外，阶层的区分还包括酋长所用货币和依附者的货币的区分；特定大小的贝壳只能被酋长获得并由他拥有，并且也只能在战争时期或作为礼物，由酋长给出。

货币作为一般的交换媒介的职能起源于对外贸易。它的来源是一些情况下在团体外部用礼品进行的常规贸易，比如阿马尔纳泥板上记载的埃及和古东方的情况。

两个民族间的和平状态以他们统治者间持续的礼品往来为先决条件，这确实是酋长之间的准商贸交换，从中发展出了酋长贸易。不送礼物则意味着战争。第二种来源是广泛使用的外国产品。典型的氏族贸易和部落贸易将交换媒介的职能赋予了某些本地不可得因而价格昂贵的物品。这一对外货币在完成准商贸支付，比如缴纳关税或道路通行费时，就承担起了内部职能。酋长规定了安全经营，但是必须准许商人用他们携带的媒介支付。用这种方式，对外货币就成功打入了内部经济。

在这一发展阶段，货币具有很多形式：1. 作为个人装饰物。非洲和深入到亚洲内陆的印度洋地区所使用的白贝齿就属此类。另外，还有大量物品在不同范围内作为支付手段或交换手段而存在——珠子、琥珀、珊瑚、象牙、某些种类的战利品。装饰性货币通常并且主要都是对内货币。在不同部落使用同一种支付手段的情况下，它成了一般的交换手段。2. 功用货币。这主要是对外货币。作为履行强制性支付或衡量其他货物的手段，普遍使用的物体就有很多种：比如，爪哇使用的谷物，还有牲口和奴隶。然而，这些并不是通常被共同使用的充当功用货币的物品，通常被使用的那些物品反而是用于享乐的物件，比如烟草、白兰地、盐、铁具和武器。3. 服装货币。这主要发挥着对内和对外货币的职能。充当服装货币的物品，我们所知的有并不在当地生产的皮毛、兽皮、织物。4. 象征货币。在与现代货币情况没有丝毫相关性的状况下，在人们出于社会原因已经习惯于某些物品或习惯于用这些物品进行支付之后，货币职能仅仅作为符号依附于这些物品，而它们本身并不具有价值或重要性。因此，在英国、印度、中国的内地，游戏筹码被当作货币。俄国所使用的是皮货，由少量没有使用价值的皮毛构成，同样的，在南部地区，将大量棉花作为货币进行使用的情况发展成了棉花条的货币形式，这种形式去除了棉花真正的价值，但是却让它们适用于成为象征货币。

因为在这一阶段，不是只存在单独一种支付手段，而是很多流通物同时存在，所以必须要有相对价值的标度。它们通常都被组合在一个标度之内，这个标度不是说让一个单位的某个物品等于几个单位的另一个物品，而是说几个物品共同构成了一个价值单位。因此在爪哇，价值单位由某些极具价值的石头和 20 个白贝齿组成。对于密苏里河的印第安人来说，购买一个妻子的价格是两把刀、一条长裤、一个毛毯、一支燧发枪、一匹马和一个皮帐篷。它的意思是，一个女人的价值等于一个印第安战士一套完整装备的价值，并且女人也会被她的部落以这个数额进行出售。这一价值标度的基础不仅仅是经济质量，还有货物的惯常价值，也就是它们传统上被赋予的社会意义，还有便于处理的整数需求。在这一方面，十进制数字再一次发挥了重要作用。因此对于有的部落来说，10个椰子的价值等于一定数量的烟草，300个海豚牙齿的价值相当于一个女人，等等。

人头费和损害赔偿金，还有用货币支付的其他报酬，同样与经济价值没有关系而是只关乎社会价值。一个自由法兰克人的人头费达200苏勒德斯。这一数量是固定的，因为它必须要与一个半自由人或一个奴隶的人头费达成一定的关系。表现在这一原则之中的只有传统上被赋予的价值。一旦经济交换关系向前发展，就像在中世纪早期早已发生的，人头费便不再根据赔偿伤害的要求来确定，而成了坚持索要更大数量的一种典型现象。根据给定的货币物品进行估价不总是代表着用同种物品进行支付，而可能只是一种用来衡量个人支付的标准。后者可能依赖于赔偿者的支付能力——"尽其所能"——不是根据价目表，而是在表明传统上固定下来的补偿所需的费用。

从刚才描述的情况之中发展出了"贵"金属作为货币组织的象征性基础的独特地位。这一发展的决定性条件是纯粹技术上的。贵金属氧化很困难，因此不容易被摧毁，然而因为它们相对稀缺，所以它们作为装饰物品则具有很高的价值；最后，对它们进行塑形和再分割也是相对简单的。具有决定性的事实是，它们适用于标度，并且在非常早的时期就已经被用于此了。麦粒似乎被用作最早的比较砝码。不用说，贵金属同样也被作为实用物被使用，但是早在它们成为交换媒介之前，它们就已经专门成为一种支付手段。在之前，它们首次出现在酋长贸易中，阿马尔纳泥板表明，亚洲西部的统治者最期待法老运来的物品就是装饰用的黄金。王族偏爱赐予其跟随者的礼物也是黄金戒指；在吟唱诗的语言中，国王又专门被称为戒指挥霍者。

货币首次以铸币的形式出现是在公元前七世纪。最古老的造币厂位于吕底亚（Lydia），可能地处沿海，并且是源于吕底亚国王和希腊殖民者的合作。硬币制货币的先兆是由商人私自盖过章的条状贵金属，它出现在印度的商贸活动和之后的巴比伦和中国。谢克尔（shekel，古希伯来钱币）只是带着某个商贸家族标记的银片，它因为重量可靠而得到官方承认。中国的银两同样也是印有商业行会标记的银条。直到后来政治势力接手管理货币，并且很快垄断了这一活动。然而，看起来最后演变为吕底亚的情形。波斯大帝标记了达里克（darics，古波斯金币），将它作为支付其希腊雇佣兵的手段。

希腊将硬币引入商业领域作为交换媒介。另一方面，迦太基到货币被发明出来 3 个世纪后都没有尝试过使用货币，就算使用了，其目的也不是为了获得交换媒介而仅仅是为了作为支付其雇佣兵军队的手段。一般来说，腓尼基商业是在完全不使用货币的情况下运行的，而尤其是硬币的技术优势为希腊贸易活动优越地位的建立帮了大忙。即使罗马在原始时期已经开始进行出口贸易，但它开始使用货币的时间也非常晚，并且一开始使用的也只是铜币。它容许卡普亚（Capua）存在的在贵金属上做标记的现象，然而在罗马本土，直到公元前 269 年开始采用银币的时候，各种各样的硬币还在流通。印度的货币首次出现在公元前 500 到公元前 400 年，并且实际上是从西方学来的；在技术层面上来说真正可用的硬币首次出现于亚历山大时期之后。在亚洲东部，情况并不明朗；可能可以假设他们的货币拥有着独立的源头。因为旧时官员一贯性地掺杂、降低纯度，所以现在货币仍局限于铜币。

十七世纪之前的铸币技术和现在的完全不同。在古代，硬币是浇铸的，在中世纪是"打造的"，也就是被盖印的，但是直到十三世纪它都纯粹是手工制作的。硬币必须经过不少于 10 到 12 名不同手工业者之手，而他们使用的仅仅是手工工具。制作的成本极其高，小硬币的成本达到其价值的四分之一，在十四到十五世纪还是百分之十，然而今天它只有千分之十。因为技术原始，所以即使是最好的硬币，其准确度也是不定的；即使是英国的金克朗，就算制作过程相对完善，其差异仍然有 10%。商贸中应对这些误差的方式是，在可能的情况下只根据重量接收这些硬币。对于纯度来说，货币上的标记则是相对可靠的保证。首批相对精确同样也能保持稳定性的硬币，是 1252 年之后著名的佛罗伦萨的黄金基尔德。然而，在技术层面上真正可靠的货币只能追溯到十七世纪末期，虽然或多或少更早一些的时候，铸币已经开始使用机器了。

按照我们现在所理解的金本位制，首先是强制将特定货币作为支付手段，要么是用于所有数量的支付（本位货币），要么用于某个最高额度以下数额的支付（辅币）；其次，与此相结合的是本位货币的自由铸币原则，随着本位货币铸造成本的减少，任何人在任何时间都有权铸造它并用它无限制地进行付款。本位可能是单本位或复本位。在后一情况下，对我们来说唯一有可能理解的概念就是所谓的双本位制，也就是法律规定了几种金属之间的固定比率，比如在拉丁货币同盟（Latin Monetary Union）中，金和银的比率是 1 ： 15½。第二种可能性是平行本位制，它在较早的时候要流行得多。在这条标准之下，要么是实际上并不限制铸币所用金属，一般而言也没有规定的价值关系，要么只有对变化之中的价值关系的周期性调整。在选择铸币所用金属时，贸易的需求是决定性的。国内贸易和地方贸易只能用价值不太高的金属，这就是银或铜或同时使用两者。异地贸易可以并且必须在一段时间使用银币，但是在商贸的重要性增加之后，它更偏向于使用金币。然而，实际上决定金的流通的是它相对于银的法律关系；只要当一种金属的核定价值与供应量相比是偏低的，那么使用这一金属铸造的硬币就会被熔化掉，并且以这种熔解状态被用于商贸之中。

不同金属之间价值关系的历史表明了东亚一方与西亚和欧洲另一方情况的显著差异。因为东亚国家切断了与外部世界的连接，因此产生了一种反常的关系，并且维持一个在西方从未出现的、相对的估价也成了可能。因此在日本，一段时间内，金价只相当于 5 倍的银价。相反，西方的连续性从未完全被打断。在巴比伦，价值用银来计算，然而银却不被国家机构用来铸币，而是以私人标记的银条或谢克尔的形式流通。银价与金价的比值被规定为 13⅓ ： 1，并且这种关系一直为古代标准所维持。埃及以德本（Deben）的形式承袭了巴比伦的银条，但是使用铜、银、金一起进行计算，而大额支付使用的还是金。

古代晚期一直到墨洛温王朝时期，罗马的货币政策是明确的。在这里，最初通行着铜、银平行本位制，并且两者间的比率被尽力稳定在112：1。重要的措施是铸造等于一磅金属的塞斯特帖姆（Sestertium）银币。金仅仅作为一种商贸货币被铸造，同时铜的地位日渐下降至在小额交易中才使用的信誉货币，并最终具有了象征货币的性质。货币的铸造实际上主要掌握在军事将领手中，并且即使在共和时期，他们的名字也几乎总是出现在金币和银币上；这些货币更常被用于支付战利品，不是为了商业目的而是被用来支付军饷。

当恺撒接管了帝国权力，第一个真正针对货币本位的章程才制定出来，而恺撒选择了金本位制。他的奥里斯（Aureus）币本来应该在11.9：1这一比率的基础上相当于一百个塞斯特帖姆银币。因此银的价值在某种程度上增加了，这表明贸易对银的需求增加了。奥里斯直到君士坦丁时期仍然存在，然而银却被用以各种用途。尼禄颁布了与狄纳里（Denarvus）币相关的法令，提升了奥里斯的地位。卡拉卡拉系统性地贬值着铸币，而他的继任者，那些尚武的皇帝，则跟随着他的脚步。这些货币政策——而不是所谓的贵金属流向印度或采矿的失败——毁掉了罗马货币组织。君士坦丁大帝恢复了货币政策。他用每磅（327.45g）金属可以铸出72个币的苏勒德斯（Solidus）金币取代了奥里斯。在商业活动中，苏勒德斯可以按照重量使用。

苏勒德斯金币比罗马帝国延续得更长久。墨洛温时期，它在日耳曼的前罗马经济渗透区拥有最高的地位，然而在莱茵河以东，更古老的罗马银币以某种类似于后来玛利亚特蕾莎银币在非洲流通的方式流通着。

当政权转移至加洛林王朝，在政治上这意味着重心从法兰克帝国的西部转向了东部；但是在货币政策上，虽然帝国从东方进口了很多黄金，但它却意味着从金本位制转向了银本位制。查理大帝在采取了很多不明所以的措施之后，规定409克为1单位磅——虽然这一说法值得商榷——用这一单位磅可以铸造20个苏勒德斯银币，每一个等于12狄纳里。官方地，加洛林王朝的货币制度最后留存下来的是英国的镑、先令和便士这些单位，而它本身则直到中世纪末期都还具有正式效力。与之相伴的是，当时绝大部分的欧洲地区施行的也是银本位制。

然而，中世纪的货币政策的中心问题不是由本位问题引起的，而是由影响了铸币生产的经济和社会方面的问题引起的。古代很重视国家的铸币垄断权。相反，在中世纪普遍的情况是，由许多地域性的货币司法权和他们的所有者擅自行使铸币职能。结果，在大约十一世纪中期之后，加洛林王朝的货币制度在每个地方只具有习惯法的意义。确实，铸币权正式来说仍保留在国王或皇帝手中；但是制造铸币的，却是手工生产者联合体，所以铸币活动所带来的收入也就落入了私人铸币领主的口袋。将铸币权分封给私人铸币领主包含着贬值铸币的动机，而铸币贬值这一情况在中世纪可谓大规模发生。在德国，苏勒德斯的含量从十三世纪到十六世纪下降到了它原本含量的六分之一；在英国，狄纳里从十二世纪到十四世纪发生了同样的情况；在法国，出现了大苏勒德斯币（Solidus Grossus），一个两面都被标记了的厚铸币，在十二世纪到十三世纪的德国，它与薄狄纳里币有着激烈的竞争，后者只有一面被标记了；但是从十四世纪到十六世纪，这款新铸币的价值仍降到了它原价值的七分之一。

对银币造成影响的铸币贬值导致了这样一个结果：在需要使用稳定单位进行计算的商业中，黄金的地位不断升高。结果，1252年佛罗伦萨铸造了重达3½克的苏勒德斯金币，并且在具有技术可能性的情况下尽可能维持金币重量的统一，这一事件就具有了划时代的意义。每一个地方都接受了新铸币，并且它成了商业中通用的货币单位。尽管如此，我们也看到了银价的明显提高，而造成这一现象的原因只能是在逐渐壮大的货币经济中，对交易中使用银币的迫切需求。到了1500年，白银和黄金的比率从12½∶1上升到了10½∶1。同时，货币在互相的关系中还存有不规律的浮动，金银块和用以铸成货币的金属之间也存在区别。虽然在批发贸易中，人们使用金条或佛罗伦萨基尔德金币进行计算，而在零售贸易中，各种铸币则是按照协议进行估值的。

要为铸币贬值负责的不只有铸币领主的贪婪；这大部分要归咎于同一铸币成品之间具有的误差所导致的必然活动，而误差竟达到了10%之多。只有最差的铸币会继续流通，而最优品会立即被熔化，或者无论如何都会被挑出来。诚然，铸币领主的贪婪对铸币贬值起到了作用，他们利用他们的垄断权去推广新铸币、取消并且召回旧币。但是旧币其实在很大程度上都流通在本地以外的区域。所以铸币领主从来不能在他的领地内完全施行他所正式具有的垄断权；只有少数几个王族之间达成的协议才能带来改变。因此，除开佛罗伦萨的铸币和良好信誉，中世纪仍然是一段不合理的铸币时期。准确来说，因为铸币制造过程中的不合理状况，铸币必然是不受限制的；因为铸币领主可以通过增加铸币来获得他商业上的优势，所以他试图为他的造币厂掌握所有的贵金属。贵金属的所有者屈服于这方面的压力；禁止出口是普遍出现的情况，尤其是在蕴藏有矿物的地区，贵金属矿的矿工和股东是否应该把金属运往铸币领主的造币厂，他们对此似乎也没得选择。然而所有这些措施仍未奏效。不单巨大数量的走私持续发生，而且铸币领主也必须依照协议将金属出让给那些并不拥有矿产的领主，而这一金属还要源源不断地以外币的形式回流到他的区域。一种不合理的铸币贸易在整个中世纪持续进行；对不同种类铸币的需求不能被确定，并且铸币税的极端浮动又阻碍了供需的调整；只有铸币领主间的竞争才促使他们放弃了铸币税。

在十六世纪以后，贵金属更多地流入欧洲，这为铸币领域内更稳定关系的建立提供了经济基础，至少在欧洲西部，专制的国家早已经清除了多个铸币领主存在的现状还有他们之间的竞争。直到此时，欧洲已经成了持续出口贵金属的地区；只有在持续了大概 150 年的十字军东征时期，伴随着他们将黄金和种植园作物作为战利品带回国，才中断了这一状况。在这一时期，瓦斯科·达·伽马（Vasco da Gama）和阿尔布克尔克（Albuqueruqe）发现了去往东印度群岛的海路，这打破了阿拉伯人对过境贸易的垄断。墨西哥和秘鲁银矿的开采又为欧洲带去了大量的美洲金属，而通过与汞混合来提取白银这一有效方法的发现，又促成了这个结果。1493 到 1800 年从墨西哥和南美洲获取的贵金属，约是 250 万千克的黄金和9000万到1亿千克的白银①。

金属产量的增加意味着银币供应量即时的急剧的增长。银本位制渗透到了欧洲贸易的边疆，并且在计算货币中表现出来。在德国，佛罗伦萨的基尔德金币甚至也是用银进行计算的。这一情况一直存在，直到巴西的金矿被发掘。虽然金矿的开采只持续了很短的时间——从十八世纪初一直到十八世纪中叶——但是它却在市场上占据了优势并且导致英国转变为了金本位制，这是违反英国法律制定者的意愿的，并且尤其悖行于艾萨克·牛顿的建议。在十八世纪中期之后，银的生产再一次涌现，并且影响了革命时期的法国立法机构，致使法国进入复本位制。

但是铸币的合理化无法一蹴而就。在完成货币铸造合理化之前的情况可以用这样一句话概括：流通的货币有很多种，但没有一种货币是当前意义的货币。甚至斐迪南（Ferdinand）一世的1859年帝国铸币法令，也被迫承认了30种外国铸币。由于制造工艺的不完善，同一种类的铸币之间的含量存在着极大误差，而在大量铸造小额货币时更是如此，这使得德国在十六世纪限制了银币作为法定铸币的效力，但是并没有让它们成为辅币。明确合理的辅币制要留待英国货币政策的施行。官方货币单位是使用白银铸造的一种金币，即约阿希姆币，但之后的发展实际上是在商业领域发生的。

---

① 参见泽特比尔（Soetbcer）[见于彼得曼《地理通报补遗》，1879年版，第54页]和莱克希斯[见于《国民经济和统计年鉴》，第34期（1880年），第361页]所做的大体上相一致的估算。但是德·莱格勒希亚（F.De Laiglesias）的估算（见于《17世纪印度贵金属的丰富资源》，马德里，1904年），得出的结果却大约只为1/50。

在十三、十四世纪之后，商贸从铸币中解放了出来，并且以金银块进行计算，即只按照重量收取铸币、规定某种铸币用来支付，而这种铸币必须被帝国承认是符合惯例的。最后，它发展出了存储银行。中国为此提供了蓝本。在中国，铸币的贬值导致建立起了便于商人交易的金属存储银行。随着重量单位已经固定，支付银币要么使用支票或与支票类似的工具（这由个体商人储存其银条的银行开出）要么就使用被加盖了印记的银条——银两，然而，它与支票相比并不起到多少作用。如此就建立起了以商人持有金银块作为基础的银行货币，同时它也是与存储制度相关联的人唯一的支付方式。

对这一蓝图的模仿早至十六世纪就已在西方出现：威尼斯的里亚尔托桥银行；1609 年阿姆斯特丹的威瑟儿银行；1621 年的纽伦堡、1629年的汉堡设立的银行。这些银行以重量进行计算，并且在支付过程中只接受铸币。个人账户通常都有一个最低限额，支付行为也同样如此；在阿姆斯特丹，汇票或订单的最小数额是 300 基尔德。另一方面，所有超过 600 基尔德的支付都只能通过银行进行而别无他法。在汉堡，这一银行标准一直延续到 1873 年。

现代货币政策与过去政策的不同在于财政动机的缺失；能决定其性质的只是建立在商业对资本计算的稳定需求之上的一般经济需求。在这方面，英国领先于所有其他国家。

最初，银是英国所有对内商贸中有效的支付手段，然而国际贸易是用黄金来进行账目计算的。在巴西开掘出黄金之后，越来越多的黄金流入英国，英国政府也因为平行本位制变得越来越窘迫。当黄金变得廉价，它就流向了造币厂，而与此同时，银的流通却因为熔铸银币而变得岌岌可危。当所有贷款必须用银来偿还，资本主义企业便致力于阻止银的外流。最开始，政府尝试利用专断的措施来维持复本位制，直到1717年它才决定实施一套新的、明确的定价。

在艾萨克·牛顿的指导下，典型的英国金币——基尼（Guinea）——的价值固定在了21先令，虽然黄金仍然是被过高地估值了。在十八世纪，黄金持续流入而白银流出，政府施行着激进的预防措施。政府将黄金规定为本位金属，而将所有的银降为了辅币。银丧失了它的无限法定货币地位并被铸成了高于银块价值的合金，由此便解除了它外流的风险。

经历多次实验之后，法国政府最终在革命时期采取了以白银为基础的复本位制；9磅白银制成1000法郎，并且银对金的比率被固定在了通行的相对价值15：1。法国国内对铸币的需求尤其大，比英国的需求更强，这实际上导致了黄金和白银之间价值比率的长期稳定。

在十九世纪的德国，白银制度必须被完整地保留下来，而其前半个世纪的金属产量已然呈下降趋势。这里并不存在能够将国家制度转变为黄金制度的中央集权。然而，黄金仍然作为具有法律价值的商业铸币被铸造，尤其是在普鲁士；但是在货币本位中给予黄金不同地位的尝试并未成功。1871年的战争赔款首次让德国得以转变为金本位制，这得益于加州开掘出黄金之后世界黄金储备的急剧增长，然而另一方面，银对金的15：1的价值比率却被逐渐破坏了。这些情况都决定了要创制出

相当于三分之一塔勒（Taler）的德国马克；因为30塔勒等于一磅白银，

而白银对金的比率为15∶1，因此一磅黄金等于1395马克。

第二十章　前资本主义时期的银行业和银钱交易

　　资本主义时期之前，在所有有多种货币流通的地方，银行的活动主要就是货币兑换业务。此外还必须要加上货币支付业务，尤其是异地支付业务。在整个古代，尤其在希腊，我们发现，典型的银行交易就是进行支付和给游行者发放作为异地支付手段的信用凭证，它还创设了某种确实不是现代意义上的兑换，但是能让人想到现代支票的一种支付手段。另外，保管货币，或是储存业务，属于最古老的银行活动。在埃及就是如此，这里的银行家在很大程度上就是财产的管理者，在罗马也是。在没有多种货币的地方，就像在巴比伦、中国还有印度，就不存在货币兑换的业务。在这些地方，银行家就是代理人，他们对作为货币流通的银条做标记，就像银两的情况一样，因此他们经营的是提供货币的业务。

　　因此在前资本主义时期，银行经营着存储业务和为了消除现金支付而进行着信用的转移或转让。这一安排的前提条件是，存款客户在此银行长久地持有一笔存款；相对应地我们甚至在巴比伦发现了银行"纸币"。然而我们必然不能用我们的概念去看待这种银行纸币，因为现代银行纸币的流通独立于特定个人的任何存款。相反，巴比伦的银行纸币或钱票仅仅是可以让存款客户们之间的支付转移变得更快、更安全的一种手段[①]。这一更古老的存储业务的规模已不得而知；无论如何我们都必须不能用太现代的方式思考这一情况。这种关系通常都只限于严格的本地交易和商人之间的交易的范围内；所以，银行钱票没有成为一般的流通媒介。

巴比伦所特有的发展阶段是，银行家因为存储业务而变为了信用贷款人。职业银行家根据抵押或人身担保发放小规模贷款。巴比伦银行家的信贷职能是基于铸币的缺失。支付以谢克尔银币进行结算，但是这些银币却不用来进行支付，因此银行家必须作为中介人出现；并且他还安排了这方面的延迟付款，因为他经常也要提供现金支付的手段，并且通过让自己成为未来的付款人的方式向卖家做出保证。巴比伦的另一个特殊点在于，银行家通常提供康孟达贷款，也就是，企业资本；有大量康孟达合约以楔形文字流传了下来，然而我们并没有古代这种贷款业务的其他事例。其原因在于，在使用铸币的地方，银行业务是从铸币发展出来的，但是在巴比伦，银行业务却是从货币，也就是，从信用、交易中发展出来的。

在罗马，银行家这一职业呈现出两个特殊的特征。其一，银行家都

---

① 一般参考文献：《各国银行史》，伦敦，1896 年版；艾伦贝格（R.Ehrenberg）《富格尔的时代》，共两卷，耶拿，1896 年版；安德雷茨（A.Andreades）《英格兰银行史》，福克斯韦尔（H.S.Foxwell）译，伦敦，1909 年版；《国家科学大辞典》第 3 版第 2 卷第 359、368 页的参考文献。

是职业拍卖人，这一点与经济史没有特殊关系。其二，在这里我们首次发现了现代意义上的存款往来业务的交易，它被承认是在银行家协助之下的清算债务的特殊手段。在罗马，鉴于银币直到很晚才被引入以及铸币数量依赖于将军所获的战利品这些事实，最初这一业务的目的是提供一种统一的、可靠的支付方式。罗马这一铸币关系的落后状态，得以最简单地解释了存款和根据往来账户结存而开具的汇票拥有极高的重要性的原因，以及这里的银行家的簿记都服从于统一的法律规定的原因。罗马银行业者的账簿也提到了收入和支出，虽然也不是现代簿记的意义上的。每一位个人顾客都持有一个特殊的账本，他在其中被记入贷方和借方。这些条目是为了证明支付已经完成。除此以外，银行业者的簿记几乎没有被保留下来并能够提供给我们更多确切的说明。

然而，一般而言，古代的银行只是特殊的个人企业，而这些企业都被迫与寺院银行和国家银行进行激烈竞争。古代的寺院最初用来当作存放处。它们主要发挥的就是银行的职能，并且在这一点上，它们比私人银行家的存放处更为出名。寺院的存款是神圣的，窃取它必定会亵渎神明。特尔斐（Delphi）神庙就是一个供无数人使用的仓库，尤其是供奴隶储存他们的积蓄。数不清的碑文讲述了神明如何购买了奴隶的自由；实际上购买所花费的是奴隶的积蓄，这些积蓄因防止受到主人的侵害而被交给了寺院保管。同样的存放处职能还表现在无数巴比伦、埃及和希腊的寺院之中，然而在罗马，很早的时候这一特征就消失了。因此，古代寺院同样成了重要的贷款机构，对王族来说尤其如此，他们从此处获得了比从私人借贷者那里更有利的条款。确实，我们即使在《汉谟拉比法典》中都发现过大放款人，但是通常国家的国库和放贷者就是寺院。实现这一职能的，在巴比伦是太阳神西帕尔神庙，在埃及是阿蒙神庙；而雅典的海事联盟的仓库，就是雅典娜神庙。

与私人银行家竞争的第二个势力成长于国家银行。在银行业承担起了公共职能的地方，使得这一状况发生的不是像中世纪一样的银行家的管理不善和破产，而是出于财政的考量。不仅仅是因为货币兑换业务已经发展成了财政利润的丰厚来源，而且还因为政治立场：拥有尽可能最多的私人存款看起来也是有利的。在几乎所有希腊化国家，尤其是在托勒密王朝的埃及，这一状况造成的结果是皇家银行业的垄断。确实，这些机构和现代国家银行的任务——比如发行纸币、制定本位和货币政策——没有任何关系；它们是纯粹的财政机构。资本主义性质的骑士作为罗马的一个阶层所拥有的特殊权力，本质上建立在以下事实之上：他们成功阻止了国家对银行职能的垄断。

中世纪银行业刚开始时的性质也是多种多样的。在十一世纪，我们发现了货币兑换商，他们从工作中可以挣得大量利润。在十二世纪末，他们还掌握了异地支付的业务；此业务凭借兑换凭证来进行，这是从阿拉伯人处学习到的策略。与古代不同，贷款业务仅仅由常驻银行家在相对晚期的时候才开始承担或者从未出现过；他们一般只贷很大的数额，并且仅仅只贷给政治势力。小规模的钱银业务都掌握在犹太人、伦巴第人、考尔辛人这些外来阶层的手中，后两者的名称可以用来概括任一种族的南方人。这种被掌握在外族人手中的消费性贷款，最初是利息非常高的紧急贷款，并且要基于抵押或其他保证。同时，康孟达贷款业务也出现得非常早。对于提供康孟达贷款业务，银行家同样参与其中，但是与巴比伦的情况相反，他们还处在与交易着最多种货品的商人和私人放贷者的竞争之中。存储业务之所以存在是因为有持续性的铸币贬值。公共银行产生于将金属或各种铸币以金银块的价值进行存储的商人阶层之中，以它为基础，支付通过存款转移或者支票进行并以一个最低额度为限。有一段时间，银行存储业务掌握在银钱兑换商手中，但是长期来看他们并未拥有充分的信任，由此产生了大型公司银行。

中世纪银行业务领域还囊括了征税，它大致相当于与古代的包税制。从十三世纪初到十四世纪末，这是巨额财富的主要来源，尤其是阿奇亚奥里家族、佩鲁齐家族和美第奇家族这些佛罗伦萨银行家族财富的主要来源。因为这些家族在所有大型商贸区中都保有自己的代理商，因此他们是为皇家法院征收所有地区的赋税的天然的中介力量，而皇家法院又是那个年代最大的税收势力；同样，他们也进行着最精确的记账，并且也仅仅接受按照佛罗伦萨基尔德黄金计算的价值十足的货币。就像中国官吏的情况一样，这一职能为征收者带来了非常大的获利空间，因为他们掌握的权力是按照皇家法院对铸币的要求来对不同地区的货币进行估价。

最后，筹措资金的业务也应该名列中世纪银行业的职能中。然而，不能将之理解为现代意义上大型企业的融资。筹措资金的需求仅仅是一种例外，一般而言它与军事行动有关。热那亚早在十二世纪就已经出现了这一业务。比如说，热那亚对塞浦路斯岛的海上大远征，就是通过组建"moona"——一个为了攻克和利用岛屿而建立的股份康孟达企业——

筹措到经费的。城市之间的战争也在很大程度上是以同种方式筹措到放贷者组织的资金的。对热那亚的总税收和港口海关收入总额进行的管理，大约一百年间都完全是为了这种财团的利益。佛罗伦萨大银行家在十四世纪的英法战争中的资金筹措活动更是远远超过了这些体量。

既然这些交易都掌握在私人手中，那么就产生了以下问题：这些资金要从哪儿来？要到哪儿去？要通过何种方式银行才能完全履行实际上已经趋崩溃的支付义务？也就是说，我们遭遇了中世纪银行的"资产流动性"问题。我们上述所提到的机构的资产流动性是非常差的。佩鲁齐家族或其他佛罗伦萨大银行家们为了战争而贷给佛罗伦萨市民的银钱，并非出自他们自己的资金——他们的资金不可能这么充足，而是来自基于他们的声誉而收到的存款，这些存款来自各个圈层直至最底层人口，并且有着较低的利率。这些存款都是需要短期内偿付的，但是战争贷款则是长线项目。因此，一旦他们资助的军事行动失利，资助行为便以破产告终。这种模型也适用于富格尔家族，因为他们与西班牙王室最终协定的办法意味着他们不仅仅蒙受了巨大的损失，而且他们剩余的财富都以无法兑现的方式被套牢了。

银行业大家族的个人化的途径不足以资助国家的大型机构，而他们的资产流动性又很容易丧失，因此银行业被迫朝着垄断的方向发展。需要资金的政治权威为了自己的目的，只能以赐予各种垄断权、准许贸易、海关、银行业务来换取资金。王族，或者城市，使得银行业成了一种公共企业并且将垄断权作为一种特权进行赐予，或者把它分包给个人以换取贷款。这种银行业垄断的最早的例子就是热那亚的圣乔治银行

（Banca di San Giorgio），最近期的例子则是英格兰银行。即使是英格兰银行也不是产生于自愿参加的商人组织，而纯粹是资助西班牙王位继承战争的一个政治行为。它和中世纪银行的区别仅仅在于它得以建立起业务的方式，也就是说，它是建立在汇票的基础之上的。

现今，汇票是一种牵涉到三方当事人的支付手段；除了收款人之外还有出票人和受票人。其中，出票人是始终承担责任的，而受票人或承兑人从接收到汇票的那一刻起也要承担起责任。另外，当汇票经过背书被转送到第三方，每一个个人背书人都需要对此负责，并且不过问与开出汇票时相关的交易问题。若遇拒付，还可以使用特殊的执行步骤，在中世纪它包含为债务进行监禁。汇票对于现今银行的重要性就在于上述特征；并且这些特征能够赋予汇票一种可以在具体时间取出具体数额的确定性，也就因此给予了汇票资产流动性。在中世纪这种可能是不存在的。诚然，汇票当时已经为人所知，但是它仅仅是一种类似于我们的支票的工具。它只是一种支付手段，通常还是异地支付的手段，利用它，人们可以使用货币向远在异地的债权人支付账单；承诺付款和实际付款的地点之间的差异，对这一工具来说是必不可少的，尤其是因为教会法规会全力将使用当地汇票谴责为一种高利贷生意。

典型的中世纪汇票最初由两份单独的文件构成。一份是"敞口信"，也就是我们所谓的外地付款汇票。在热那亚的商人 A 向在巴塞罗那的 B 做出承诺，会通过 C——也就是 A 的债务人，在确定的一天支付确定的金额。如果汇票是由王族签发的，那么账单则由他的仓库兑付，而仓库也必须付给宫廷一定的数额。第二份文件，即"封口信"或"汇划单"，则演变成了现在的汇票。它通知出票人的债务人应该为他的债权人，也就是开票人支付这笔数额。"敞口信"必须在官方的见证下起草，然而"封口信"只是普通的信件。两份文件都由汇票的受益人保管。再进一步发展，"敞口信"则由于需要花销而被慢慢淘汰了。它们最初包含的有约束力的承诺被囊括进了汇划单之中，并且作为汇划单的一部分得到承认，因此汇划单的重要性得到了提升；但是它仍然与现代的汇票区别开来，原因在于它不可通过背书兑现，而这一特征直到十七世纪才被实现。

诚然，它包含了"我承诺对你或你指定的使者照付"这一准则，从而可以使第三方持有汇票，同时也可以让第三方而非指定的收款人接收付款的模式合法化；但是这一条款后来就消失了，因为支持支付的正式机制在大型集市中得到了发展。通过将汇票交给汇票交换所并只需支付净差额的办法，它们提供了不需承担货币运输风险而得以清算汇票的可能性。实际上，汇票只是贴现票据，默认的情况是，汇票会通过存储银行或当地的商人协会完成结算。这一情况有利于从事兑换业务的商人，让他们获得了垄断汇票转让贴费的利益，同时他们还拒绝背书。因此即使在十六世纪，只要转让汇票，就必须开具出新的汇票，而不是用旧汇票做背书。十六世纪的汇票法确实已经达到了现在的发展水平，并且依照"汇票承受人必须照付"这一格言，法律上也已经去除了含混不清之处。这一无条件的支付保证，使得汇票得以成为现今的银行票据。

中世纪银行家在支付流程中的职能包含了承兑票据，而现今的银行家则是对票据贴现，也就是说，因为汇票应该在之后才兑现，所以银行家在当时兑付汇票时还减除了拆息，如此，他便可以将运营资金投放到汇票之中。首个一直经营此种兑换业务的机构就是英格兰银行。

英格兰银行成立之前的英国银行业史表明，作为贵金属交易者和金属储量拥有者的金匠，虽然能够经营银行业业务并且通常还具有检验铸币重量和纯度的垄断权，但是他们从未具有过上述银行家的职能。他们按照中世纪银行家的办法接受存储，并且资助了斯图亚特王朝和克伦威尔的政治事业。他们同样办理存储业务，就此还发行了纸质的支付媒介，发行最先面向的是他们的客户，但是这些"金匠银行券"的流通并未局限于这一圈层。1672年国家的破产结束了这一切。当时，一边的情况是，英国政府宣称它无法偿还债务只能支付利息，另一边，则是金匠的存户有权在任何时候撤回他们的资金，结果，金匠无力满足支付存款的要求。所以，此时的英国就像早些时候的意大利各城市，存储者们都在呼吁着公共垄断银行的出现。

政治权威利用此要求垄断了银行业业务，并且让国家从其利润中分得一杯羹。因为国家银行所具有的安全性会吸引来大量存款，这使得商人想要获得低利率贷款，同样也希望从铸币困难中解脱出来——虽然我们不能确定他们是如何论争这一点的。另一方面，我们不能用现代的视角去看待当时的情况，以现代的视角来看，一个大型的发行银行承担的任务是，它应该利用它的信誉，通过合适的贴现政策来吸引金币进入国家或者强制被囤积起来的存货进入流通领域。然而当时银行被期望承担的任务是发挥存储银行的职能，这就是，在金属数量确定的基础上流通银行券，以此来减少金和银之间比率的浮动。

英格兰银行最终于 1694 年成立，这是建立在想要资助奥伦治的威廉和路易十四之间的战争这一纯粹的政治动机的基础之上的。在建立银行时，应用的是英国惯常使用的程式；某些捐纳——尤其是盐税——被抵押给了放贷人，而参与其中的债权人则被组织为享有法律特权的公司的管理者。

这一新机构遭到了很多利益集团的反对。首先就是奥伦治的威廉的对手——英国托利党人；另一方面则有在大原则上害怕国王力量增强的辉格党人。因此银行只能被组织为独立的私人公司而非国家银行，并且有必要在条例中加上一则特殊说明：只有在得到了国会的特别准许之后才能给国家贷款。因此从托利党的角度来看，与银行相一致的只是共和政体，而非君主制度；他们认为，银行采用这种组织形式的前提条件是，国王陷入对银行有兴趣的资本家集团的控制之下。最后，反对银行的还有金匠，因为他们被排除在了这一业务之外，还因为，他们与贵族阶层一样害怕商人阶层的政治和经济力量。

这一银行成立时拥有 £1200000 股本，所有这些都消失于国家的口袋之中。作为交换，它获得了交易汇票的权力。到目前为止，最后一个提到的权利是最重要的，因为它与发行纸币有关。银行之后会通过它的贴现政策来利用这个权利，但实际上没有任何人预见到这一点。然而，无论如何它都是首个开始系统性地购买汇票的机构，因此，通过在汇票到期之前将其贴现，它为生产者还有商人缩短了产品到达最终消费者手中之前回转资金的时间。对于英格兰银行来说，资本流通的加速无疑就是它进行汇票交易的预期目标；它以一个之前从未有银行做到过的系统化的方式经营着这一业务。

在欧洲之外，只有部分地区银行业的发展情况与欧洲的类似。在印度和中国，直到过去几十年，银行业都维持着它在古代和中世纪的特征。它与西方银行业的区别在于，它在规定货币本位方面拥有着至高无上的权力。在中国，银行家负责标记银两；他决定贷款的条件、固定利率、规定所有进行支付的条件，因此商业结算的标准化被完全掌握在他的手中。但是就对外贸易而言，这种结算机制只是一种信贷业务，比如在广州，它就掌握在少数几个中国大家族手中。只要有几个独立的政权在中国存在，银行就像欧洲的一样同样也资助战争；但是随着统一的中华帝国的建立，这一机会也丧失了。

在印度，银行业业务整体上是被宗派或种姓严格控制的。同样，在印度各大独立政权并存的时期，银行资助着政治贷款，而莫卧儿帝国的统一也同样结束了这一状况；随后，政治性的货币交易仅仅在与政府预算和通过贷款预支收入相关的情况下才会发生。在现今的印度和中国，银行的职能基本上仍然是经营兑付业务和进行小额的或临时性的信贷活动。任何形式的系统化的商业信贷都不存在，也不存在任何可以利用我们的贴现政策的商业组织；亚洲本地的商贸只使用支票和种类繁多的支付转让，而对汇票一无所知。另外，中国银行家仍然对货币本位的制定拥有着垄断性的控制权，他们纸币的大量滥用正可以证明这一点。

第二十一章　前资本主义时期的利息

起初，利息要么存在于国际法之中，要么存在于封建法之中。在部落村庄或氏族公社之中，根本没有利息和贷款这一说，因为用支付的方式来补偿价值的转移还并不为人所知。在经济活动里要使用外部资源的地方，它都是以友善帮助的形式进行的，比如建设房屋时的邀请工作或紧急情况下的帮助，这些都建立在无偿地帮助氏族兄弟的义务之上。即使是罗马的无偿经费借贷也是这些原始状况的遗留。在需要时提供帮助这一义务在被宗教社团继承并且强加在同一信仰的弟兄间之后，它得到了拓展；最著名的例子是以色列人的。他们只针对犹太人收取利息并非事实，因为收取利息的情况出现在世界各地，包括中世纪修道院自己；然而对西方人来说是例外并且让他们特别反感的是，犹太人虽然向基督徒收取利息，但是相互之间却不用付利息。

《摩西五经》禁止从弟兄处收取利息或放高利贷，部分是基于军事原因，部分是基于宗教原因。首先，一定不能因为债务原因而把氏族兄弟监禁，这会造成军队的损失。因此，古代埃及宗教法典将它归为贫穷诅咒，一种带有神圣能量的特殊力量，并且这一理念也传递到了《申命记》中。因此，这样建立起来的内部和外部道德规范之间的差别在流放后依然保留了下来；在以色列人成了犹太人之后，在同胞之间仍然禁止利息的存在，然而可以向外族人收取。因此迈蒙尼德（Maimonnides）才会问出犹太人是否具有向他们收取利息这一义务的问题①。

禁止收取弟兄的利息也是早期伊斯兰教和婆罗门教的特征。在任何地方，利息都产生于向部落之外异族人的借款或者不同阶层之间的贷款之中。在这方面，债权人和债务人之间的区别最初通常就是居住于城镇的贵族阶层和乡村农民之间的矛盾；在中国、印度、罗马也是如此，并且同样的观念在《圣经·旧约》中也是主流。收取利息这一禁令之所以能够产生，其依赖的事实在于，所有的贷款最初都是紧急贷款并且纯粹是为了消费，因此弟兄间义务的理念可以对立于主人阶层对利息的需求而产生；另一种考虑是，站在禁止收取利息的警告背后的是强大的军事利益，因为债权人承担着落魄为无地的无产阶级的风险，而如果这样的话他们就不能武装自己投入战争了。

打破利息禁令的时机是由实物借贷提供的。第一个案例是借贷牲畜。在游牧者之中，有产者和无产者之间的差别极为悬殊。没有牲畜的

---

① 另外，这一观点对于最早期基督徒的非世俗爱情的教义来说并不陌生。后来教会对利息的禁令是基于《路加福音》，第6章，第35节，但是根据梅克斯（A.Merx）的观点，这里存在着对文本的误读［施穆勒（G.Schmoller）《按最古的著名版本诠释的四福音教义》，第2卷，第2页；第1卷，第233页］。他认为，这一误读又基于亚历山大的克莱蒙特（Clement of Alexandria）的权威而延续至拉丁文本《圣经》之中，进而成了教会后来立场的基础。

人立即沦为贱民，只能寄希望于通过家畜贷款和家畜饲养再次摇身一变成为完全公民。有同样重要性的是种子贷款，尤其在巴比伦都成了一种惯常做法。在这两种情况下，贷款的对象都是各式各样的，并且如果债权人为自己保留了他的牲畜或粮食的部分收成，这都不会被视为不公平。另外，在所有城市生活发展了的地方，收取利息的禁令都被破除了。

在基督教盛行的西方，工业所需的贷款最初几乎都不是以有确定利息的借贷的形式表现出来的，而是以联合会的形式出现。在这一办法背后的不是被教会禁止的高利贷，更多是与越洋商业活动的风险有关。鉴于这种风险，此类交易中要解决的问题并不在于确定利率，而是在于债权人也要分享收益，作为他提供的资金承受风险的补偿。因此意大利的康孟达，这种"为促进海运而进行的交付"，是根据规模的大小、与目的港口的距离来确定利率的。这些原始的贸易贷款交易不被教会规定的高利贷禁令所影响。相反，有着固定利率的固定贷款却成了陆上运输的惯例，因为它的风险要低于海外贸易。陆路平安这一准则意味着，资金贷款不用与商业活动的成果相关。

然而，与此同时，教会更加强烈地反对着高利贷。因此收取利息的禁令并非那个年代纯粹自然的经济产物，但是，这一行动只有在面对增长的货币经济而被允许失效时才能达到完全发展的状态。教皇格雷戈里九世甚至也谴责海上贷款为高利贷。所谓的教会推行与利息相关的机会主义政策并且支持资本主义的发展这一论断也是错误的。事实上它越发坚定地发动着反对利息的斗争，并且强迫很多人在弥留之际归还利息，就像现在忏悔时被强制归还从原物主处偷来的物品一样。但是货币经济越发展，规避禁令的情况就发生地越频繁，而教会面对这一情况也只得进行赦免。最终，在十五世纪面对着佛罗伦萨大银行家的权势，教会遭遇的也只能是让所有的反对都颗粒无收这一事实。这时，神学尝试着尽可能温和地阐释这一禁令，然而悲剧的是，掌握世俗权力的教会自身都已经被迫向附带有利息的贷款寻求帮助。

起初，在教会自身设立借贷机构之前，它们在犹太人的货币借贷之中找到了出路。这表现在以下事实：它向政治权威提供了采取"海绵政策"的可能性；也就是，民众通过支付利息给犹太人的方式被剥削，而国家不定期地没收贷款的收益和未偿付的贷款，并且同时驱逐犹太债务人。通过这种方式，犹太人被四处追逐，从一个城市到另一个城市、一个国家到另一个国家；在王族之间则设立起了正式的分赃池，比如在班贝格主教和纽伦堡的霍亨索伦王朝领主之间，当犹太人从他们一方的辖区逃入另一方的辖区时，分赃池就让他们得以分享战利品。同时教会对收取利息的态度也变得越来越谨慎。诚然，它们从未颁布过法令要正式终止这一禁令，但是在十九世纪，教士的证言却一再地将在特定条件下收取利息这一情况承认为合法。

在欧洲北部，对高利贷的禁令被新教打破，虽然这不是立即发生的。在加尔文派的宗教会议中，我们一再地遇到放债者与其妻子不得领取圣餐的观念，但是加尔文本人则在《基督教要义》(*Constitutio Christiana*) 中宣称，禁止利息的目的只是保护穷人免遭穷困，而不是保护借钱来开展业务的富者。最后，正是加尔文教古典哲学界的领袖克劳狄乌斯·萨尔马修斯（Claudius Salmasius），在他 1638 年的《论高利贷》（*De Usuris*）一书和其后的很多短文中，倾覆了利息禁令的理论基础。

General Economic
History

第四部分

现代资本主义的起源①

---

① 第四部分的一般参考文献：J·A·霍布森（J.A.Hobson）《现代资本主义的演变》，第 2 版，伦敦，1906 年；L·布伦塔诺（L.Brentano）《现代资本主义的开端》，第 4 版，2 卷，慕尼黑和莱比锡，1922 年；G·施穆勒，"公司的发展历史"条目，《立法、行政与经济年鉴》，十四—十七卷（1890—1893 年）；A·汤因比（A.Toynbee）《18 世纪英国工业革命讲座》，伦敦，1884 年；W·桑巴特《19 世纪的德国经济》，第 3 版，柏林，1913 年。

第二十二章　现代资本主义的含义和前提

　　无论涉及何种需求，只要有以企业方式为满足人类群体的需求而进行的工业供给，就有资本主义。更具体地说，一个合理的资本主义企业是一个进行资本会计核算的企业，也就是说，一个根据现代簿记和平衡法来计算判断其创收能力的机构。1698 年，荷兰理论家西蒙·斯特文（Simon Stevin）首次提出使用平衡法这一工具。

　　毋庸赘述，个体经济可能在最广泛的范畴内沿着资本主义路线发展：一部分经济供给可能是以资本主义的方式组织的，一部分经济供给则可能是以手工业或者庄园的方式组织的。因此，热那亚在很早的时候就有一部分政治需求（诸如进行战争所需物资的需求），是通过股份公司以资本主义方式满足的。在罗马帝国，首都居民的粮食供给工作由官员负责执行，然而基于此，这些官员不仅对其属下实行控制管理，还有权指挥运输组织的业务。因此，经理型或强制捐款型组织就与公共资源管理结合了起来。今天，与过去大部分时间相比，我们的日常需求是以资本主义的方式供应满足的；然而，我们政治上的需求则是通过强制性贡献满足的，即通过公民的服兵役义务、陪审团义务等政治性义务的履行实现供给。只有当为了满足需求的供应体系的资本主义化组织发展到极度具有主导性地位的程度，以至于如果没有这种组织形式，整个经济体系也必将崩溃时，整个时代才可以被称之为典型的资本主义时代。

虽然在历史发展的各时期都有不同形式的资本主义出现，但用资本主义方式来满足日常需求则是西方国家的独有特征；即使在西方，资本主义也是自十九世纪中叶以来才变得不可或缺。几世纪前可见的那种资本主义发端仅仅是先兆性的；在十六世纪，假设将稍有些资本主义性质的机构从当时的经济生活中移除，也不会产生任何决定性的改变。

当今资本主义存在的最基本前提是，合理的资本会计制度是所有与满足日常需求供给有关的大型工业企业的标准。这种会计制度需要：

第一，将所有的物质生产资料——土地、设备、机器、工具等——视为自主私营工业企业的可支配财产。这是一个只有我们这个时代才认识到的现象，且只有军队才被普遍排除在此情况之外。

第二，市场自由，意即不存在对市场交易的不合理限制。这些限制可能具有阶级性，例如，为某一阶级规定了某种特定的生活方式，或者将消费按照不同阶级加以标准化；或者存在阶级垄断，比如不允许市民拥有地产，不允许骑士或农民从事工业等；在上述情况下，既不存在自由劳动力市场，也不存在商品市场。

第三，资本主义会计制度以合理的技术为前提，即最大限度地应用包括机械化在内的手段简化计算。这同时适用于生产和贸易环节，也即适用于准备和运送商品的所有支出。

第四，可测算法则。工业组织如果想以资本主义方式合理运作，必须要依靠可测算的裁定和管理手段。无论是在希腊的城邦时代，还是在亚洲的宗法制国家，直至斯图亚特王朝时期的西方各国，这一条件都未得到满足。皇室的"廉价公义"及其皇恩赦免行为持续干扰着经济生活的测算。因此，上文论及的英格兰银行只适于共和制而非君主制的主张就与当时的这种情况有关。

第五，自由劳动力。必须存在法律上容许但经济上被迫在市场上无限制地出卖劳力为生的人们。这与资本主义的本质相矛盾。但是，如果没有这样的被迫出卖劳动力才能生存的无产阶级的存在，资本主义就不可能发展。如果只存在非自由的劳动力，同样也不可能。合理的资本主义测算只有在自由劳动的基础上才有可能实现；只有在形式意义上自愿但实际是迫于饥饿驱使而不得不出卖劳动力的劳动者存在的情况下，产品的成本才有可能通过事先协议明确确定下来。

第六，经济生活的商业化。这里指的是普遍利用商业手段来代表企业股权和财产所有权。

总而言之，必须有可能完全根据市场机会和净收入测算来为需求提供供给。这种商业化与资本主义的其他特征一起，必然强化了另一个尚未提及的要素——投机——的重要性。但是，只有在资产以可流通证券的形式出现后，投机才能充分体现出其重要性。

第二十三章　资本主义演进中的外部事实 [1]

商业化首先需要代表企业股权的证券出现，其次是代表收益权的证券出现，尤以国家债券和抵押借贷两种形式最具代表性。这种发展只发生在现代西方世界。在古代罗马包税人的股份控制企业中的确可以找到此类先兆，他们通过类似的股份票据与公众分享收益。但是，这是一种孤立的现象，它对满足罗马人的生活需求而言无关紧要；如果其完全不存在，罗马人的经济生活图景也不会有所改变。

在现代经济生活中，信用工具的发行是一种合理配置资本的手段。这方面尤以股份公司为代表。它代表了两条不同发展路线的巅峰。首

---

[1] 一般参考文献：W·桑巴特《现代资本主义》，慕尼黑和莱比锡，1916年；J·斯特里德《中世纪与近代之初的卡特尔、垄断和股份公司等资本主义组织形式研究》，慕尼黑和莱比锡，1914年；朱利叶斯·克莱因（Julius Klein）《西班牙经济史研究（1273—1836）》，剑桥（马萨诸塞州），1920年；戴维斯（J.and S.Davis）《美国公司的早期历史》，2卷，剑桥（马萨诸塞州），1917年；G·卡斯顿和A·H·基恩（G.Cawston and A.H.Keane）《早期特许公司》，伦敦，1896年；R·缪尔《英属印度的制造（1756年至1858年）》，曼彻斯特，1915年；P·博纳西厄（P.Bonnassieux）《大型商业公司》，巴黎，1892年。

先，为获取预期收益，分散的股本可以被组合在一起。政治当局希望确保对一定资本总额的控制权，或者知道可以据此获得多少收益；因此，当局将其财税收入卖给或者租赁给一家股份公司。热那亚的圣乔治银行就是这类金融业务的最突出例证，日耳曼各城的收入证明和以佛兰德斯（Flanders）为代表的国库券（Rentenmeisterbriefe）也是如此。这一制度的意义在于，原先特殊的国家需求由强制性法律所保障（这通常没有利息，也不用偿还），贷款的流动则迎合了参与者实现其自发的经济利益的需求。国家进行战争成了有产阶级的一门生意。在古代，高利率的战争贷款并不存在；如果其国民不具备提供必需品的能力，国家就必须向外国金融家寻求支持，其预付款以对战利品的索取权作为担保。如果战争失利，投资方的资金也就损失了。这种迎合普遍的经济利益，为国家目的、特别是战争目的筹集资金的行为是中世纪的创举，尤其是城市的创举。

另一种，也是在经济上更为重要的联合形式，是以为商业企业进行融资为目的的；尽管以此开始发展至当今工业领域最为常见的组织形式——股份公司的进展非常缓慢。这类组织可划分为两类：一是财力超过一家商行、具有跨地区特征的大型企业，二是跨地区的殖民事业。

对于无法由个体企业家投资的跨地区企业来说，尤其是在十五、十六世纪的城市运营中，集团投资更具典型性。在某种程度上，城市自身就在进行跨地区贸易，但是在经济史中，另一种情况则更为重要，即城市直面公众、邀请公众参股由其组织的商业企业。这一活动是以相当大的规模进行的。当城市呼吁公众参与此事时，也对基于此条件成立的企业施以必须接受任一公民的强制要求，因此，股本的数额是无限的。通常，首次募集的资金并不充足，需要股东进行额外出资，而今天的股东责任则仅限于其持股份额。城市常对个人出资设置最高限额，以便所有市民都能参与。这通常是通过根据其缴纳的税款或财富数额将公民分组，并为每一类人保留一定比例的资本实现的。与现代股份公司相比，这些投资通常可以撤销，但个人所持股份不能自由转让。因此，整个企业只相当于股份公司的萌芽，其运营由官方监管。

这种形式的所谓的"受监管"公司很常见，尤其在施泰尔（Steier）的钢铁贸易中；并且在诸如伊赫拉瓦（Iglau）的布业贸易中也时有所见。上述组织的一个结果是缺乏固定资本，且与工人协会的情况一样，缺乏现代意义上的资本会计。股东不仅包括商人，还包括王公贵族、教授、朝臣，一般来说还有严格意义上的那些乐于参与其中、希望获得高额利润的民众。红利的分配是完全不合理的，即只按照总收入分配，而不留取任何储备。只要取消官方控制，现代股份公司就已近在咫尺。

大型殖民企业形成了现代股份公司发展的另一个初级阶段。其中最重要的是荷兰东印度公司和英国东印度公司，它们都并不是现代意义上的股份公司。由于荷兰各省市民的相互猜忌，荷兰东印度公司以按省配额的方式筹集资金，而不允许任何一个城市单独买下所有股份。政府，即联邦，参与了其管理，尤其体现为它保留了为满足自身需求而使用船只和大炮的权利。它们没有现代资本会计，也不允许自由转让股份，尽管相关交易随后很快就在较宽泛的意义上产生了。正是这些大获成功的公司使得股份资本手段变得众所周知且广受欢迎，并被欧洲大陆各国采用。由国家创建并为此授予特权的股份公司，逐步规范了参与商业企业的一般条件；而作为监管者的国家本身也参与到了商业活动的细枝末节之中。直到十八世纪，众多可怕的破产才迫使年终决算和库存盘点成了既定惯例。

除了通过股份公司为国家需求筹资外，也可通过国家自身手段直接筹资。这起源于以资源抵押为基础的强制贷款，以及以预期收入为担保的债券发行。中世纪的城市通过抵押固定资产和征税权发行债券获取了超额收入。这些年金被视为现代公债的先行者，但也只是局限于一定范围内；因为在很大程度上，这些收入延续了购买者的一生，并与其他因素密切关联。除了这些方式外，到十七世纪为止，筹措资金的需要还催生了各种各样的应急手段。利奥波德一世（Leopold I）曾试图筹集一笔"骑士贷款"，派遣骑兵信使到贵族那里筹集资助；但总的来说，他收到了贵族们让他将指令转给有钱人的回绝答复。

如果想了解一个德意志城市直到中世纪末期的金融运行活动，就必须记住，当时并没有有秩序的预算这回事。城市，就像领主一样，过着如同今天的小家庭一样过一周算一周的生活。其收入一旦波动，支出就立即调整。包税制方法有助于克服无预算管理的困难。它为管理部门每年可能预期的收入总额提供了一些保障，并协助其规划支出。因此，包税制作为一种杰出的财政合理化工具，最初被欧洲国家偶尔使用，后来则被长期采纳。它还使得为战争目的对公共收入贴现成为可能，并在此方面具有特别重要的意义。合理的税收管理是意大利诸城失去自由后获得的成就之一。意大利贵族是第一支按照当时的商业簿记原则整顿其财政的政治力量，尽管当时并不包括复式簿记。这一制度从意大利诸城传播到国外，并经由勃艮第、法兰西和哈布斯堡各国传入德意志。尤其受到了那些疾呼要整顿财政的纳税人的推崇。

合理化管理形式的第二个起点是英国的财政制度，"稽核"是它最后的遗存和纪念物。这是一种棋盘格方法，它在缺乏必要的数字运算工具的情况下，用来计算应付给国家的款项。然而，财政通常不是由制定一个包含所有收入和支出的预算来管理的，而是采用了一种专项金制度。也就是说，某些收入被指定和征集为仅用于特定支出。这种做法的原因在于王公贵族和市民之间的冲突。后者不信任王公贵族，认为这是保护自身税收不被浪费于满足统治者个人目的的唯一方法。

在十六、十七世纪，王公贵族的垄断政策中出现了另一股力量，促使统治者的财政运作合理化。他们自己实行一部分商业垄断，并出让一部分垄断特许权，这其中当然也包括了向政治当局支付大笔款项来获取这种垄断权。奥地利卡尼奥拉省（Carniola）伊德里亚（Idria）的水银矿开采就是一个例子。鉴于汞齐化提取银的方法的应用，水银矿十分重要。这些矿产是哈布斯堡（Hapsburgs）两条支脉之间长期争论的问题，并且为日耳曼和西班牙王室都带来了可观的收入。出让垄断特许政策的首个例子是腓特烈二世（Emperor Frederick II）试图为西西里建立粮食垄断。这项政策在英国得到了广泛应用，斯图亚特王朝以一种特别系统的方式发展了这项政策；但在议会的抗议下，这项政策最先瓦解。斯图亚特王朝时期的每一个新工业和机构都因此与王室的特许权密切相关，并被授予了垄断权。国王从特权中获得了重要收入，这为他与议会的斗争提供了资源。但在议会获胜后，这些出于财政目的而建立的工业垄断几乎无一例外地崩溃了。这本身就证明，如一些作者所论述的那样，将现代西方资本主义视为王公贵族垄断政策的产物是何等的不正确。[1]

---

① 参见 H·利维（H.Lavy）《经济自由主义》（英译，伦敦，1913 年）。

第二十四章　首次重大的投机危机 [1]

　　我们已经认识到资本主义企业的特征和先决条件是：企业家对物质生产资料的占有、自由的市场、合理的技术、合理的规则、自由的劳动力，以及经济生活的商业化。更进一步的诱因则是投机，从财富可以用自由流通的证券来代表的那一刻起，投机就变得很重要。它的早期发展以其所引发的重大经济危机为标志。

　　十七世纪三十年代荷兰的郁金香狂热常被列为重大的投机危机之一，但它却不应被归在此类。郁金香在因殖民贸易致富的显贵当中成为奢侈品后，价格骤然惊人飞涨。公众被轻易获利的愿望误导，直至整场狂热突然崩盘，众多个体破产。但这一切对荷兰的经济发展而言并不重要；在各个时期，与博弈相关的物品都会引发投机并不时导致危机。

---

① 一般参考文献：W·R·斯科特（W.R.Scott）《至 1720 年的英格兰、苏格兰和爱尔兰股份公司章程和财务》，3 卷，剑桥（英），1910—1912 年；A·阿夫达里昂（A.Aftalion）《法国、英格兰和美国的周期性生产过剩危机及其周期性回归》，巴黎，1913 年；M·布尼亚蒂安（M.Bouniatian）《英国贸易危机史》，慕尼黑，1908 年；N·A·布里斯科（N.A.Btisco）《罗伯特·沃波尔的经济政策》，纽约，1907 年。

十八世纪二十年代的约翰·劳（John Law）和法国大投机及同期的英国南海投机则完全不同。

在大国的财政惯例中，长期以来就有通过发行后期赎回的凭据来预估收入的习惯。由于西班牙的王位继承战争，英法两国的财政需求都上升到了非同寻常的高度。英格兰银行的成立满足了英国的财政需求；但是法国已然负债累累、无计可施，路易十四辞世后，没人知道该如何处理这笔巨额债务。在摄政时期，苏格兰人约翰·劳挺身而出，他认为自己已经从英格兰银行的成立中学有所得，并且对金融事务有自己的一套理论，只是在英国缺乏将其付诸实施的运气。他认为，通货膨胀，即最大限度增加通货，可以刺激生产。

1716 年，劳获得了建立一家私人银行的特许权，起初这家银行并没有表现出与众不同的特点。它只是规定，以国家债券方式进行的资金支付必须可被接受，同时，银行发行的银行券可以用于缴税。与英格兰银行不同的是，该银行并没有明确的计划，规划以何种方式获得可靠稳定的收入，从而确保其发行的银行券的流动性。与此银行关联，劳还成立了密西西比公司。路易斯安那地区需筹措的资金总额为 1 亿里弗（livre）；该公司接受了等额的国债义务，并换得了这块区域的贸易垄断权。只要仔细审视路易斯安那计划，就会发现：路易斯安那需要一个世纪才能产生足够的收入来偿还所投入的资本。起初，劳试图仿效东印度公司的做法，却完全忽略了一个事实：路易斯安那并非一个像印度那样的文明古国，而只是一个印第安人定居的森林荒地。

当 1718 年劳发现自己受到一家打算租赁间接税的股份公司的竞争

威胁时，他合并了密西西比公司与印度公司。新公司计划从事同印度和中国的贸易，但是却不具有足够的政治力量可以保障法国分得已被英国控制的亚洲贸易中的份额。然而，当权者被诱导赋予劳关乎国家生死存亡的铸币权和所有税种的租赁权，以换取利率为3%的贷款用于偿还巨额流动债务。此时，公众开始疯狂投机。第一年，宣布派发200%的股息时，股票价格从500涨到了9000。这个发展阶段只能用这一事实来解释：当时还没有系统的交易机制，因此无法实行卖空。

1720年，劳成功地为自己谋得了财务总监一职。但整个企业很快就解体了。尽管国家下令只有约翰·劳的银行券才是法定货币，并且试图通过严控贵重金属贸易来维持它们，但也都徒劳无功。劳的失败不可避免，因为无论是路易斯安那，还是中国或东印度的贸易都不足以产生足够的收益来支付其资本的哪怕一小部分利息。银行确实收到了存款，但是没有可用于支付的外部流动性资金。这最终导致了它彻底破产，其银行券被宣布一文不值。这一结局沉重打击了法国民众，但与此同时，向持股人发行的可自由转让的股份凭证也得到了推广。

同年，英国也出现了类似的现象，只是发展过程不像法国那么狂野。英格兰银行成立后不久，竞争制度的想法就开始流行起来（1696年）。这是一个土地银行项目，其基础与后来德意志农民提案中的想法相同，即利用土地信贷代替汇票作为对银行券的担保。但是这个项目没有实施，因为英国显然缺乏必要的流动性。然而，这并没有妨碍1711年辉格党（Whig）倒台后，托利党（Tories）采取了类似几年后的约翰·劳的方针。

英国贵族阶级想要建立一个集权力量，以对抗清教徒为基础的英格兰银行，同时偿还巨额公共债务。基于此目的，他们成立了南海公司。该公司为国家利益做出了可观贡献，并作为交换获得了南太平洋贸易的垄断权。英格兰银行并没有精明到置身事外，它的出价甚至高过了南海公司的创始者。但是，由于托利党出于政治上的抵触拒绝了英格兰银行的参与，它的出价并没有被接受。

这一事件的发展与约翰·劳的机构类似。由于南海公司的贸易额也不足以支付其预付总额的利息，因此它的破产也在所难免。然而在此之前，就像在法国一样，投机行为催生了可转让证券。结果是，巨额财产被挥霍一空，许多冒险者却赚得盆满钵满，国家以一种不太体面的方式大大减轻了自身的利息负担。英格兰银行仍然维持着它之前的声誉，且是唯一一家基于合理汇率贴现并因此拥有了必要的流动性的金融机构。这可以解释为：汇兑只代表着已售出的商品，而当时世界上除了伦敦外，其他任何地方都不能提供如此频繁充足的商品周转。

从那时起，类似的投机危机就开始出现，但是此后从未再达到过同样的规模。理性投机导致的危机直到整整一百年后的自由战争结束后才首次出现，并在此后大约每隔10年就有规律性地出现一次——如1815年、1825年、1835年、1847年，等等。卡尔·马克思在《共产党宣言》中预言资本主义将灭亡时，就是考虑到了这些情况。首次危机及其规律性出现，是以投机的可能性和由此产生的外部利益参与大型企业为基础的。

由于过度投机，生产资料（尽管并不是生产本身）的增长速度快于商品消费需求的增长速度，引发了崩溃。1815年，对欧洲大陆解除封锁的预期带来了创办工厂的普遍热潮；但是，战争摧毁了欧洲大陆的购买力，导致其不能继续消耗掉英国的产品。这场危机还尚未完全克服，欧洲大陆购买力刚刚开始增长时，1825年，一场新的危机暴发了，原因是生产资料（虽然不是商品）以前所未有的规模进行投机性生产，且与需求水平并不相符。

生产资料的制造之所以有可能达到如此巨大的规模，实际上是因为十九世纪进入了铁器时代。炼焦工艺、高炉冶炼的发明，以及采矿作业所达到的前所未有的深度，使铁成为制造生产工具的基础材料。而在十八世纪，机器则都是用木材制造的。如此，生产过程就摆脱了大自然对它的有机限制。然而与此同时，危机成为影响经济秩序的一个迫切问题。长期反复的失业、贫困、供给过剩以及政治干扰对工业生活的破坏，广泛、普遍地存在于世界各地。但是，一名中国或者日本农民遭遇饥荒，会认为神灵对他不利，或是鬼魂在干扰，因此自然没有在适当的时机给他降雨或阳光；而即使最贫困的工人也会认为社会秩序本身可能应对此危机负责，这二者存在着巨大的区别。在第一种情况下，人们转而皈依宗教；在第二种情况下，则认为人应负有责任，劳动者会得出必须改革的结论。如果没有危机，合理的社会主义就不会产生。

第二十五章 自由批发贸易 [①]

十八世纪期间，批发商最终从零售商中分离出来，成为商人阶级中的一个明确分支；然而举例来说，汉萨商人还并不是典型的批发商。批发贸易之所以具有重要意义，是因为它发展形成了新的商业形式。其中之一就是拍卖，这是进口批发商通过快速周转货物并确保获得境外付款的方式。出口贸易的典型形式是寄售贸易，它取代了商品交易会的地位。寄售贸易是将要出售的商品寄送给第三方承销人，由其根据寄售人的指示进行营销。因此，承销人和寄售人不像之前那样在商品交易会上见面，而是将商品以投机买卖的方式运送到境外。寄售贸易的一个积极的先决条件是在目的地建立定期的外汇报价机制，否则寄售的风险将高到无法承受。一个消极的前提是，基于样品的贸易机制尚未建立起来，

---

① 一般参考文献：桑巴特《现代资本主义》，第2卷，429页及以后各页；《国家科学大辞典》的条目"交易所"[E·埃伦伯格（R.Ehrenberg）和"市场和交易会"K·拉斯根（K.Rathgen）]，第3版，第2卷和第3卷；《国家科学大辞典》的条目"邮政"[P·D·费希尔（P.D.Fisher）和M·阿什琴伯恩（M.Ashenborn）]，第3版，第53卷；J·C·海梅恩《英国邮政史》，剑桥（马萨诸塞州），1912年；《国家科学大辞典》的条目"报纸"[L·萨洛蒙（L.Solomon）]，第3版，第8卷。

因此必须由买方亲自验货。寄售贸易通常是跨境贸易，如果批发商与零售商没有业务关联，这种交易方式就会流行起来。

其进一步发展则包括了偕同售货代理人的采购代理人的出现，后者在境外采购时并不验货。这种贸易最古老的方式是以样品为基础的。诚然，在此之前，远距离销售就已存在，被买卖的"有销路的商品"必须达到传统的既定品质；其是否达到此标准则由商业仲裁法院决定。然而，凭样品销售是一种现代特殊的远距离交易方式。在十八世纪后期和十九世纪，它在商业中发挥了基础性的作用。随着标准化和等级评定的发展，发送样品的方式逐渐被取代。新的商业实践要求明确规定等级。十八世纪，在根据等级进行的贸易的基础上，与商品有关的投机和交易行为成为可能。

商品交易会是交易所的初期阶段。二者有一个共同点，即交易只在批发商之间进行；区别则是商品在商品交易会中真实存在，并且商品交易会本身是周期性重复的。交易所和商品交易会之间的中间类型是所谓的"永久性交易会"。在所有大型商业中心，十六至十八世纪都出现了以"交易所"或"证券交易所"为名的机构。然而，严格意义上的汇兑交易尚未在这些地方发生，因为经常光顾这些地方的大多数人并不是当地人，而是非常驻民商人。他们之所以常去"交易所"，是因为交易所与商品交易会有关，也因为商品通常就在现场或者以样品作为代表进行交易，而不是按照标准化的等级进行交易的。现代意义上的交易所最初是在可流通票据和货币领域发展起来的，而非商品领域，因为前者本质上就是标准化的。直到十九世纪，那些能以足够精度进行分级的商品才加入此列。

成熟交易所交易的创新之处在于，合理的期货交易或看涨投机机制，即在交货日前以较低价格买入商品而进行的销售。这类交易的缺失，可能会导致郁金香狂热或密西西比公司那样的危机。的确，早期曾有过销售人员在无货情况下达成交货协议的情况，但这通常是不被允许的，因为人们担心这类行为会方便货物买断而对消费者不利。这类交易在其他任何地方都无法像在现代交易所中这样以系统化的方式进行，因为在现代交易所中，对上涨的投机总是与对下跌的投机对立存在。期货交易的首要对象是货币，尤其是纸币和银行券、国家年金、殖民地票券。人们对于政治事件的影响或企业的收益预期的看法可能并不相同，因此这些票证就成了投机活动的合适对象。相比之下，早期的价格公告中完全没有工业类证券。随着铁路的修建，这类投机活动经历了巨大扩张；它们提供了首次释放投机冲动的证券。在商品类中，谷物、几款可大宗买卖的殖民地产品以及一些其他货物在十九世纪也被卷入了外汇投机的圈子。

对于以这种方式进行的批发贸易，特别是投机贸易的发展而言，必不可少的先决条件是要有合适的通讯社和商业组织。成为当今交易所贸易基础的公共通讯社，到很晚才发展起来。在十八世纪，不仅英国议会对其行事保密，而且交易所也将自身视为批发商的俱乐部，对内部信息采取同样的保密政策。他们害怕公布大致价格会引发反感，并可能毁掉他们的生意。报纸作为为商业服务的机构起步非常之晚。

报纸作为一种机构，并不是资本主义的产物。它首先搜集世界各地的政治新闻，并汇总各种奇闻轶事。然而，广告是很晚才登上报纸的。广告并非一直没有，但最初与家庭通告相关；作为商人的布告，旨在寻求市场的广告首次于十八世纪末在已持续百年并位于世界首位的《泰晤士报》上成了一种既定现象。直到十九世纪，官方价格公告才开始普及；起初，所有的交易所都是封闭的俱乐部，并且直到现在还几乎一直在美国有其保留。因此，在十八世纪，商业活动的开展依赖于有组织的信件往来。如果没有安全的信件传递，地区之间的合理贸易往来就不可能实现。这项工作部分由商业行会完成，部分由肉贩、车轮修造工等人完成。邮政业最终实现了合理化的信件传输，其收集信函，并与商家达成价目协议。在德意志，拥有邮政特许权的图尔恩（Thurn）和塔克西斯（Taxis）家族在通讯合理化方面取得了显著进展。然而，初期的信件数量少得惊人。1633 年，全英格兰仅有 100 万封信件，这仅相当于今天一个拥有 4000 人口的地方的体量。

商业组织在铁路引入之前没有什么变化，至少大体上如此。在十八世纪，远洋轮船的排水量比中世纪末期威尼斯的船只大不了多少。的确，它们的数量更多，军舰的规模也有所增加。这为商船数量增长和规模扩大提供了刺激，但是这种冲动在木结构时代无法实现落地。船闸的建造为内陆航运提供了便利，然而直到十九世纪，它仍保留着其行会组织，因此没有经历过重大革新。陆路运输一如既往。邮政业也没有任何变化，只是转发信件和小型包裹，而并不涉足对经济生活起决定性作用的大规模生产活动。

只有收费公路的修建使得陆路运输得到了非凡的改善。在此方面，萨利（Sully）领导下的法国政府起到了带头作用；英国则将道路出租给了私人企业家，由其根据使用情况收取过路费。收费公路的修建在商业生活中引发了一场革命，这场革命在铁路出现之前是无法想象的。当然，当前陆路交通的密度是这一时期的陆路交通密度无法可比的。1793 年，有 7 万匹马穿过吕内堡（Lüneburg）小镇，而到了 1846 年，全德意志只有 4 万匹马用于货运。陆路运输的费用相当于后期铁路运输费用的十到二十倍，是同时期内河航运费用的三到四倍。5 亿吨公里是德意志陆路运输的最高纪录，而到了 1913 年，铁路运输量为 670 亿吨公里。

铁路是有史以来最具革命性的工具，这是对于整个经济生活，而不仅仅是对于商业而言的。但是，铁路依赖于铁器时代，并且像其他许多事物一样，是王公贵族利益的玩物。

第二十六章　十六世纪至十八世纪的殖民政策 [①]

在此，可适时探讨一下获得和开发大量欧洲以外土地对于现代资本主义发展的重要意义，但是，这里只论及老殖民政策的最显著特征。欧洲国家对殖民地的占领使其获得了巨额财富。这种积累的手段是靠对殖民地产品和殖民地市场的垄断实现的，即拥有将货物运入殖民地的权利，并最终获得在宗主国和殖民地之间运输的利润，1651 年英国的《航海法》特别保证了这一点。这种积累要依靠武力来实现，而且毫无疑问任何国家都不例外。其运行可能采取多种方式。要么是由宗主国本国机构管理殖民地，直接从殖民地获取利润；要么将殖民地出租给企业，收取报酬。对殖民地的开发主要有两种类型：以西班牙和葡萄牙为代表的封建式开发方式、以荷兰和英国为代表的资本主义式开发方式。

---

① 一般参考文献：H·梅里维尔（H.Merivate）《关于殖民和殖民地的讲座》，伦敦，1861 年第 2 版；H·E·毛礼斯《从古至今的殖民历史》，2 卷，伦敦，1904年；G·L·贝尔（G.L.Bear）《旧殖民体系（1600—1754）》，2 卷，纽约，1912 年；A·萨托里乌斯·冯·沃尔特豪森（Sartoriusvon Waterhousen）《北美英国殖民地的劳工法》，斯特拉斯堡，1894 年；圣·B·威克斯（St.B.weeks）《南贵格会教徒与奴隶制》，巴尔的摩，1898 年。

封建殖民方式的典型先导者是在地中海东部的威尼斯和热那亚殖民地,以及圣殿骑士团的殖民地。在这两种情况下,都是通过将待开发区域细分为封地(西班牙称之为"委托监护制")来获得资金收入。

资本主义殖民地往往发展成了种植园。劳动力由当地人提供。这一劳工制度在亚洲和非洲取得了良好效果,当它被移植到大洋彼岸时,其适用机会似乎大大增加了。然而,人们发现,美洲印第安人完全不适合作为种植园劳工[①];因此,向西印度群岛输入作为其替代的黑人奴隶,逐渐发展成了一项规模巨大的常规贸易[②]。这是在奴隶贸易特权的基础上进行的,1517 年查理五世首次将该特权授予了佛兰德人(Flemings)。这些奴隶贸易特权直至十八世纪仍在国际关系中发挥着重要作用。在《乌得勒支条约》(Treaty of Utrecht)中,英国排除其他势力,拥有将奴隶输入南美西班牙殖民地的权利,同时也承担了需交付最低数量奴隶的义务。奴隶贸易的成果可观。据估计,在十九世纪早期,大约有 700 万奴隶生活在欧洲的殖民地上。他们的死亡率非常之高,在十九世纪高达25%,此前甚至更几倍于此。从 1807 到 1848 年,另有 500 万奴隶从非洲进口而来,从那时起,运到海外的奴隶总数已相当于十八世纪一个欧洲一流强国的人口数量。

除黑人奴隶外,还有白人半奴隶,即"契约劳工";在十七世纪的

---

① 黑人很久以前就表现出了不适合工厂工作和机器操作的类似特点;他们很少进入呆滞的睡眠状态。这是经济史上一个体现明显种族差异的案例。

② 奴隶贸易的主要支持者起初是阿拉伯人,他们在非洲的地位一直保持到现在。在中世纪,犹太人和热那亚人瓜分了此类业务;紧随其后的是葡萄牙人、法国人,最后是英国人。

英属北美殖民地，他们的数量尤为众多，甚至超过了黑人奴隶。他们之中，一部分是被驱逐出境的罪犯；一部分是可怜的穷人，试图以这种方式赚取一小笔略丰厚的旅费。

奴隶劳工贸易的利润可观。在十八世纪，英国每年可从每个奴隶身上赚取 15 ~ 20 英镑。奴隶劳工的利润来源于严格的种植园纪律、对奴隶的野蛮驱使、持续性进口（因为奴隶自身并不繁育），以及剥削性的农业开发。

殖民地贸易带来的财富积累对于现代资本主义的发展意义不大，必须要强调的是，这一事实与维尔纳·桑巴特（Werner Sombart）的观点完全相反。的确，殖民地贸易使得巨额财富积累成为可能，但是，由于殖民地贸易本身是基于剥削的原则而不是基于通过市场运作获取收益的原则上，因此它并没有推动西方劳工组织在具体形式的发展。此外，我们知道，以孟加拉为例，英国驻军费用的总额是向那里运输货物的货币价值的五倍。因此，在当时的情况下，殖民地为本土工业提供市场相对来说并不重要，其主要利润来源于运输业务。

资本主义方式开发殖民地方法的实现与奴隶制的废除基础是一致的。废除奴隶制只有部分是出于道德动机。唯一一个团结一致、坚持反对奴隶制的基督教教派是贵格会教徒；加尔文教徒、天主教徒和其他任何教派都没有持续且统一地主张废除奴隶制。其决定性的事件是北美殖民地的丧失。即使在独立战争时期，北美殖民地禁止奴隶制事实上是出于纯粹的民主政治原则，因为人们希望遏制种植园制度和种植园贵族的发展。宗教动机——清教徒具有抵制一切形式的封建主义的传统——也发挥了作用。1794 年，法国国民公会宣布基于政治平等的立场废除奴隶制，并用一种恰当的意识形态对其加以包装。在同时期，1815 年，维也纳会议也禁止了奴隶贸易。英国由于失去了北美殖民地这个主要的奴隶需求区，在奴隶制方面的收益大幅降低。维也纳会议的法令使英国人压制别国奴隶贸易成为可能，同时自己可以开展起繁荣的走私业务。从 1807 到 1847 年，在政府的实际暗许下，500 万人以这种方式从非洲被带到英属殖民地。直到 1833 年议会改革后，英国及所有英属殖民地才开始真正禁止奴隶制，该禁令才得以被严肃对待。

在十六至十八世纪这段时间，奴隶制对于欧洲经济组织而言微不足道，却对欧洲财富的积累意义重大。它的确催生了一大批年金受益人，但是对于资本主义工业组织和经济生活的发展却贡献甚微。

第二十七章　工业技术的发展 [1]

准确定义工厂的概念并不容易。我们会立刻想到蒸汽机和机械化作业，但是机器有其前身，我们称之为"器械"，它是必须与机器的使用方式相同、通常由水力驱动的劳动工具。二者的区别在于，器械充当了人的仆人，而在现代机器领域这种关系则是相反的。然而，现代工厂的真正显著特征通常不在于生产工具的应用，而是工作场所、生产工具、动力来源和原材料的集中所有权，即企业家的所有权。在十八世纪以前，这种结合只在偶然情况下才会出现。

尽管效仿了意大利等其他国家的做法，但英国的发展决定了资本主义演变的特征。追溯英国的发展，我们发现了以下几个阶段。

---

[1]　一般参考文献：A·里德勒（A.Riedler）《技术的历史和未来意义》，柏林，1900 年；L·贝克（L.Beck）《铁的历史》，5 卷，布伦瑞克，1884—1903 年；查斯·巴贝奇（Chas.Babbage）《机械和制造业经济学》，伦敦，1832 年；G·冯·舒尔茨·盖弗尼茨（Schulze-Gavernitz）《大企业，经济和社会进步》，莱比锡，1892 年；桑巴特的研究，《现代资本主义》，第 1 卷（481 页及以后各页），第 2 卷（609 页及以后各页）；L·达姆斯泰德（L.Darmstaedter）《欧洲自然科学史手册——科学技术》，柏林，1908 年。

1. 可以确认的最古老的真正的工厂（尽管仍由水力驱动）是 1719 年在德比（Derby）附近的德温特河（Derwent）畔的一家丝绸厂。该工厂基于一项专利经营运转，所有人在意大利窃取了这项发明。在意大利，丝绸织造业长期以来存在着各种各样的产权关系，但是，它们的产品只是为了满足奢侈品需求，属于一个尚未具有现代资本主义特征的时代。然而，这里必须提到它，是因为其所有生产工具、生产资料和产品都归企业主所有。2. 在发明了一种可以借助水力同时运转 100 个线轴的设备后，1738 年，羊毛织造厂在专利权基础上被建立了起来。3. 麻混织布生产的发展。4. 通过在斯塔福德（Staffordshire）的试验系统发展的陶器工业。在现代劳动分工和水力应用下生产陶器，其工作场所和工具均归企业主一人所有。5. 始于十八世纪的纸张制造业，其长久基础是文件和报纸的现代应用发展。

然而，在生产的机械化和合理化成功实践进程中，起到决定性作用的因素是棉纺织业的命运。这一产业在十七世纪由欧洲大陆迁移到英国，并随即开始了与英国十五世纪以来就建立的旧民族工业——羊毛业——的斗争，这场斗争与之前羊毛业和亚麻布业的斗争一样激烈。羊毛生产商的势力如此之大，以至于他们限制和禁止了半亚麻布的生产，直到 1736 年《曼彻斯特法案》（Manchester Act）的颁布才使其恢复生产。棉纺织工业生产最初受到限制，是因为虽然织布机经过了改良、生产规模得以扩充，但纺锤仍然处于中世纪水平，因此无法获得足够数量的纺织材料。1769 年后，纺锤的一系列技术改良扭转了这一境况，在水力和机械设备的辅助下，可以提供大量的可用纱线，但是却又不能以相应的速度来编织它们。1785 年，卡特赖特（Cartwright）发明了动力织布机，才消除了这种不平衡；他是最早将技术与科技结合起来、从理论上解决技术难题的发明家之一。

如果不是生产方式发生了革命，发展可能已经停止，最具特色的现代资本主义也不会出现。现代资本主义的成功是由煤炭和钢铁决定的。我们知道，煤炭早在中世纪就已经像在伦敦、卢提西（Luttich）和茨维考（Zwickau）的情形那样被应用于消费了。但直到十八世纪，这项技术都是由一个现实决定的，即铁的所有冶炼和制备都是利用木炭完成的。这导致了英国的森林滥伐，而德国则因其在十七、十八世纪没有受到资本主义发展影响而幸免于此。森林破坏使得几乎所有地方的工业发展都在一个特定的点上陷入了停滞。只有通过使用煤炭，矿石冶炼才摆脱了对植物世界有机能源的依赖。必须指出的是，第一批高炉早在十五世纪就出现了，但是它们主要使用木材燃料，应用于战争而非私人消费目的，部分还与海运有关。此外，十五世纪，用于制造炮筒的铁钻也被发明出来。同时，还出现了重达 1000 磅、由水力驱动的大型重型杵锤；因此，除了使用钻头铸铁外，还可以对其进行机械锻造。最后，在十七世纪，现代意义上的轧制工艺也被应用起来。

随着进一步发展，出现了两个棘手的问题：一是森林滥伐的威胁，二是矿井水的持续性侵入。第一个问题更为紧迫，因为与纺织业的扩张相比，英国的铁工业逐步萎缩，直到十八世纪初，它给人的印象是仿佛已经走到了尽头。通过 1735 年发现的煤炭焦化和 1740 年开始应用的高炉冶炼使用煤炭，该问题得到了解决。1784 年，搅炼法的革新性引进使得此进程又向前迈进了一步。蒸汽机的发明消除了采矿业的威胁。1670年至1770年间，蒸汽机首次显示出了用火力提水的初步可能。到了十八世纪末，蒸汽机达到了可使用阶段，使得为现代工业发展提供所需的足量煤炭成为可能。

三个重要影响可以描述上述发展的意义。首先，煤和铁将技术和生产的可能性从有机原材料的固有特征的限制中解放了出来。从此，工业的发展不再依赖于畜力或者植物的生长。通过一个全面的开采过程，化石燃料和在它帮助下的铁矿业进入了一个光明时代。在二者的帮助下，人类获得了将生产扩大到以往无法想象的规模的可能性。因此，铁成了资本主义发展的最重要的因素。如果没有这种发展，我们不知道资本主义或者欧洲会发生什么。[①]

其次，通过蒸汽机实现的机械化生产过程，将生产从人类劳动力的固有限制中解放出来。当然这也不尽然，因为劳动力对于机器照管的不可或缺性是不言而喻的。但是，机械化进程持续被引入到所有领域，以达到释放劳动力的明确目的；每一项新发明都意味着手工劳动被一个相关的较小的机器监工人力所广泛取代。

最后，通过与科学的结合，商品生产从所有既有传统的束缚中解放出来，并处于自由发挥的智慧的支配之下。的确，十八世纪的大多数发明都不是以科学的方式进行的，当炼焦工艺被发现时，没人关注它的化学意义。工业与现代科学的联系，特别是从尤斯蒂斯·冯·李比希

---

① 另一方面，对地下矿藏的开采必然有时间限制；铁矿的开采年限最多可以持续一千年。

（Justus von Liebig）开始的系统性实验工作，使工业成长为了今天的模样，并推动了资本主义的全面发展。

如十八世纪英国所发展的那样，为新的生产方式招募劳动力，是将所有生产资料集中于企业家手中并借助强制手段实现的，尽管是以一种间接的方式。伊丽莎白女王的《济贫法》（Poor Law）和《学徒条例》（Statute of Apprentices）尤为代表。这些措施之所以必要，是因为该国有大量因农业制度革命而变得一贫如洗的人们在四处游荡。大型租户取代了小佃农，可耕地变成了牧羊场（尽管后者有时被高估），都使得土地上所需的劳动力数量持续减少，形成了受强制劳动约束的剩余人口。所有没有自行找到工作的人都会被强行带进有着严格纪律约束的济贫院，所有没有雇主或者企业主证明就离开职位的人都被视为游民。除非被迫进入济贫院，任何失业人员都无法获得援助。

就这样，工厂招募了第一批劳动力。人们很难适应这样的工作纪律。但是有产阶级的力量十分强大，他们通过治安法官获得了政治当局的支持。治安法官在没有具有约束力的法律的情况下，基于错综复杂的指令行事，并在很大程度上是基于他们自己的意志行事。直到十九世纪下半叶，他们仍对这些劳动力实行着专制控制，并将他们输入新兴行业。另一方面，自十八世纪初开始，就出现了企业家与劳动者之间关系的规定，这预示了对劳动条件的现代性管理。安妮女王（Queen Anne）和乔治一世（George I）时期通过了首批反实物工资法。虽然在整个中世纪，工人们都在努力争取将自己的劳动产品推向市场的权利，但从此以后，立法让他们不得以其他人的产品作为自己的工作酬劳，并确保他们获得货币报酬。劳动力的另一个来源是英国的小手工艺人阶层，他们中的大多数人都变成了在工厂劳动的无产阶级。

在这些新兴产业的产品市场上，出现了两大需求来源，即战争和奢侈品需求，也称军政和王室需求。军事管理部门成了工业产品的消费者，且与大规模雇佣军的发展情况相协调；军队纪律、武器、军事技术进步越是合理化发展，情况就越是如此。在纺织工业中，最主要的是制服生产，因为制服绝不可能是军队自己生产的产品，但却是一种有利于统一兵团、控制士兵的必要纪律手段。大炮和火器生产占领了铁工业，物资供应也占领了贸易领域。上述情况不仅包括陆军，还包括海军；军舰体积的增加也是创造工业产品市场的因素之一。尽管商船的体积在十八世纪末之前几乎没有什么变化，直到1750年，驶入伦敦的船只的载重量也通常约为140吨；而军舰的载重量早在十六世纪就已经达到了1000吨，到了十八世纪，这就是一个一般吨位。与陆军的需求一样，海军的需求随着航行次数和范围的增长而提高（这也同样适用于商船），特别以十六世纪后更为显著。直到那时，地中海东部航行通常需要一年的时间；此时的船只开始在海上停留更长的时间。同时，陆上战役的规模越来越大，对补给、弹药等物资的需求也越来越多。最后，十七世纪后，船只与大炮的制造以惊人的速度增长。

桑巴特认为，标准化的大规模战争物资供应是影响现代资本主义发展的决定性条件之一。这一理论应当被限定在合理范围内。的确，每年都有巨额资金被用于陆军和海军；西班牙每年有70%的财政收入用于此目的，其他国家也有三分之二甚至更多。但我们也发现，在西方世界之外，例如在莫卧儿帝国（Mogul Empire）和中国，也有配有火炮的庞大军队（尽管并未着统一制服），然而却没有因此产生向资本主义发展的推动力。此外，即使在西方，与资本主义自身的发展一道，军队需求也通过军事管理部门在自己的车间、军火工厂中自行开发从而获得了越来越大程度的满足；也就是说，它是在向着非资本主义路线前进。因此，通过军队的需求，将战争视为产生现代资本主义的原动力，是一个错误的结论。战争的确与资本主义相关，并且不只局限于欧洲；但是却并非其发展的决定性动力。否则，通过国家直接行动提高军队需求的供给势必会制约资本主义的发展，但是这种情况并未发生。

在王室与贵族的奢侈品需求方面，法国颇具代表性。在十个世纪的一段时间里，国王每年直接或间接花费于奢侈品的费用一度高达1000万里弗。王室和上层阶级的这项支出对于许多工业而言构成了强大刺激。除了巧克力和咖啡这些用于享受的物品外，最重要的有刺绣品（十六世纪）、亚麻织品及用于其熨烫处理的熨斗（十七世纪）、长筒袜（十六世纪）、伞（十七世纪）、靛蓝染料（十六世纪）、壁毯（十七世纪）和地毯（十八世纪）。就需求量而言，最后提到的两种产品在奢侈品工业中最为重要，它们标志着奢侈品的平民化，是资本主义生产的关键方向。

在中国和印度，对于宫廷奢侈品的追求是欧洲见所未见的；然而，却并未因此产生出任何对资本主义或资本主义工业发展的重大刺激。原因在于，他们对于这类需求的满足是通过强制性贡奉实现的。这种制度如此根深蒂固，以至于直到现在，北京地区的农民仍不得不向朝廷供给与3000年前相同的物品；尽管他们并不知道如何生产这些物品，只能被迫从生产者那里购买它们。在印度和中国，军队的需求也通过同样的强制劳役和物资捐贡获得满足。在欧洲，类似东方的进贡方式也并非没有，尽管是以一种不同的形式出现的。欧洲的王公贵族通过间接手段将奢侈品工业的人们变为强制劳工，通过授予土地、长期合同和各种特权将他们约束在其工作场所。然而在奢侈品工业领先的法国，情况并非如此。在这里，手工艺品的制作形式得以保留，部分在包买主制机构中，部分在作坊制机构中，手工业的技术和经济组织都没有任何革命性改变。

资本主义发展的决定性推动力只能有一个来源，即大众市场需求。大众市场需求只能通过需求的平民化普及，尤其是伴随作为上层阶级奢侈品替代物的生产线出现，而在一小部分奢侈品工业中产生。这种现象的特点是价格竞争，而为王室服务的奢侈品工业则遵循着手工艺品的质量竞争原则。十五世纪末，英国出现了首个国家机构介入价格竞争的案例，当时英国出台了众多出口禁令努力压低佛兰德羊毛工业的销量。

十六世纪和十七世纪的价格大革命通过降低生产成本和商品价格，为资本主义的逐利倾向提供了强大支撑。这场革命应归因于海外重大发现带来的持续性贵金属流入。它从十六世纪三十年代一直持续到三十年战争时期，但是以完全不同的方式影响着经济生活的不同分支。在农产品领域，价格普遍上涨，使其有可能转向面向市场的生产。工业产品的价格情况则完全不同。总的来说，这些产品的价格始终保持稳定或者小幅上涨，因此与农产品相比，它们的价格实际上是有所下降的。这种相对下降只有通过技术或经济改革才有可能实现，并且带来了通过持续降低生产成本来提高利润的压力。因此，发展不是依照资本主义先发展、物价再降低的顺序进行的，而是恰恰相反，价格先相对下降，然后再资本主义化。

将技术和经济的关系进行合理化改革以便降低与成本相关的价格的趋势在十七世纪激发了对于发明的狂热追求。这一时期的所有发明家都以降低生产成本为目标；将永动机作为能量来源的概念只是当时普遍运动的众多目标之一。发明家作为一种职业古已有之。但是，如果仔细分析前资本主义时期最伟大的发明家莱昂纳多·达·芬奇（其实验起源于艺术领域而非科学领域）的发明，就会发现，他的追求不是降低生产成本，而是尽可能理性地掌握技术问题。资本主义时期以前的发明家是经验主义者，他们的发明或多或少都带有偶然性。采矿业是一个例外，也就是说，是与采矿有关的问题使其产生了技术进步。

与发明有关的一项积极改革是第一部合理的专利法的出现，即1623年的英国法律，它包含了现代法规的所有基本条款。在此之前，对发明的利用都是通过安排一项特别拨款来作为报酬的；相比之下，1623年的法律将对发明的保护期限定为14年，并规定企业主之后使用该发明的条件是为原发明人提供足额的版税。如果没有这项专利法的刺激，那些对十八世纪纺织工业领域的资本主义发展至关重要的发明就未必会出现。

再次将西方资本主义的显著特征及其原因联系起来分析，我们发现了以下事实。首先，这一制度自身产生了一种以往并不存在的合理的劳动组织。贸易无时且无处不在，甚至可以追溯到远至石器时代。类似的，我们在不同时代和文化中发现了战争财政、国家贡奉、包税制度、官方耕作等，但却没有发现一种合理的劳动组织。此外，我们还发现，到处都有一种原始的、严格整合的内部经济，使得同一部落或宗族的成员之间没有任何经济活动的自由，但是却存在外部贸易的绝对自由。内部道德准则和外部道德准则是有区别的，在外部道德准则方面财务程序十分冷酷无情。没有什么比中国的宗族经济和印度的种姓经济更严格的规定了，另一方面，也没有什么比印度教外贸商的活动更肆无忌惮的经营方式了。与此相反，西方资本主义的第二个特征是，内部经济和外部经济、内部道德准则和外部道德准则之间的壁垒被破除，商业原则进入内部经济，并在此基础上组织劳动。最后，其他地方也有出现原始经济稳定性的瓦解，例如巴比伦；但是，在其他任何地方都没有发现类似西方世界所熟知的企业家劳动组织。

如果这种发展只发生在西方，那么原因就应在于其特有的一般文化演变特征。只有西方才懂得现代意义上的国家，它拥有专业管理机构、专业官员和基于公民概念的法律。这一制度的起源在古代和东方从未得到发展。只有西方懂得由法学家制定并合理阐释和应用理性法律；只有西方才有公民概念，因为只有西方才有特定意义的城市。此外，只有西方拥有现代意义上的科学。中国人和印度人熟知神学、哲学，以及对人生终极问题的思考，甚至达到了欧洲人并未到达的深度。但是，理性的科学和与之相关的理性技术对于这些文明来说仍是未知的。最后，西方文明与其他文明的进一步区别在于，有依据理性道德准则指导生活行为的人的存在。巫术和宗教无处不在，但是，始终如一的遵循生活秩序的宗教基础必然导向明确的理性主义，这也是西方文明所独有的。

第二十八章　市民 [①]

在社会史中使用的市民概念有三个不同的含义。首先，市民可能包括某些特定的具有特殊公共或经济利益的社会类别或阶层。按照这样的定义，市民阶级不是单一的，而有大市民和小市民之分。企业家和手工工人都属于此类。其次，在政治意义上，市民意味着国家成员的身份，其内涵是某些政治权利的持有者。最后，阶级意义上的市民，我们将那些官僚或无产阶级或其他圈外人之外、联合在一起的人理解为"有财产和文化的人"，即企业家、资金收入接收者，以及总体上所有具有学术文化、一定标准的生活水平和一定社会声望的人。

概念的第一个含义是经济性的，且是西方文明特有的。尽管到处都有手工劳动者和企业家，但是他们从未被纳入一个单一的社会阶层。国家公民的概念在古代和中世纪城市就早有先例。在这里，市民是政治权利的持有者；而在西方世界之外，这种关系只是略有痕迹。例如，《圣

---

① 一般参考文献：马克斯·韦伯《经济与社会》，图宾根，1922年，513页及以后各页；N·D·菲斯泰尔·德·库朗热（N.D.Fustel de Coulanges）《古代城邦》，巴黎，1864年。

经·旧约》中的巴比伦（Babylonian）贵族和约瑟林（Josherim），他们是拥有全部合法权利的城市居民。越往东，这类迹象就越少；伊斯兰教国家、印度和中国都没有国家公民的概念。最后，市民作为区别于贵族与无产阶级、拥有财产或文化的社会阶层性含义，如同中产阶级的概念一样，是一个特定的现代性、西方性概念。的确，在古代和中世纪，市民是一个阶级概念；特定阶级团体的成员身份使此人成为市民。区别在于，在这种情况下，市民在消极和积极意义上都享有特权。从积极的意义上讲，以中世纪的城市为例，市民只能从事某些特定工作；从消极的意义上讲，市民需要放弃某些特定权利，例如，持有封地的资格、参与马上比武的资格、成为宗教团体成员的资格。具有某个阶级成员资格的市民始终是某一特定城市的市民；从这个意义上说，这类城市只存在于西方，而在其他地方如早期的美索不达米亚，它们仅处于初期阶段。

　　城市对于整个文化领域的贡献是广泛的。城市创造了政党和政客。诚然，我们可以看到各种私党派系、贵族派别、谋求官职者之间的斗争贯穿历史，但是在西方城市之外，没有任何一个地方存在着当今意义上的政党，也几乎没有党派领袖或谋求部长职位的政客们。城市，并且只靠城市自身就创造了艺术史上的现象。与迈锡尼（Mycenean）和罗马艺术相比，希腊（Hellenic）和哥特（Gothic）艺术就是城市艺术。同样，城市也产生了现代意义上的科学。在希腊的城市文明中，科学思维发展的学科，即数学，被赋予了可以持续发展到现代的形式。巴比伦的城市文化与天文学基础有着相似的联系。此外，城市是特定宗教机构的基础。与以色列的宗教相比，不仅犹太教是一种彻底的城市建设——农民无法遵守宗教戒律的规范，而且早期的基督教也是一种城市现象；城市规模越大，基督教徒的占比就越大，清教徒和虔敬派的情况也是如此。农民可以成为宗教团体的一员是一种严格意义上的现代现象。在古代基督教中，"帕加努斯"一词同时指代邪教徒和乡村居民，就像在后来的流亡时期，居住在城镇的法利赛人（Pharisee）蔑视不懂法律的阿姆哈雷斯人（Am-haaretz）一样。就连托马斯·阿奎那（Thomas Aquinas）在讨论不同的社会阶层及其相对价值时，也极其轻视农民。最后，城市自身产生了神学思想，另一方面，它也为不受神职人员权术束缚的思想提供了庇护。柏拉图及其关于如何使人成为有用的公民的问题的核心思想，在城市环境之外是不可想象的。

　　一个地方是否应当被视为城市，不应以其空间大小作为依据。① 从经济角度来看，无论是西方国家还是其他任何地方，城市首先应当是商业和工业的中心，需要持续从外部获得生活资料供给；大地方根据其供给来源和支付方式不同被区分为各种类型。一个不靠自身农产品生活的大地方可以用它的产品，即工业产品或通过贸易、租金乃至年金来支付其进口物。"租金"表示官员工资或土地租金；威斯巴登（Wiesbaden）即以年金维持生计，其进口物的成本由其政治官员和军队官员的年金支付。这些大地方可以通过它们支付其进口物品或生计用品的主导性收入来源来进行分类，但是这是世界的普遍情况；它主要适用于大地方，但

---

① 否则，北京从一开始就必须被视为一个"城市"，而此时欧洲还没有任何城市的性质。然而，官方称北京为"五地"，将该地区分为五个大型村庄进行行政管理；因此，北京没有"市民"。

并不用于区分城市。

城市的另一个普遍性特征的事实是，它过去通常是一座要塞堡垒；在很长一段时间里，一个城市只有当且只当它是一个设防据点时，才被认定为是一个城市。为此，城市往往是政府和教会的管理机构所在地。在某些情况下，西方所谓的城市通常被理解为主教的所在地。在中国，官吏是城市的关键特征[①]，而城市是根据其官吏的等级进行分类的。甚至在意大利文艺复兴时期，城市也是以其官员和上层阶级居民的等级以及当地贵族的级别而进行区分的。

的确，在西方之外，也有一些城市是设防据点、政治和宗教管理中心。但是在西方之外，并没有一个单一团体意义上的城市。在中世纪，其显著特征是它们拥有自己的法律、法院、不同程度上的自治管理。中世纪的市民之所以是市民，是因为他们需要遵守法律，并参与了行政官员的遴选。需要说明的事实是，西方之外并不存在从政治共同体的意义上所言的城市。其原因在于经济性质的观点非常值得怀疑。产生共同体的原因也并非出于特定的"日耳曼精神"，因为中国和印度有比西方更团结的单一团体，但在那里并没有发现类似城市中的特殊联盟。

研究必须追溯到某些特定的、终极的基本事实。我们无法依据中世纪的封建或政治性拨款，抑或亚历山大大帝在进军印度时建立的城市来解释这些现象。最早将城市作为政治单位的提法颇具革命性。西方城市基于古代和中世纪的兄弟会联盟的建立而产生。中世纪发生的斗争和冲

---

① 相比之下，日本的官员和王公贵族直至明治维新时期都居住在城堡中，地方根据面积大小进行区分。

突往往与外部有关，并以法律形式为外衣，是无法与其背后所掩藏的事实区分开的。霍亨斯陶芬王朝（Staufers）反对城市的声明没有禁止任何具体假定的公民权利，而是禁止武装和互助保护兄弟会，包括武力篡夺政治权力。

中世纪的首个例子是726年的革命运动，它以威尼斯为中心，使意大利脱离了拜占庭帝国的统治。这次革命尤其是为反对在军事压力下皇帝提出反圣像运动而发起的，宗教虽然不是唯一的因素，却是促成革命的动机。在此之前，威尼斯的公爵（即后来的总督）是由皇帝任命的，但另一方面，有些家族的成员在很大程度上一直被任命为军事护民官或者地区指挥官。从那时起，军事护民官和公爵的选择权就一直掌握在那些有义务服兵役的人，也就是可以担任骑士的人手中。于是，运动开始了。直到四百年后的1143年，威尼斯公社这一称呼才出现。古代的"同盟"非常相似，就如尼希米（Nehemiah）在耶路撒冷（Jerusalem）的过程一样。这位领导人为了管理和保卫这座城市，将该地的主要家庭和一部分特定群体的人们通过宣誓联合起来。我们必须假设每个古代城市都有共同的起源背景。城邦总是这样一种团体或共同体的产物，并不总是一个具体空间上临近的实际定居点，而是通过共同的仪式餐或者仪式联盟形成的一个明确的兄弟情谊誓言，这个仪式性团体中有一部分人在卫城中有墓地，并在城市里有自己的住所。

这种发展只发生在西方，有两个原因。首先是防卫组织的特有特征。处于起步阶段的西方城市首先是一个防御性团体，一个有经济能力配备武器、装备和训练自己的人组成的组织。该军事组织是基于自我装备的原则，还是基于提供马匹、武器和给养的军事领主负责装备的原则，对于社会史来说是一个非常根本性的区别，这就像是经济生产资料是工人的财产还是资本主义企业家的财产的问题一样。在所有西方以外的地方，城市的发展都因王公贵族的军队比城市更加古老这一事实而受到阻碍。与荷马史诗不同，中国最早的史诗并没有提到坐着自己战车出战的英雄，而只提到了作为领袖的官员。在印度也是一样，一支由官员领导的军队抗击亚历山大大帝的军队。在西方，由军事领主装备的军队，以及士兵与战争装备的分离，在某种程度上类似于劳动者和生产资料的分离，是现代社会的产物，这在亚洲是历史发展的顶峰。没有一支埃及或巴比伦亚述军队（Babylonian-Assyrian army）会呈现出与荷马人民军（Homeric mass army）、西方封建军队、古代城邦的城市军队或中世纪行会军相似的情况。

这种区别基于这样一个事实：在埃及、西亚、印度和中国的文明发展中，灌溉问题至关重要。水利问题决定了官僚制度的存在、附属阶层的强制服役、臣民阶层对于王权官僚制度的依赖。帝王以军事垄断的形式行使了他的权力，这是区分亚洲和西方军事组织的基础。在第一种情况下，皇家文武官员从一开始就是这一进程的核心人物，然而他们在西方最初就并不存在。宗教性兄弟会的形式和为战争而进行的自我装备，使城市的起源和存在成为可能。的确，类似的发展开端也在东方有所显现。在印度，我们发现了与西方理念的城市的建立相似的关系，即自我装备和合法公民权利的结合；能够为军队提供一头大象的人就可以成为梵沙利（Vai·ali）自由城市的正式市民。在古代的美索不达米亚，骑士们也相互作战，建立了自治城市。但是，随着大型王国在水利设施基础上的崛起，这些开端就消失了。因此，只有在西方，类似进程才发展到了完全成熟。

阻碍东方城市发展的第二个障碍是巫术有关的思想和制度。在印度，种姓制度无法形成仪式性共同体，也就无法形成城市，因为他们彼此在仪式方面格格不入。同样的事实也解释了中世纪犹太人的特殊地位。大教堂和圣餐礼是城市团结统一的象征，但是，犹太人不允许在大教堂祈祷或者参加圣餐仪式，因此，他们注定只能形成散居社区。相反，使城市能在西方自然发展的原因是，古代的神职人员享有广泛的自由，他们在与神的交流中没有任何垄断权，但是亚洲的情况却并非如此。在古代西方，由于没有像印度那样的巫术限制的阻碍，城邦官员主持宗教仪式，城邦对诸神和神职人员的财富的所有权最终使得神职人员需要通过拍卖形式取得职位。对于随后的西方而言，有三个重要的关键性事实。一是流传于犹太人中的预言破坏了犹太教范围内的巫术；巫术仍然真实存在，但是它是邪恶的，而不是神圣的。二是圣灵降临神迹，即在仪式上纳入基督教精神，成为早期基督教高度热情传播的决定性因素。三是保罗在安提阿（Antioch）反对彼得，支持与未受割礼的人交往（《新约全书》，《加拉太书》）。巫术在古代城邦中仍然相当广为人知，但氏族、部落、种族之间的巫术屏障却就此停止了，这使得西方城市的建立成为可能。

尽管从严格意义上讲，城市是特别的西方制度；但在其内部有两个基本的区别，一是在古代城市和中世纪城市之间，二是在南欧城市和北欧城市之间。在城市共同体发展的第一阶段，古代城市和中世纪城市有极大的相似性。在这两种情况下，只有骑士出身、过着贵族的生活的家族成员们，才是群体中的活跃成员，其他人只是被迫服从而已。这些骑士家庭成为城市的居民，完全是因为他们有可能分享贸易机会。意大利反拜占庭革命成功后，一部分威尼斯上层阶级家庭聚集在里亚尔托（Rialto），因为从那时起，当地开始了与东方的贸易往来。需要记住的是，威尼斯虽然在政治上是独立的，但是在海上贸易和海战中仍然是拜占庭体系的一部分。类似的，在古代，富裕的家庭并不以自己的名义从事贸易，而是以船主或放债人的身份参与其中。一个特征是，在古代，没有一座重要的城市距离大海超过一天行程；只有那些因政治或地理原因获得了独特商贸机会的地方才会繁荣起来。因此，桑巴特关于地租是城市和商业之母的主张根本不正确。事实的顺序正相反；定居于城市是在贸易中应用租金的可能和意图引起的，贸易对于城市建立的关键影响最为显著。

中世纪早期，威尼斯新个体的崛起过程大致如下。他们起步于一名商人，即零售商；然后，这个人从上层阶级家庭那里获得一笔可在地中海东部地区支付的货币或实物信贷资本，到海外经商，并在回国后与提供贷款的人分享利润。如果他成功了，他就可以通过买地或者买船的方式进入威尼斯的圈子。作为一名船主或者土地所有者，他通往权贵的晋升道路是敞开的，直到1297年才因大议会而被阻断。在意大利，依赖于以贸易利润为基础的土地租赁或资本借贷为生的贵族，被普遍称为"无工者"，而在德意志则被称为"可敬的懒汉"。的确，在威尼斯贵族中，总有一些家庭将贸易作为一种持续性的职业，正如在宗教改革时期，失去财富的贵族转而靠工业谋生。但是通常情况下，正式市民和城市贵族阶层的成员是那些同时拥有土地和资本的人，他们靠并不由自己参与的贸易或者工业带来的收入生活。

至此为止，中世纪的发展与古代不谋而合；但是随着民主制的建立，它们的发展走上了不同道路。可以肯定的是，一开始，这些联系之中也有相似之处：公民、平民、人民、市民等不同词汇都是以同样的方式受到了民主制的影响，它们指代了大量不能追求骑士生活的公民。贵族，即具有骑士身份并符合封建资格的人，他们被剥夺了选举权并被宣布为不受法律保护的而受到监视，就像列宁对待俄国的资产阶级一样。

民主化的基础在任何地方都是纯军事性质的；它从训练有素的步兵中兴起，包括那些古希腊的重装步兵和中世纪的行会军队。关键事实是，军事训练证明了它优于英雄之间的战斗。[1] 军事训练意味着民主的胜利，因为社会希望并被迫需要确保非贵族群体的合作，从而将武器以及武器伴随的政治权力一并交给他们。此外，金钱在古代和中世纪都发挥了作用。

类似情况也体现在民主制本身的建立方式上。和一开始的国家一样，人民作为一个独立的群体与其官方斗争。例如，斯巴达长官和古罗马的护民官是反对国王的民主制代表，而中世纪意大利城市的人民领

---

[1] 即使在亚历山大大帝时代最古老的希腊报告中，印度军队就已经拥有了战术师和系统组织，但也有英雄之间的战斗。在大莫卧儿的军队中，装备自己的骑士与战争领主征募和装备的战士并驾齐驱，享有更高的社会威望。

袖、市场长官也是类似的官员。其特点是，他们起初被认定为"非法"官员。意大利城市的领事仍然在头衔前加上"恩赐"的前缀，但是人民领袖已经不这样做了。保民官的权力来源并不合法；他之所以神圣不可侵犯正因为他不是合法的官员，因此，只受到神圣权力或者大众复仇者的保护。

这两个发展过程的目的是相同的。社会阶级而非经济阶级的利益是决定性的，这主要是一个针对贵族家庭的保护问题。人们知道自己很富有，他们与贵族一道参与了城市大战并赢得了胜利；他们有武器，觉得自己受到了歧视并不再满足于他们以前接受的从属阶级地位。最后，独立组织官员的可用手段也存在相似性。他们到处都在争取干预平民反对贵族的法律过程的权利。罗马保民官和佛罗伦萨的人民领袖通过调解权实现了这一目的，而这一权利是通过申诉或者私刑审判的方式实现的。[①]联盟确立了一种主张，即该市的法规只有在得到平民的批准后才有效，并最终建立起了只有经过他们确立的法律才是有效的原则。罗马法的原则是"各族人民的决定适用于全体人民"，这在佛罗伦萨法案的相应的规定、列宁将所有非工人排除在无产阶级专政之外的做法中均有体现。

民主制确立其统治地位的进一步手段是强制加入平民。在古代，贵族被迫加入部落，在中世纪则被迫加入行会，尽管在许多情况下，其终极意义并没有被注意到。最后，到处都是突然出现且数量庞大的公职；这是由于获胜党需要用自己竞选的战利品酬劳其成员，因此产生了官僚

---

① 1918 年的德国革命与此类似并具有代表性；士兵委员会要求有权废除司法裁决。

的冗余。

到此为止，古代民主和中世纪民主之间是有一致性的；但除了共同点之外，还存在着明显的分歧。从一开始，关于城市的划分就存在着根本区别。中世纪城市由行会构成，而古代城市从来都不具有行会性质。从这个角度审视中世纪的行会，我们发现，不同的行会阶层相继掌权。在佛罗伦萨这一经典的行会城市中，最早期的这些阶层逐渐聚集形成了区别于小行会的大行会群体。他们一方面包括商人、经销商、珠宝商，以及一般来说需要大量工业资本的企业家；另一方面，也包括法学家、医生、药剂师和现代资产阶级意义上的"拥有财产和文化的人"。关于企业家组成的行会，我们可以认定至少有50％的人靠收益生活，或者很快就可以靠收益生活。这类有财产和文化的人被称为胖子，是"肥胖"的人。在诗篇中也可以发现完全相同的表达方式，特别是那些善良虔诚的人们对于优等年金受益人和贵族的怨恨、对"胖子"的反对的作品中，正如他们自己在诗篇中反复提到的那样。

大行会包括小资本家，小行会则包括屠夫、面包师、纺织工等。至少在意大利，他们处于工人阶级的边缘，而在德意志，他们在某种程度上已是大企业家。另一方面，纯粹的劳工，即梳毛工，只有在贵族与底层阶级联合起来对抗中产阶级的情况下，才会例外地获得权力。

在行会的控制下，中世纪城市奉行着一种特殊的政策，被称为城镇经济。它的目标首先是维持传统的就业和生计，其次是通过设备使用费和强制使用城镇市场，使周边乡村在最大限度上屈从于城镇利益。它试图通过进一步限制竞争，阻止向大规模工业的发展。尽管如此，随着家庭工业的发展，以及作为现代无产阶级先驱的长期熟练工人的成长，商贸资本和行会组织的手艺工作之间形成了一种对立。所有这些在古代民主制统治下都是不存在的。诚然，在早期确实有这些情况的痕迹。因此，在罗马西弗勒斯（Severus）军事组织的工厂，手工工人、陆军铁匠等，可能就是此类残存。但是，在民主制充分发展的时期，没有任何类似情况的记载，直到罗马时代晚期才再次发现踪迹。因此，在古代，不存在作为城镇上统治力量的行会，也不存在行会政策及中世纪末期可见的劳资对立。

在古代，尽管没有这种冲突，却存在着土地所有者和无地者之间的对立。无产阶级不是——如蒙森所说——只能通过生育子女来为国家服务的人，而是地主和正式公民的无继承权后裔，是勤劳的人。古代的所有政策都是为了防卫这些无产阶级；为此，债务奴役受到限制，债务人法也得到了缓解。古代常见的对比是城市债权人和农民债务人之间的对比。放债的贵族阶级住在城市；借钱的小人物住在乡下；在这种情况下，古代的债务法很容易导致民众土地的丧失和无产阶级化。

基于上述原因，古代城市没有像中世纪那样的生活政策，只有一项旨在维持地产（一个人赖以生存并将自己装备成一个士兵的基础）的政策。其目标是防止削弱共同体的军事力量。因此，绝不能将格拉古兄弟（Gracchi）的伟大改革按现代意义理解为与阶级斗争有关的措施；他们的目的是纯粹军事性的；他们代表着维持市民军队和避免被雇佣兵替代的最后尝试。中世纪贵族的对立者既有企业主，也有手工艺工人，而在古代则始终是农民。与这些对立的区别相对应的是，古代城市的划分方式与中世纪不同。在中世纪，贵族家庭被迫加入行会，而在古代城市，他们则被迫加入村镇。这些地区由乡村地主组成，与农民受同一法律的管辖。在中世纪，他们被培养成了手工艺人，在古代，则是农民。

古代民主制发展的另一个特点是，不同阶层在民主制内的分化。首先，可以利用盔甲和盾牌将自己充分武装起来并被雇佣到前线的纳税人阶层是掌权阶层。其次，以雅典为代表的古代部分地区，受到海军政策的影响，舰队只能由包括所有阶层人口在内的人来操纵，无产阶级上升到了统治地位。雅典的军国主义使得海员们最终在公民大会上获得了有利之势。在罗马，类似的事件首次发生在辛布里人（Cimbri）和条顿人（Teutones）入侵时。然而，这并未使士兵被授予市民身份，而是发展起了一支以统帅为首的职业军队。

古代和中世纪发展之间除了这些区别外，阶级关系方面也存在差异。中世纪行会城市的典型市民是商人或手工艺人；如果他也是一个房主，那他就是正式市民。相反，在古代，正式市民就是土地所有者。因此，在行会城市中就产生了阶级不平等。非土地所有者需要土地所有者作为其代理人以便获取土地；非土地所有者在法律上处于不利地位，这种法律上的从属地位只能是渐趋平等化，而不能完全平等。然而，在他的私人关系中，中世纪城市的市民是自由的。"城市空气自由"的原则主张，一年零一天后，领主不再有权召回他已逃跑的农奴。虽然这一原则并非在所有地方都得到承认，并尤在以霍亨斯陶芬王朝（Hohenstauffens）的立法为代表的情况中受到了限制，但它与城市市民的法律观念相一致，并在此基础上加入了其军事和课税利益诉求。因此，实现阶级平等和消除不自由成了中世纪城市发展的主导趋势。

相比之下，古代早期类似中世纪的阶级差别更为突出；它不仅承认贵族和以乡绅的身份追随着骑士战士的受委托人之间的区别，也承认附属和奴隶制的关系。但是，随着城市力量的增长和其向着民主制方向的发展，阶级差别的尖锐性也在提高；奴隶被大量购买和运送而来，形成了一个数量不断增加的下层阶级，并且被解放的自由人也不断加入其中。因此，与中世纪的城市相比，古代城市显示出日益严重的阶级不平等。最后，在古代找不到中世纪行会垄断的痕迹。在雅典民主制的统治下，我们在有关伊瑞克提翁神庙（Erechtheion）的纪念柱布置的相关资料中发现，自由的雅典人与奴隶在同一志愿团体中工作，奴隶作为工头被安置在自由的雅典工人之上，而鉴于强有力的自由工业阶级的存在，这种关系在中世纪是不可想象的。

总之，上述论据得出的结论是，古代的城市民主是一个政治性行会。的确，它有独特的工业利益，并且是垄断性的；但是它们是从属于军事利益的。联盟城市的贡品、战利品和缴付款只在市民中分发。因此，与中世纪末的手工艺行会一样，古代民主公民行会也并不有志于吸纳过多参与者。由此产生的对市民数量的限制是导致希腊城邦衰落的原因之一。政治性行会的垄断包括在市民中分配被征服的土地和战利品；最后，城市用其政治活动场所的入场费收益支付粮食配额、陪审团服务费和参加宗教仪式的费用。

因此，长期战争是希腊正式市民的常态，像克里昂（Cleon）这样蛊惑民心的政客是知道他煽动战争的理由的；战争让城市变得富有，而长期和平意味着市民的破产。那些以和平手段追求利润的人被排除在这些机会之外。这其中包括脱离奴籍的自由人和外邦人；在他们当中，我们首次发现了类似于现代资产阶级的东西，他们被排除在土地所有权之外，但仍然是富裕的。

军事原因解释了这样一个事实，即古代城邦，只要保持了它特有的形式，就不会发展出任何手工艺行会或与之类似的行会，反而为市民建立了一种政治性的军事垄断，并演变成了士兵行会。古代城市代表了当时军事技术的最高发展水平，没有任何力量能够匹敌古希腊重步兵或者古罗马军团。这就解释了古代工业的形式和发展方向，即通过战争获利，以及通过纯粹的政治手段获得其他优势。与市民相对的是"出身低下的人"，任何一个按当今意义上的和平方式谋求利润的人都是出身卑微的。与此形成对照的是，中世纪早期的军事技术的重心在城市外的骑士身上。没有什么能与武装起来的封建地主抗衡。其结果是，除1302年的库尔特雷（Courtray）战役之外，市民行会军从未尝试过进攻行动，而只是在防御。因此，中世纪的市民军永远无法履行古希腊重步兵或古罗马军团贪求利益的行会职能。

在中世纪，我们发现了西方南部城市和北部城市之间的鲜明对比。在南方，骑士通常定居在城市，但是在北方情况则正好相反，从一开始，骑士的住所就在城外，或者甚至是被排除在城外的。北方城市特权的授予包括了禁止高级官员或骑士居住的规定；另一方面，北方的骑士不屑与城市贵族为伍，因为他们将后者视为出身低劣的人。其原因在于，两个地区的城市建立于不同的时代。在意大利公社开始崛起时，骑士的军事技术达到了顶峰；因此，城市被迫接纳骑士，或者与他们结盟。城市之间的圭尔夫－吉贝林战争（Guelph-Ghibelline wars）本质上是不同骑士团体之间的斗争。因此，城市坚持主张骑士们定居下来，或者强迫他们接受"无礼"的罪名；城市不希望骑士离开城堡活动而影响道路安全，而是希望他们确保市民的安全并承担满足他们需求的任务。

与这些情况形成极端对比的是英国的城市，与德意志和意大利不同，英国城市从来没有形成城邦，除极少数情况外，从未有能力或者从未试图控制周边村落或者扩大其管辖范围。它既没有取得此类成就的军事实力，也没有这样的欲望。英国城市的独立性基于这样一个事实：它从国王那里租借了征税权，只有那些可以共享这一租借权的才是其市民，根据这一租约，城市作为一个单位提供指定金额款项。英国城市的特殊地位可以用两点事实解释，首先是在威廉一世（William the Conqueror）之后英格兰政治力量的异常集中，其次是十三世纪后英国公社在议会中的联合统一。如果男爵们想对王室采取任何行动，他们就不得不求助于城镇的金钱援助，而另一方面，城镇也依赖于他们的军事支持。自城市代表在议会中任职以来，就消除了城镇实行政治孤立政策的冲动和可能性。城市和乡村之间的对立很早就消失了，城市接受了大量有土地的乡绅成为他们的市民。城镇市民最终占据了上风，尽管直到最近，贵族仍在国家事务中保持着正式的领导地位。

谈及这些关系与资本主义演进之间的影响问题，我们必须强调古代和中世纪工业的异质性，以及资本主义本身的不同种类。我们在各时期都看到了各种不合理形式的资本主义。其形式如下：（1）第一批资本主义企业，它们包括为了实行包税制而在西方、中国、西亚设立的企业，以及为了提供战争所需的资金在中国和印度的小型独立国家分立时期设立的企业。（2）与贸易投机有关的资本主义，几乎在所有历史时期都存在的商人。（3）放贷资本主义，压榨外来者的需求为己谋利。所有这些形式的资本主义都与战利品、税收、公职外快或官方高利贷、贡品和实际需求有关。值得注意的是，在过去，官员们都像克拉苏（Crassus）为恺撒所做的那样获得资金支持，并试图通过滥用职权来回收预付款。然而，所有这些都是偶尔的不合理的经济活动，这些安排并没有发展形成合理的劳动组织。

相反，合理的资本主义是为了市场机会而组织起来的，因此，也是为了真正意义上的经济目标而组织的；它与大众需求和大众需求供给的联系越是紧密，就越合理。中世纪结束后，现代西方发展将这种资本主义保留并发展为一种制度，而在整个古代，只有一个资本主义阶层的理性主义可以与现代资本主义的资产阶级相媲美，那就是罗马骑士。当希腊城市需要贷款、出租公共土地或者签订供应合同时，它就不得不煽动不同地区的资本家之间的竞争。相比之下，罗马则拥有了理性的资产阶级，从格拉古兄弟时期开始，这个阶级就在国家中起到了关键作用。这一阶级的资本主义完全与国家和政府机会相关，与出租公共领域或政府的土地、攻占的领地相关，与包税制、政治冒险和战争融资相关。尽管它不得不应对与官僚贵族的持续性对抗，它仍时而对罗马的公共政策产生着关键性的影响。

中世纪晚期的资本主义开始转向关注市场机会，它与古代资本主义的明显差异是在城市失去其自由的发展中出现的。在这里，我们再次发现了古代、中世纪和现代在发展路线上的根本区别。在古代，城市的自由被官僚组织的世界帝国席卷而去，在这里，政治性的资本主义不再有一席之地。一开始，帝王们被迫求助于骑士的财力，但是我们发现他们逐渐解放自己，将骑士阶层排除在包税制度之外，因此，也就将其排除在了最为有利可图的财富来源之外。这就像是埃及国王独立于资本主义权力之外、在其自己的领域内为政治和军事需求做准备，并将包税人的职务贬低为税务官员那样。在罗马帝国时期，各地的土地租赁都在减少，以致到了有利于永久性的世袭占有的程度。国家的经济需求是通过强制供款和强制奴役劳动获得满足，而不是竞争性合同。百姓被按照职业划分成不同等级阶层，国家需求的满足是根据共同责任的原则被强加给新成立团体的。

这种发展意味着对古代资本主义的扼杀。征兵部队取代了雇佣军，船只由强制服役提供。就生产过剩的地区而言，全部粮食收成是按照需求在城市中进行分配的，不可私人贸易。道路的修建和其他所有必备的服务都是由通过依附于土地继承和他们的职业特定的群体承担的。最后，罗马的城市共同体通过市长采取的行动与乡村共同体通过共同会议采取的行动没有太大区别，他们以财产为基础要求富裕市民议员回报城市，因为居民共同承担应付给国家的款项和服务责任。这些服务受籍贯原则的约束，该原则是仿照埃及托勒密王朝（Ptolemaic Egypt）的原籍模式建立的；奴隶的强制税只能在他们的家乡共同体缴纳。在这一制度建立后，资本主义获取利益的政治机会就没有了；在基于强制性供款运转的罗马帝国晚期，资本主义的发展空间与埃及基于强制劳动服务的时期一样微小。

城市在现代的命运截然不同。在这里，它的自治权再次被逐渐剥夺。十七、十八世纪的英国城市已是一个只能声称具有经济和社会阶层意义的行会集团。同一时期的德意志城市，除了帝国城市外，都只不过是一切执行上级命令的地理实体。在法国城市，这样的发展出现得更早，而在西班牙的城市，查理五世（Charles V）在公社起义时就剥夺了它们的权力。意大利城市发现它们处于"君权"的统治之下，而俄国城市则从未达到西方意义上的自由。各地城市的军事、司法和工业权都被夺走了。在形式上，旧权力作为一项规则没有改变，但是在事实上，就像是古代罗马统治建立时那样，现代城市被剥夺了自由；尽管与古代相比，无论是和平或战争时期，它们都处于为权力而不断斗争的相互竞争的民族国家的权力之下。这种竞争为现代西方资本主义创造了极大机会。分立的各国必须争夺流动资本，这就决定了流动资本帮助它们掌权的条件。在国家与资本的这种出于不得已的联盟中，必然产生出了国家市民阶级，即现代意义上的资产阶级。因此，封闭的民族国家为资本主义提供了发展机会，而且只要民族国家不让位于世界帝国，资本主义也将持续存在。

第二十九章 理性型国家

（A）国家、法律与官僚

合理的国家状态只存在于西方。在中国的旧政权统治下[1]，在宗族和工商业行会牢不可破的权力之上，存在着一个被归为官员的单薄阶层，即士大夫。士大夫主要是受过人文教育的文人，拥有带俸职位，但一点也没有受过管理培训；他们不懂法学，但是是优秀的作家，通晓诗词，了解中国古代文学并能对其进行解释。在政治服务方面，他们不受重视。这类官员自己不做管理工作，管理职能掌握在办事官员手中。他们不断地从一个地方调任到另一个地方，以防止在自己的辖区稳固扎根，而且他们永远不可能被分配到自己的家乡。由于他们不懂所在省的方言，因此无法与民众交流。有这样官吏的国家必然与西方国家有所不同。

事实上，所有一切都是基于巫术理论，即皇后的美德和官员的功

---

① 参见马克斯·韦伯《宗教社会学论文集》，图宾根，1920年，第1卷，276页及以后各页，及其所提到的研究。

绩，意味着他们在文学领域的完美，使事物在日常保持秩序。如果发生旱灾或任何意外事件，就会颁布法令，强化诗歌创作审查，或加速法律审判，以求安抚鬼神。帝国是一个农业国；因此，代表经济生活90%的农民氏族的力量——另外10%则属于商业和贸易行会组织——是牢不可破的。从本质上来说，事情都是自行得到处理的。官员们不进行管理，只在发生骚乱或意外事件时才出面干预。

合理的国家则完全不同，只有在其中现代资本主义才能繁荣发展。其基础是专业的官员和合理的法律。早在七世纪和十一世纪，中国就曾经改为用受过专业训练的官员取代受过人文教育的官吏进行管理，但这种改变只是短暂的；然后，月食发生，一切又都回到了原轨。然而，并不能依此郑重断言，中国人的精神不能容忍专业管理。专业管理的发展，以及合理国家的发展，因对巫术的持续依赖而受阻。由于这一事实，氏族的权力就无法像西方通过城市和基督教的发展所发生的那样被打破。

训练有素的官员在现代西方合理的法律的基础上做出决定，尽管这是基于罗马法的形式而非内容产生的。罗马法最初是罗马城邦的产物，它从未见证过民主的统治及与希腊城邦同样形式的公正。一个希腊法庭进行小型审判时，原告和被告通过引起同情、流泪哭诉和辱骂指责对手影响法官判断。正如西塞罗（Cicero）的演讲所表明的那样，罗马的政治审判也有这样的做法，但是在民事审判中却没有；在民事审判中，古罗马执政官指派一名审判员，对需要对被告做出判决或者撤销案件的条件做出严格指示。在查士丁尼（Justinian）统治时期，由于官员对于系统化、固定化、容易学习的法律的天然兴趣，拜占庭的官僚体制将秩序和体系引入了这一合理的法律中。

随着罗马帝国在西方的衰落，意大利公证员控制了法律。这些人，以及大学，希望复兴罗马法。公证员们遵循罗马帝国的旧有契约形式，并根据时代的需要对其进行重新阐释。与此同时，大学中形成了一套系统的法律学说。然而，这种发展的基本特征是程序的合理化。与所有原始民族一样，古代德意志的法律审判是一种严格的形式化事务。在法律程序中，一个错误的单词发音可能会导致一方败诉，因为程式具有巫术性的意义，超自然的邪恶令人感到恐惧。德意志审判的这种巫术性的形式主义与罗马法的形式主义相吻合。同时，法兰西王国通过设立代理人或辩护人制度也发挥了作用，他们的任务是按照法律规则正确地宣读，尤其是维持教会法规有关的发言。教会宏大的管理机构需要固定的形式，以达到其与俗世信徒的纪律和自身内部纪律的目的。资产阶级最为无法忍受这种日耳曼式的煎熬或神的审判。商人不能允许通过引用程式的竞赛来准许商业主张，各地都获得了从这种法律辩论和严酷考验中的豁免。教会也在最初的犹疑之后，最终采纳了这样一种观点，即这种程式是异教徒式且不可容忍的，并建立起了尽可能合理的联合教会程序。这种从世俗和宗教两方面对法律程序进行的合理化在西方蔓延开来。

罗马法的复兴被视为农民阶级的衰落和资本主义发展的基础。的确，在有些情况下，罗马法原则的应用对农民不利。举例来说，将马尔克公社的权利转变为封建义务时，其顶部首脑被视为罗马意义上的业主，并由租种土地的成员背负封建税收。然而另一方面，倚赖接受过罗马法训练的法官的力量，法兰西王国才得以阻止领主驱逐农民。

罗马法并没有成为资本主义发展的无条件基础。作为资本主义的发源地，英国从未接受罗马法，因为在皇家法院中存在着一类维护国家法律制度不受腐败影响的律师。这些人控制着法律学说的发展，因为他们从自己的群体中选出了法官，并且现在仍然如此。他们禁止英国大学教授罗马法，以免来自外部群体的人获得司法席位。

事实上，现代资本主义的所有特色制度都有罗马法以外的渊源。无论是源于私人债务还是战争贷款，年金债券都来自中世纪法律，德意志的法律思想在其中发挥了作用。同样，股票凭证起源于中世纪和现代法律，而不是古代法律。汇票也是一样，阿拉伯、意大利、德意志和英国的法律均为其发展做出了贡献。商业公司也是中世纪的产物，只有委托事业出现于古代。因此，抵押贷款、注册担保、信托契约和委托授权也都起源于中世纪，而不必追溯到古代。

从建立形式的法律思维这个意义上来说，罗马法的接受至为关键。在其结构中，每一个法律制度都是基于形式法律或物质原则的。物质原则应理解为功利主义或者出于经济方面的考虑，譬如伊斯兰法官在审判中所依据的原则。在所有神权政体和专制政体中，法律制度都受到物质引导，而形成对照的是，在所有官僚体制中，法律制度都是条文主义。腓特烈大帝（Frederick the Great）憎恶法学家，因为他们总是以形式主义的方式实施他基于物质原则颁布的法令，从而将其变成了他不想做的事情。因此，一般来说，罗马法是支持形式法律制度粉碎物质法律制度的手段。

然而，这种形式主义的法律是可信赖的。在中国，可能发生这样的情况：一个人已把房子卖给了另一个人，前者后来可能因穷困潦倒而回来找后者要求被收留。如果买主拒绝听从古代中国对于兄弟互助的训诫，就会惊扰鬼神；因此，穷困潦倒的卖家就可以以不付租金的租客身份入住房子。资本主义则不能在这样构成的法律基础上运转。它需要的法律是如同机器一样可以信赖的法律；必须排除宗教仪式和巫术方面的考虑。

　　这样一套法律的建立，是通过现代国家为实现其权力主张而与法学家的联盟实现的。在十六世纪一段时间里，现代国家试图与人文主义者合作，并建立了第一座希腊预科大学，其理念是让在那里受过教育的人适合担任国家官员；由于政治竞争在很大程度上是通过公文的交换进行的，因此只有受过拉丁语和希腊语教育的人才具有必备条件。这种幻想是短暂的。人们很快就发现，大学预科的毕业生并不仅仅因此就可以满足政治生活的需要，法学家才是最后的解决方案。在中国，受过人文教育的官吏治理社会，君主没有可供其支配的法学家，不同哲学流派关于谁是最好的政治家的争论持续不断，直到最终正统儒学获得了胜利。印度也有文人，但是没有受过训练的法学家。相比之下，西方拥有一个正式组织的法律体系，这是罗马智慧的产物，受过这种法律训练的官员作为技术型管理人员比其他所有人都更优秀。从经济史的角度来看，这一事实意义重大，因为国家和形式法学之间的联合间接有助于资本主义的发展。

（B）合理化国家的经济政策

对于一个国家来说，拥有名副其实的经济政策，即持续稳定的经济政策，完全起源于现代。它产生的首个制度是所谓的重商主义。在重商主义发展之前，有两种广泛流行的商业政策，即财政利益主导的商业政策和福利利益主导的商业政策，后者是基于通常生活标准的意义上来说的。

在东方，这本质上是出于惯例性的考虑，包括对种姓和氏族组织方面的考虑，却妨碍了周密的经济政策的发展。中国的政治制度经历了非同寻常的变革。这个国家曾有一个高度发达的外贸时代，通商远至印度。然而，后来中国的经济政策转为闭关锁国，以至于所有进出口贸易都只掌握在13家商行手中，并且只集中在广州这一单一口岸。对内，这一政策的出台主要是出于宗教性考虑；只有在发生自然灾害时，才会产生对这一制度的问责。各省之间的合作总是决定了其观点，而最关键的问题则是，国家的需求是应当通过税收还是强制服务来得到满足。

在日本，封建组织引来了同样的后果，并导致了其对外部世界的完全封闭。日本的目的是稳定阶级关系；人们担心对外贸易会扰乱财产分配状况。在朝鲜，仪式性原因决定了排他性政策。如果外国人——也就是教外之人——来到这个国家，鬼神的愤怒将令人恐惧。在中世纪的印度，我们发现希腊和罗马商人、罗马士兵、犹太移民都获得了特权；但是这些萌芽无法发展，因为后来这一切再次被种姓制度定型，使得计划经济政策无法实施。另一个原因是，印度教强烈谴责出国旅行；一个出国的人在回国后需要重新获得他种姓的接纳。

西方，直到十四世纪，计划经济政策才在与城镇相关的情况下得到机会发展。的确，王公贵族是首先推行经济政策的人；在加洛林王朝（Carolilgian）时期，我们发现价格管制和对公众福利的关注表现在各个方面。但其中大部分仍停留在纸面上，除了查理曼大帝（Charlemagne）的铸币改革和度量衡制度之外，所有一切都在随后的一段时期消失得无影无踪。由于没有航运，本可能被欣然采纳的与东方有关的商业政策也变得不可能了。

当王公贵族统治下的国家放弃斗争时，教会却开始对经济生活感兴趣，并努力在经济交易中施加最低限度的法律诚信和教会道德。它最重要的措施之一是维持公共秩序，它试图先在某些特定日期强行实施，并最终将其作为一项一般原则。此外，大教会财产共同体，尤其是修道院，支持一种非常合理的经济生活，虽然这种经济生活不能被称之为资本主义经济，但却是当时已有的最合理的经济生活。后来，随着教会复兴了其旧有的禁欲主义思想并试图使它们适应时代变化，这些努力越来越受到质疑。在历代帝王中，也可以发现腓特烈一世（Frederick Barbarossa）时期的一些商业政策萌芽，包括价格管制和与英格兰签订的旨在惠及德意志商人的关税条约。腓特烈二世（Frederick II）维持了公共秩序，但是总体而言奉行的是一种只对富商有利的单纯的财政政策；他给予他们特权，尤其是关税豁免权。

德意志国王在经济政策上的唯一措施是关于莱茵河通行费的争夺，但是由于沿河有许多小领主，这项措施基本是徒劳的。除此之外，再无有计划的经济政策。给人留下政策印象的措施，例如西格蒙德（Sigmund）皇帝对威尼斯的禁运令，或者在与科隆斗争中对莱茵河的临时封锁，都纯粹是政治性质的。关税政策掌握在有领土的王公贵族手中，除少数例外情况，其对于工业的持续鼓励也是不够的。其主要目标是：首先，支持本地贸易而非远程贸易，尤其是促进城镇和周边乡村之间的货品交换；出口关税始终高于进口关税。其次，在关税政策上偏重当地商人。过路费有所区别，王公贵族都努力偏袒自己的道路，以便更方便地利用它们作为收入来源；为此，他们甚至要求必须使用某些道路，并使主要产品的法规系统化。最后，城市商人获得了特权；巴伐利亚的富豪路易斯以压制乡村商人而感到自豪。

保护性关税仍鲜为人知，只有少数例外，其中蒂罗尔（Tirolese）针对意大利进口商品竞争的酒品税就是一个例子。关税政策总体上由财政观点和维持传统生活标准的观点主导。这同样适用于十三世纪的关税条约。关税征收方法变化不定。最初的习惯是将价值的六十分之一作为税收估价；在十四世纪，鉴于其也被用作货物税，因此该税率提高到了十二分之一。经济政策的现代措施，例如保护性关税，被直接禁止贸易所取代；为了保护本土工匠的生活水平，或者由于后来的雇佣因素，禁令常被暂时取消。有时，批发贸易是允许的，零售贸易则是被禁止的。王公贵族的合理经济政策的最早迹象出现于十四世纪的英国，亚当·斯密率先将之称为重商主义。

（C）重商主义

重商主义[①]的本质在于将资本主义工业的观点引入政治领域；国家被视为完全由资本主义企业家组成。对外经济政策的基础是充分利用针对对手的优势，以最低价格进口，并以最高价格出售。其目的是强化政府在对外关系中的实力。因此，重商主义意味着国家作为政治力量的发展，这通过提高其人口的纳税能力来直接实现。

重商主义政策的一个预设前提是在该国相关范围内纳入尽可能多的货币收入来源。诚然，认为重商主义思想家和政治家将贵重金属所有权和国家财富混为一谈是错误的。他们非常清楚，国家财富的来源是纳税能力，他们所做的一切都是为了在国内留住那些可能因商业活动流失的资金，以增加这种纳税能力。重商主义制度中的第二点，与该体系追求实力的政策特征有着显著直接的联系，那就是促进人口尽可能多地增长；为了维持不断增加的人口，必须努力在最大程度上确保外部市场；这尤其适用于那些需要最多国内劳动力的产品，即成品而不是原料。最后，贸易要尽可能由本国商人进行，以便其收入全部积累到纳税能力当

---

① 关于重商主义，见《国家科学大辞典》的条目"重商主义"，第 3 版，第 6 卷，650 页及以后各页；以及帕尔格雷夫（Palarave）的启发性条目"贸易平衡"等，《政治经济学词典》，共 3 卷，伦敦，1895 年；亚当·斯密《国富论》，第 4 卷；G·施穆勒（G.Schmoller）《重商主义体系》（阿什利"经济学经典"系列英译本）；W·桑巴特（W.Sombart）《资产阶级》，慕尼黑和莱比锡，1913 年；P·克莱门特（P.Cle-ment）《法国保护制度史》，巴黎，1854 年；A·P·亚瑟（A.P.Usher）《法国谷物贸易史（1400—1710）》，剑桥（马萨诸塞州），1913 年。

中。在理论方面，该制度得到了贸易平衡理论的支持，贸易平衡理论认为，如果进口额超过了出口额，国家将陷入贫困；这一理论最早于十六世纪在英国发展起来。

英国显然是重商主义的发源地。1381年，在那里出现了应用重商主义原则的最初痕迹。在孱弱的理查二世（Richard Ⅱ）统治下，出现了货币紧缩现象，议会任命了一个调查委员会，该委员会首次以贸易平衡概念分析了其所有基本特征。当时，委员会只制订了紧急措施，包括禁止进口和刺激出口，但是并没有赋予英国政策真正的重商主义特征。真正的转折点通常可以追溯到1440年。当时，在众多为解决时弊而通过的就业法规中，有一项提出了两个提议。虽然这两项提议的确在之前被使用过，但是只是以一种偶然的方式被应用的。第一，所有运送货物到英国的外国商人都必须将他们收到的所有货币兑换成英国货物；第二，在国外进行交易的英国商人必须将至少一部分收益以现金的方式带回英国。在这两项提议的基础上，整个重商主义制度逐步发展，直到1651年的《航海法》废除了外国航运才停止。

重商主义作为国家和资本主义利益之间的联盟，体现在两个方面。一个是阶级垄断，这在斯图亚特王朝和英国圣公会政策中以其典型形式出现，尤其是出现在后来被斩首的劳德主教的政策中。这一制度着眼于在基督教社会主义意义上的全体人民的阶级组织，旨在建立基于基督教博爱基础上的社会关系。与清教主义形成鲜明对比的是，清教主义将所有穷人视为羞于工作的人或者罪犯，而这一制度对于穷人的态度是友好的。在实践中，斯图亚特王朝的重商主义是以财政路线为导向的；新工业只有在皇家垄断特许权的基础上才被允许进口，并且由国王永久控制以便实现财政剥削。法国科尔伯特（Colbert）的政策也很类似，尽管不完全一致。他的目标是在垄断的支持下人为地促进工业发展；他与胡格诺派教徒（Huguenots）持同样的观点，并对他们的遭受迫害表示不满。在英国长期议会统治时期，王室和圣公会的政策被清教徒打破。他们与国王的斗争在"打倒垄断"的口号下持续了几十年，这一垄断权一部分被授予外国人，一部分被授予朝臣，而殖民地则被置于王室亲信的手中。在此期间成长起来的小企业主阶级——特别在行会内部，尽管部分在行会之外——却加入了反对王室垄断政策的行列，长期议会剥夺了垄断者的选举权。英国人民的经济精神在反对托拉斯和垄断中表现得百折不挠，并在这些清教徒的斗争中得到了体现。

第二种形式的重商主义可以被称为民族性的；它仅限于保护现存工业，而不是试图去建立垄断工业。重商主义创立的工业几乎没有一个能在重商主义时期后幸存下来；斯图亚特王朝的经济创新随着西方欧洲大陆各国及后来的俄国的创新一同消失了。因此，资本主义的发展不是民族重商主义的产物，资本主义最初是在英国伴随着财政垄断政策发展起来的。事实经过是，十八世纪，在斯图亚特王朝的财政垄断政策崩溃后，在独立于政治部门管理情况下发展起来的企业主阶层获得了议会的系统性支持。这是不合理的资本主义和合理的资本主义的最后一次正面冲突，即财政、殖民特权和公共垄断领域的资本主义，与基于可销售服务基础上、依靠商业利益发展出来的市场机会导向的资本主义的冲突。

这两种形式的资本主义的冲突点在于英格兰银行。这家银行是由一位名叫帕特森（Paterson）的苏格兰人创立的，他是斯图亚特王朝垄断政策所倡导而生的那种资本主义冒险家。但是，清教徒商人也加入了该银行。英格兰银行上一次转向投机资本主义与南海公司有关。除此之外，我们可以一步步追踪帕特森及其同类人员的影响力逐渐削弱、银行的控制者转向合理资本主义类型的银行成员的过程，这些人都是直接或间接的清教徒出身，或受到了清教徒的影响。

重商主义在经济史上扮演了众所熟知的角色。自由贸易建立时，英国的重商主义最终消失了，这是持异见者、清教徒科布登（Cobden）和布赖特（Bright）以及他们与当时已不再需要重商主义支持的工业利益联盟所取得的成就。

第三十章　资本主义精神的演变

　　将人口增长作为西方资本主义发展的真正关键因素之一，是一个普遍的错误观点。与这一观点相反，卡尔·马克思断言，每一个经济时期都有其自己的人口规律，尽管这一命题在普遍意义上站不住脚，但在当前情况下却有其合理性。从十八世纪初到十九世纪末，西方的人口增长速度最快。在同一时期，尽管不可避免有些夸大成分，中国也经历了至少同等程度的人口增长，人口数从 6000 万或 7000 万增长到了 4 亿；这与西方人口的增长大体相当。尽管如此，资本主义在中国却是倒退而非进步的。中国的人口增长发生在与西方不同的阶层。这使中国成为大量小农的聚居地；这与西方相对应的无产阶级的增长类似，只达到使外国市场上有雇佣苦力的可能的程度（"苦力"最初是一个印度语，表示一个氏族的邻人或同伴）。欧洲人口的增长的确有利于资本主义的发展，因为在人口较少的情况下，该体系无法确保拥有必要的劳动力，但是人口增长自身从未推动资本主义的发展。

　　桑巴特所说的贵重金属的流入也不能被视为资本主义出现的主要原因。诚然，在特定情况下，贵重金属的增加可能会引发价格革命，就如 1530 年后在欧洲发生的那样；以及当其他有利条件存在时，如某种特定形式的劳工组织发展时，大量现金落入了某些特定群体手中，就可能会推动进步。但是，印度的案例表明，这种贵重金属的进口不会产生资本主义。印度在罗马帝国统治时期，大量贵重金属——每年有大约 2500 万左右的塞斯特斯罗马币（Sestertii）——流入国内用于交换印度本土产品，但是这种流入只在很小程度上催生了商业资本主义。大部分贵重金属流入印度王室的贮藏中，而不是转化为现金，应用于建设具有合理资本主义特征的企业。这一事实证明，贵重金属流入会带来什么样的发展完全取决于劳动制度的性质。发现新大陆后，美洲的金银首先流入了西班牙；但在西班牙，资本主义的衰退却与贵重金属的进口同时发生。接下来，一方面，是对公社的镇压和对西班牙贵族商业利益的破坏，另一方面，这些钱最终被用于了军事目的。因此，贵重金属流经了西班牙，却几乎没有对其产生影响，而是使其他国家随之受益，那些国家在十五世纪前就已经经历了有利于资本主义发展的劳动关系转变过程。

因此，无论是人口的增长还是贵重金属的进口，都没有催生西方的资本主义。资本主义发展的外部条件首先是地理条件。在中国和印度，巨大的运输成本与该地区的内陆商业主导相联系，必然形成了对那些能够通过贸易获取利润、利用贸易资本建设资本主义体系的阶级的严重阻碍；而在西方，地中海处于内陆海位置，河流之间纵横联络，有利于各种类型的国际贸易发展。但是反过来说，这一因素也不应被高估。古代文明是典型的沿海文明。与时有台风的中国海域相比，这里的贸易机会非常有利（感谢地中海的特点），但是古代却没有产生资本主义。即使在现代，佛罗伦萨的资本主义发展也比热那亚或威尼斯深入得多。西方的资本主义诞生于内陆工业城市，而不是处于海上贸易中心的城市。

由于西方军队特定需要的特殊性质，军事需求也是有利因素，尽管它本身并非如此。奢侈品需求也是有利因素，尽管也并不在于其自身。在许多情况下，它甚至导致了不合理形式的发展，例如法国的小作坊和许多与德意志王公贵族相关的工人的强制安置。归根到底，产生资本主义的因素是合理的持续经营企业、合理的会计、合理的技术和合理的法律，但也不仅仅是这些。必要的补充因素还包括合理的精神、总体生活行为的合理化，以及理性的经济伦理。[①]

所有伦理道德和由此产生的经济关系的缘起，都是传统主义，传统的神圣性、从父辈传承下来的对这类贸易和工业的绝对依赖。这种传统主义一直延续到现在；在过去的一个人的一生中，为了诱使一名西里西亚的根据合同割除特定土地上的草的农业劳动者更加卖力，将他的工资翻倍的尝试是徒劳的。他会将工作量减半，因为少了这一半工作量，他也能挣到之前的两倍。这种普遍的缺乏能力和不愿改变原有习惯是维持传统的动机。

然而，原始的传统主义可能会在两种情况下发生根本上的强化。首先，物质利益可能与传统的维持联系在一起。以中国为例，试图改变某些特定道路或者引入更为合理的交通方式或路线时，某些官员的特权就

---

① 参见马克斯·韦伯《宗教社会学论文集》，第1卷，30页及以后各页。

会受到威胁；中世纪的西方和现代社会引入铁路的时候也是如此。官员、地主和商人的这种特殊利益主要且果断地限制了合理化的趋势。更重要的是基于巫术的贸易的刻板印象影响，以及出于对超自然恶魔的恐惧、对于既定生活行为进行任何改变的强烈反感。总的来说，这种反对里潜藏着一些对经济特权的损害，但是其效力大小取决于人们对于令人恐惧的巫术过程的信念。

传统的障碍不能单靠经济冲动来克服。认为合理资本主义时代比其他时代具有更强的经济利益的观念是幼稚的。例如，现代资本主义的倡导者并没有比东方商人具有更强烈的经济冲动。仅靠不限制经济利益，只会产生不合理的结果；科尔特斯（Cortez）和皮萨罗（Pizarro）这样的人可能是其最有力的体现，他们并没有合理经济生活的概念。如果说经济冲动本身是普遍存在的，那么，它在何种情况下变得合理化和得到合理化的调整，以产生具有资本主义企业特征的合理机构，倒是一个有趣的问题。

最初，两种对于追求利益的相反态度是并存的。在内部，人们忠于传统，恪守部落、氏族和家庭社区的成员之间的虔诚关系，排斥那些因宗教联系在一起的人在圈子内对利益不受限制的追求；在外部，在经济关系中，可以绝对不受限制地发挥逐利精神，每个外来人都是天然的敌人，对他们采取的行为没有道德限制；也就是说，内部和外部关系的道德伦理是截然不同的。发展的过程一方面包括了将算计引入传统的手足情谊中，取代旧有的宗教关系。一旦在家庭共同体中建起了责任制，经济关系就不再是严格的共产主义关系，率直的虔诚和它对经济冲动的压制就结束了。这方面的发展在西方尤为突出。同时，随着经济规范在内部经济中的应用，对于利益的无限制追求也有所缓和。其结果是形成了有节制的经济生活，经济冲动只在一定范围内发挥作用。

具体而言，发展的过程是多种多样的。在印度，对追逐利益的限制只适用于两个最高阶层：婆罗门和刹帝利。这些种姓的成员被禁止从事某些职业。婆罗门可以经营餐厅，因为只有他们有洁净的双手；但是他们和刹帝利一样，如果放贷收息的话就会被种姓除名。然而，放贷收息是允许商人种姓从事的，在他们中，我们发现了在世界上任何地方都无法与之相比的肆无忌惮的贸易。最后，古代只对利息有法律限制，"买者自负"的观点是罗马经济伦理的特征。然而，那里并没有发展起现代资本主义。

最终结果是一个特殊的事实，即现代资本主义的萌芽必须只能在一个官方理论占据主导地位的地方才能找到，该理论不同于东方和古典时代的理论——其在原则上对资本主义充满敌意。古典经济伦理道德的精神气质在对商人的旧断言中得到了总结，这一判词可能来自原始的阿里乌教派（Arianism）：商人不能取悦上帝；他可能不算罪犯，但是不能让神满意。这一主张一直活跃到十五世纪，在经济关系的转变下，对于这一主张进行修改的首次尝试在佛罗伦萨慢慢成熟。

来自天主教道德伦理的典型厌恶，以及随后的路德派对于所有资本主义倾向的厌恶，根本上是基于对资本主义经济关系中非个人性的厌恶。正是这种非个人关系的事实将某些人间事务置于教会的影响之外，并阻止了后者沿着道德路线渗透和改造它们。主人和奴隶之间的关系可以立即受到道德伦理规范的约束；但是，抵押贷款债权人和为债务抵押的财产之间的关系，或者背书人和汇票之间的关系，如果不是不可能被说教的话，至少也是极其困难的。[①]教会因此采取的立场导致的最终结果是，中世纪经济伦理禁止讨价还价、过高定价和自由竞争，而以公平价格原则和保证每人都有生存的机会为基础。

并非像桑巴特所言那样，犹太人打破了这一思想束缚。[②]中世纪犹太人的社会学地位类似于印度种姓在一个没有种姓约束的世界中的地位；他们是无家可归的民族。然而，有一个区别是，根据印度宗教的承诺，种姓制度是永久有效的。个人可能会在一段时间内通过转世升天，时间长短取决于他应得的程度；不过这只在种姓制度体系内才有可能。种姓制度是永恒的，任何试图离开种姓组织的人都将被诅咒，并被判处进入地狱中。与此相反，犹太教许诺，来世的等级关系可以逆转。在当今世界，犹太人被打上了被驱逐的民族的烙印，要么像以赛亚所说的那样，是对他们父辈罪恶的惩罚；要么如拿撒勒（Nazareth）的耶稣的使命前提那样，是为了拯救世界。从这个意义上说，随着社会变革，他们将从中被解放出来。在中世纪，犹太人是被排除在政治社会之外的客民；他们不能加入任何城镇的市民团体，由于他们不能参加圣餐式，因此不属于同盟成员。

犹太人不是唯一的客民；例如，除此之外，考尔辛人（Caursines）也处于类似位置。他们都是从事货币交易的基督教商人，因此，与犹太

---

① 马克斯·韦伯《宗教社会学论文集》，第1卷，544页。

② W·桑巴特《犹太人与现代资本主义》（M·爱波斯坦 译），伦敦，1913年。

人一样，受到王公贵族的保护，并在支付报酬后享有继续进行货币交易的特权。犹太人与基督教客居民族的显著区别在于，他们不能与基督徒进行商业往来和通婚。起初，基督教徒毫不犹豫地接受犹太人的款待，但是犹太人自己则担心他们的饮食礼仪不会被主人遵守。在中世纪的首次反犹太主义爆发之际，教会会议告诫信徒不要表现得行为不端，因此不要接受犹太人的款待，所以，犹太人也鄙视基督徒的招待。与基督徒结婚是绝对不可能的，这可以追溯到以斯拉（Ezra）和尼希米（Nehemiah）时期。

犹太人处于被驱逐地位的另一个原因是犹太工匠的存在；在叙利亚，甚至存在一个犹太骑士阶层，但由于农业生产与宗教仪式的要求不相协调，故犹太农民是例外。仪式性的考虑导致了犹太人的经济生活集中于货币交易。犹太人虔诚地重视法律知识，与其他职业相比，持续性的研究更容易与交换交易结合起来。此外，教会对高利贷的禁令谴责交换交易，但是交易是必不可少的，犹太人并不受到教会法律的约束。

最后，犹太教坚持了内部和外部道德态度的最初的普遍二元论，在这种二元论下，允许接受不属于兄弟会或既定组织的外人的利息。出于这种二元论，随之而来的是准许其他不合理的经济事务，尤其是包税制和各种政治融资。几个世纪以来，犹太人在这些问题上获得了一种特殊技能，这使他们变得有用且广受需要。但这一切都是被社会排斥的人的资本主义，而不是起源于西方的合理的资本主义。因此，在现代经济形势中的创始人、大企业家中几乎找不到犹太人；这类人都是基督教徒，并且只在基督教领域才可以想象。相反，犹太制造商是一种现代现象。如果没有其他原因，犹太人不可能参与创立合理的资本主义，因为他们处于工艺组织之外。但是，即使是在波兰这样的地方，他们控制了众多无产阶级，并且本可以以本土工业企业家或制造商的身份组织这些无产阶级，他们也很难与行会并存并维持自己的地位。毕竟，正如《塔木德》所表明的那样，真正的犹太道德伦理是一种特定的传统主义。虔诚的犹太人在面对任何创新时的震惊之情，与任何以巫术信仰来规定制度的原始民族的成员一样巨大。

然而，犹太教对于任何现代合理的资本主义来说仍然具有重要意义，因为它将对于巫术的敌意传递给了基督教。除了犹太教和基督教，以及两三个东方教派（其中之一在日本），没有一种宗教具有直言不讳地敌视巫术的特点。这种敌意可能是因为环境：以色列人在迦南发现了农业神太阳神（Baal）的巫术，而雅威（Jahveh）则是火山、地震和瘟疫之神。两教教士之间的敌意和雅威教士的胜利，使得太阳神教士的丰产巫术丧失了信誉，并使其因带有贪图享乐和不敬神的特征而受到羞辱。由于犹太教使基督教成为可能，并赋予它从根本上不受巫术影响的宗教特征，因此它从经济史的角度发挥了重要贡献。因为在基督教盛行的领域之外，巫术的主导地位是经济生活合理化的最严重障碍之一。巫术还涉及对于技术和经济关系的刻板定型。当中国开始尝试修建铁路和工厂时，与风水的冲突接踵而至。后者要求，在特定山岳、森林、河流和墓山上的建筑位置，应先进行勘察，以免惊扰鬼魂。①

印度种姓与资本主义的关系也是类似的。每当一个印度人采用一种新的技术，首先意味着他离开了自己的种姓，落入了另一个必然更低的种姓中去。由于他们相信灵魂的轮回，这一变化的直接意义在于，他的净化机会被延迟到另一次重生时。因此他们很难同意这样的改变。另外一个事实是，每个种姓都会使其他种姓变得不纯。因此，工人们不敢接受彼此递过来的盛水容器，也就不能在同一间工厂厂房里共同工作。直到现在，在英国控制这个国家将近一个世纪后，这一障碍才开始克服。显然，资本主义不可能在这样一个被巫术信念束缚住手脚的经济组织中发展。

自古以来，只有一种方法可以打破巫术的力量、建立合理的生活方式，即重大的理性预言。并非所有预言都会以各种方式摧毁巫术的力量；但是，对于一个以奇迹或其他形式提供证明的先知来说，打破传统的神圣规则是可能的。预言将世界从巫术中解放出来，从而为现代科学和技术以及资本主义奠定了基础。在中国，一直没有这种预言。那里的预言来自外部，就像老子和道教一样。然而，印度则产生了一种救世宗教；与中国相比，它知道重大预言的使命。但是，他们是例证性预言；也就是说，典型的印度先知，如佛陀，在世人面前过着走向超度的

---

① 当官吏们意识到他们有机会获得利益时，这些困难突然都不再是无法克服的；如今，他们是铁路的主要股东。长远来看，当资本主义全副武装地兵临城下时，任何宗教伦理都无法阻止资本主义的进入；但是，它能够跨越巫术的藩篱这一事实并不能证明真正的资本主义可以在这样一个巫术发挥作用的环境中产生。

生活，但是并不认为自己是神派来、坚持领导救赎义务的人；他的立场是，任何将自由选择的目标定为希望获得救赎的人，都应当过自己的生活。然而，一个人可能会拒绝被救赎，因为并非每个人都注定会在死亡时进入涅槃，只有最严格意义上的哲学家才准备好了因对这个世界的仇恨而采取坚忍的决心并退出世俗生活。

结果是，印度预言对于知识分子阶层具有直接影响。他们成了山林隐士和苦行僧。然而，对于大众来说，创立佛教教派的意义是完全不同的，即所谓的向圣人祈祷的机会。后来出现了一些被认为能创造奇迹的圣人，他们必须被供养，才能保证通过更好的转世或者基于财富、长寿等这个世界上的善果来回报这一善行。因此，纯粹的佛教仅限于少数僧侣。世俗凡人在佛教中找不到指导生命的道德准则；佛教确实有它的戒律；但是与犹太教的戒律不同，它不具有约束性的要求，而只是建议。最重要的修行活动始终是对僧侣的身体的维护。这样的宗教精神永远无法取代巫术，充其量只是以另一种巫术取而代之。

犹太教和基督教与印度救世的禁欲主义宗教及其对大众的不完全影响形成对比，它们一开始就是平民的宗教，并故意持续保持这种状态。古代教会与诺斯替教派（Gnostics）的斗争无非是与贵族知识分子的斗争，这在禁欲主义宗教中很常见，目的是防止他们夺取教会的领袖地位。这场斗争对于基督教在大众中的成功至关重要，也因此对于巫术在普通民众中被尽可能地压制的事实至关重要。诚然，即使到了今天巫术也不能被完全克服，但是它已被限定为是某种危险、邪恶的东西了。

这种巫术发展的萌芽可以追溯到古代犹太人的道德伦理中，它与我们在埃及谚语和所谓的预言书中碰到的观点密切相关。但是，埃及道德伦理的最重要的规定是无效的，因为在心脏区域放置圣甲虫护符就可以让死者成功隐瞒所犯的罪行，欺瞒死亡审判官从而进入天堂。犹太教和基督教的道德伦理并不知道这样复杂的诡计。在圣餐中，基督教确实将巫术升华为圣礼的形式，但它没有给信徒提供埃及宗教所包含的逃脱最终审判的手段。如果一个人想要研究一种宗教对于生活的影响，就必须区分它的官方教义和它现实生活中的今世或者下一世的真实程式，在现实中，它可能有违其本意。

也有必要区分专家的宗教和大众的宗教。专家宗教对日常生活的意义只是作为一种模式；它的主张是崇高的，但它们无法决定日常道德伦理。在不同的宗教中，二者的关系是不同的。在天主教中，它们和谐共存，因为宗教专家的主张与福音会在俗教徒的职责是一样的。真正完全的基督徒是僧侣；但是他的生活模式并不适用于所有人，尽管他的一些合乎标准的美德被视为理想状态。这种结合的好处是，道德伦理并不像在佛教那样被分割开。毕竟，僧侣的道德伦理和大众的道德伦理之间的区别意味着宗教意义上最值得敬仰的个人退出了世俗世界，建立了一个独立的社区。

基督教并不是唯一一个存在这类现象的宗教，正如禁欲主义的强大影响所表明的那样，它在宗教史上屡见不鲜，意味着一种明确的、有条理的生活方式的实践。禁欲主义一直起着这样的作用。中国西藏就是一个例子，它展示了这样一种苦行而有条理的生活方式可能取得的巨大成就。这里似乎注定被自然惩罚为一片永恒的荒地；但是，一个独身的禁欲主义者群体在拉萨建设了巨大的工程，并在该地区充分传播了佛教的宗教教义。中世纪西方也存在类似的现象。在那个时代，僧侣是最早过着理性生活的人，他们有条不紊地以理性的方式朝着一个被称为来生的目标而努力。时钟只为他们报时，一天中的所有时间都被划分用于祈祷。寺院共同体的经济生活也是理性的。僧侣在一定程度上为中世纪初期的国家提供了官员；威尼斯总督的权力在授勋斗争剥夺了他们为海外企业雇佣教士的可能性后崩溃了。

但是理性的生活方式仍然仅限于僧侣圈。方济各（Franciscan）运动确实试图通过三级制度将其扩展到俗世信徒，但忏悔室制度是这种扩展的障碍。教会通过其告解和忏悔制度驯化了中世纪的欧洲，但是对于中世纪的人来说，当他们使自己应受到惩罚时，通过忏悔卸去自己的负担的可能性意味着从教会教义所要求的罪恶意识中解脱出来。因此，有条不紊的生活的统一性和力量实际上被打破了。在对人性的认识中，教会没有考虑到个人是一个封闭的单一的道德伦理人格这一事实，而是坚定地认为，尽管告解和忏悔会发出警告，但无论多么强硬，他都会在道德上再次堕落；也即是说，它对正义和非正义者普遍施以恩典。

宗教改革使得这一制度发生了决定性的断裂。路德宗教改革运动废除了福音会，这意味着二元论道德伦理的消失，意味着有普遍约束力的道德和专门有利于专家的道德准则之间区别的消失。对另一世的禁欲修行结束了。那些曾经进入修道院的严苛的宗教人物现在不得不在世俗生活中实践他们的宗教信仰。对于世俗世界中这样的禁欲主义来说，基督新教的教义创造了适当的道德伦理。独身不是必要的，婚姻被简单地视为一种合理的抚养孩子的制度。贫穷不是必需的，但是追求财富绝不能使人误入歧途，盲目享受。因此，塞巴斯蒂安·弗兰克（Sebanstian Franck）准确地总结了宗教改革的精神："你认为你逃离了修道院，但是每个人终其一生都作为僧侣。"

在新教禁欲主义的传统领域，这种禁欲主义理想转变的广泛意义可以延续至现在。这在美国宗教派别的引进中尤为明显。尽管国家和教会是分开的，但是，直到十五或二十年前，没有一个银行家或医生在没有被问及他属于哪个宗教团体的情况下就得以定居或建立婚约，他的前景的好坏根据他的回答而定。接纳某人加入某个教派是以严格调查他的道德行为为条件的。一个不承认犹太教内部和外部道德准则之间区别的教派成员，可以保证其商业信誉和可靠性，这也保证了他的成功。因此，"诚实为上策"为原则；因此，在贵格会教徒（Quakers）、浸礼会教徒（Baptists）和卫理公会教徒（Methodists）中，上帝会照顾他的自己人是一个基于经验不断重复的主张："不虔敬的人不能在路上相遇而相互信任；他们想做生意时就会求助于我们；虔诚是通往财富的最可靠的道路。"这绝对不是空话，而是一种宗教信仰和影响的结合，而这些影响原本是大家所不知道也从未想过的。

的确，由于虔诚而获得财富导致了一个两难的境地，其在各方面都与中世纪修道院不断陷入的困境相似；宗教行会带来财富，财富导致堕落失宠，这再次导致了重构的必要性。加尔文主义试图通过提出人只是上帝赐予他的东西的管理者来避免这种困境；它谴责享乐，但不允许人逃离世俗世界，而是把以合理的纪律一起劳作视为个人的宗教任务。这个思想体系产生了我们所谓的"天命"一词，这个词只有在受《圣经》的新教译本影响的语言中才有。[1] 它表达了根据合理的资本主义原则进行的合理活动的价值，即完成上帝赋予的任务。清教徒和斯图亚特王朝之间的对比也是其最终分道扬镳的基础。二者的思想都是资本主义导向的；但是在清教徒看来，犹太人是一切令人厌恶的事物的代表，因为他们以宫廷最喜欢的方式投身于不合理、不合法的职业中，例如战争贷款、包税和官职租赁。[2]

这种天命观念的发展很快就赋予了现代企业主和勤劳的工人问心无愧的感觉；现代企业主为他的雇员描绘了永恒的获得救赎的前景，作为雇员如苦行僧般地献身于天命和通过资本主义无情剥削他们的合作的报酬；在那个时代，教会的纪律以现在的我们无法想象的程度控制着整个生活，代表了一个与今天完全不同的现实。天主教和路德教也承认并施行教会纪律。但在新教的禁欲主义共同体中，接受圣餐是以道德健康为条件的，道德健康又基于商业荣誉的认定，然而一个人信仰的内容却无人过问。在其他任何教会或宗教中，都从未存在过这样一个强大的、无意识地为资本主义个人生产的精细化组织；相比之下，文艺复兴对资本主义发展的贡献都显得微不足道了。它的实践者忙于解决技术问题，是一流的实验者。实验从艺术和采矿领域转向了科学领域。

---

[1] 马克斯·韦伯《宗教社会学论文集》，第1卷，63页及以后各页。

[2] 尽管有必要有所保留，但是总的来说，这种对比可以阐释为犹太资本主义是投机性的流氓资本主义，而清教徒的资本主义是由市民劳动组织构成的。参见马克斯·韦伯《宗教社会学论文集》，第1卷，181页及以后各页。

然而，文艺复兴时期的世界观在很大程度上决定了统治者的政策，尽管它没有像宗教改革的创新那样改变人类的灵魂。十六世纪乃至十七世纪初，几乎所有重大的科学发现都是在反对天主教的背景下做出的。哥白尼是一个天主教徒，然而路德和梅兰希通否定了他的发现。科学进步和新教并不可混为一谈。天主教确实会偶尔阻碍科学进步；但是新教的禁欲主义教派也倾向于与科学无接触，除非涉及了日常生活物质需求的情况。在另一方面，将科学置于对技术和经济的服务地位是它的特殊贡献。①

现代经济人道的宗教根源已死；今天，天命的概念在世界上已是一种莫须有的东西。禁欲主义的宗教信仰已经被一种悲观但绝非禁欲主义的世界观所取代，如曼德维尔（Mandeville）的《蜜蜂的寓言》中所描绘的那样，在某些情况下，个人的恶习可能对公众有利。随着各教派最初的巨大宗教感染力遗迹的彻底消失，相信利益和谐的启蒙运动的乐观主义取代了新教禁欲主义在经济思想领域的地位；它指引着十八世纪末和十九世纪初的王公贵族、政治家和作家。经济伦理是在禁欲主义理想

---

① 参见 E·特洛尔奇（E.Troeltsch）《基督教会和团体的社会学说》，2 卷，图宾根，1913 年（1919 年再版）。在反对马克斯·韦伯上述概念的人中，考虑到加尔文主义的重要意义，应当提到 L·布伦塔诺（《现代资本主义的开端》，慕尼黑，1916 年，117 页及以后各页）和 G·布洛德尼兹（《英国经济史》，第 1 卷，282 页及以后各页）。[其他关于韦伯在这一领域理论的英文阐述见于两篇文章，一是 P·T·福赛思（P.T.Forsyth）《加尔文主义与资本主义》，《当代评论》，1910 年；二是 R·H·唐尼（R.H.Tawney）《宗教与资本主义的兴起》，伦敦和纽约，1926 年。]

的背景下产生的；现在它已经丧失了其宗教意义。工人阶级只要能得到永恒幸福的承诺，就有可能接受自己的命运。但自那以后经济社会飞速发展，当这种慰藉消失时，那些重负和压力就不可避免了。这一情况在十九世纪钢铁时代初期、早期资本主义的末期时出现了。